As tais
Frenéticas

SANDRA PÊRA
Ediouro

As tais Frenéticas

Eu tenho uma louca dentro de mim

Sumário

Prefácio

Esta é uma história que parece conto de fada. Seis mocinhas de classe média são contratadas como garçonetes de uma discoteca improvisada, começam a cantar por pura diversão, lotam a casa com gente ávida por vê-las, fazem teste numa gravadora, assinam contrato, gravam, são convidadas para todos os programas de TV e se transformam em sucesso nacional.

Em linguagem coloquial, Sandra Pêra faz neste livro um retrospecto da carreira das Frenéticas, grupo inesquecível de cantoras do final dos anos 70. Do início tímido, no espaço precário da Gávea em que foi instalada a loucura da The Frenetic Dancing Days Discotheque, ao auge da popularidade na época dos shows pelos quatro cantos do país, até a dissolução do grupo, os acontecimentos são narrados em velocidade vertiginosa. O leitor não consegue desviar os olhos do texto.

Na carreira das Frenéticas tudo ocorreu de modo imprevisível. Da vida rotineira de meninas da zona sul do Rio de Janeiro para os aeroportos, hotéis, 300 mil cópias vendidas já no primeiro LP, shows, estradas, estúdios e a algazarra dos fãs apaixonados, onipresentes, as seis mocinhas imaturas e irreverentes que encantavam o Brasil experimentaram a sedução do sucesso e a contrapartida tirânica exigida por ele: "Explodimos, arrebentamos e não tínhamos tempo de absorver. Todo aquele sucesso só era possível com trabalho. Folga? Nem pensar".

Ao descrever o relacionamento com os colegas e amigos que estiveram envolvidos com o trabalho do grupo, a autora nos conduz pelos caminhos percorridos pela música popular brasileira daquele tempo. A presença da droga, as alegrias, as dúvidas, os encontros e desencontros amorosos expostos com delicadeza e liberdade conferem conteúdo forte emocional à narrativa. A autora resiste à tentação de capturar o interesse do leitor através da curiosidade pela vida alheia; a sinceridade permeia o relato do início ao fim.

Para matar as saudades dos que viveram aqueles dias, o livro traz as letras das músicas que mais fizeram sucesso. São irreverentes, despretensiosas, modernas até hoje.

Um dia, no final de 1981, as Frenéticas deixaram de arregimentar multidões: "Longe de ser uma tristeza, seguíamos profissionais, mas não arrebatávamos uma platéia de milhares, como era no início. Eu intuía que o fim estava próximo. O olhar das pessoas diante das Frenéticas era outro". A dissolução do grupo é tratada sem saudosismo nem lamento, mas com a visão fatalista de quem constata que a noite cairá no fim do dia.

Este prefácio, leitor, tem o objetivo de convencê-lo a ler este livro, escrito com habilidade, num ritmo frenético, por uma mulher madura que viveu os dias gloriosos do grupo como adolescente, e que os descreve com paixão e sensibilidade, sem jamais lamentar que tenham chegado ao fim, mas com paixão e sensibilidade.

Drauzio Varella

Introdução

Desde as primeiras entrevistas que nós, **FRENÉTICAS**, demos para jornal, revista, rádio ou televisão, a pergunta era sempre a mesma: Como foi que vocês começaram? E a seguinte também era inevitável: Por que o nome "**FRENÉTICAS**"?

No início, respondíamos com muita alegria, alegria mesmo. Falávamos todas juntas. Ninguém entendia direito o que dizíamos. Chamavam-nos de irreverentes. As pessoas nos olhavam admiradas, com cara de quem diz: Nossa, elas são louquinhas!

O que parecia **MUITO LOUCAS** para os outros, muitas vezes nos irritava, a mim pelo menos. A excitação chegava às raias da loucura. O mundo parecia estar aos nossos pés. Então, aquela gritaria virou uma espécie de marca, uma característica. Na verdade, não tínhamos a menor idéia do tamanho que a coisa estava tomando. Fomos enfiadas num trem da alegria e partimos como quem sai para uma viagem sem rumo certo.

Depois da vigésima entrevista, ninguém agüentava mais responder e havia uma brincadeira entre nós. Juntávamos um pedacinho da saia ou da camiseta, enfim, um pedaço da roupa, como se fosse um microfone. Olhávamos uma para a outra para dizer: Agora, conta você. Não, agora é sua vez. Tínhamos ataques de riso. Éramos seis meninas e não queríamos mais responder àquela pergunta que todos insistiam em nos fazer.

Então, em 2003, uma amiga de São Paulo, Ivone Parente, me perguntou a respeito da época de **FRENÉTICAS**. Comecei a contar algumas histórias, e rimos muito. Ela sugeriu que eu escrevesse um livro, já que tenho uma memória tão boa. E ofereceu sua ajuda. Então me dei conta da quantidade de vezes em que me pego contando histórias daquela época, sempre atraindo uma boa audiência.

A idéia me excitou bastante, mas a Ivone ficou ocupada com seu trabalho e não pôde seguir comigo. Ela foi meu ponto de partida. Resolvi sentar ao computador, usando meus inexperientes indicadores que já começam a ficar ágeis, e tentar responder às perguntas, que, aliás, me fazem até hoje, lógico, acompanhadas também de "Por que vocês acabaram?".

Assim resolvi contar um pouquinho desse caminho que nós seis percorremos. Um caminho que foi muito bom, muito engraçado, muitas vezes cansativo, mas absolutamente nosso.

Hoje, mais de vinte anos depois, percebo a importância das **FRENÉTICAS** para todos aqueles que nos viram nascer, crescer e arrebentar, e também o que aquela experiência significou para cada uma de nós seis. Afinal de contas, também fazíamos parte desse Brasil. E, se trouxemos algo de novo para todos, na época não sabíamos disso, e aquele novo ambém nos atingiu.

Sandra Pêra, cantando em um ensaio.

Na casa de Vânia Toledo. A fotógrafa também se vestiu de camisola para esta sessão de fotos, para se misturar ao clima com as Frenéticas.

O começo

Sou de uma família de atores e comecei a trabalhar aos 16 anos.

Em 1976, com 21, ganhei um papel numa peça infantil de Maria Clara Machado, *A verdadeira história da Gata Borralheira*, que estreou no Teatro Casa Grande, no Rio de Janeiro. A direção era de Wolf Maia. O espetáculo tornou-se um sucesso enorme, ficamos mais de um ano em cartaz. Louise Cardoso e eu fazíamos as horrendas irmãs da Gata, Margaridinha e Rosinha. Era a primeira vez que eu fazia uma personagem. Até então, só havia trabalhado em musicais, sempre como "povo", "coro", "mulher 1", "mulher 2" etc.

Leiloca com Claudia Costa no infantil A verdadeira história da Gata Borralheira. Claudia substituiu Leiloca anos depois nas Frenéticas.

O grupo era bastante talentoso, criativo, e o Maia nos deu muita liberdade. Inventávamos cacos inteligentes, divertidíssimos. Ângela Leal fazia a terrível Madrasta e mantinha comigo e Louise um poderoso bate-bola, que garantia um espetáculo sempre novo. Também estavam no elenco Carlos Wilson, Marcos Alvise e Leonardo Netto, hoje empresário de Marisa Monte. Algumas vezes, Lucélia Santos foi a nossa Gata. Julinho Braga era o Príncipe. Louise saiu do espetáculo para fazer um filme e foi substituída por Betina Viany, que também entrou na brincadeira. Ronaldo Resedá, (quem não se lembra de *Champanhe no gelo*?) era o nosso coreógrafo.

A fada madrinha foi interpretada por duas atrizes, Beth Lago e, logo depois, Maria Lúcia Dahl. Ou seja, duas "viadas" que ensinavam a Gata mais a costurar seu próprio vestido de baile do que a tê-lo em um passe de mágica. E ali comigo, Leiloca, aquela pessoa falante, engraçada, astróloga, que estaria a meu lado numa grande aventura. Sua personagem era a mãe de uma das concorrentes na prova do sapatinho de cristal.

Tentávamos ganhar algum troco, mas quem ganha dinheiro fazendo teatro infantil?

Naquela época, o Nelsinho Motta estava casado com minha irmã, Marília, e nós éramos muito ligados, nos gostávamos bastante. Nos chamávamos carinhosamente de cunhado(a). Ele me carregava para vários lugares, muitos shows. Por isso, assisti muito a Rita Lee, e babava. Invejava as pessoas que trabalhavam com ela. Achava o máximo aquela vida em grupo. Mal sabia eu o que me aguardava.

Nelsinho costumava me chamar para trabalhos. Certa vez, ele produziu um disco quase instrumental que chamou de *Noites Cariocas*. Eram músicas da MPB tocadas por uma orquestra, e eu cantava só algumas frases musicais. Nunca ouvi esse disco. Que fim teria levado?

Sandra Pêra e Cida Sauer no infantil A verdadeira história da Gata Borralheira.

Sandra Pêra, Ângela Leal e Betina Viany, no mesmo infantil.

Leiloca

Em 1975 eu saí da casa da minha mãe, Dinorah, e fui morar com Zezé Mota. Vivemos deliciosamente por um ano, até que o dono do apartamento nos deu aquela conhecida ordem de despejo, não por falta de pagamento — eles sempre têm uma filha que vai casar... Foi durante a peça infantil, e, por coincidência, Leiloca também procurava um lugar para morar. Achamos um apartamento na Nascimento Silva. Nosso primeiro lar não deu muito certo, durou apenas um mês. E tudo porque nenhuma das duas havia prestado atenção ao alugar o tal apartamento. No anúncio dizia dois quartos, mas na verdade um dos quartos era reversível. Eu acabei ficando com o cubículo. Cabiam a cama e eu. As roupas eram penduradas pelas paredes, o apartamento não tinha a minha cara.

Um dia Nelsinho apareceu para uma visita e contou que um pessoal propôs a ele tentar fazer alguma coisa durante três meses, num local na Gávea, onde seria construído um shopping center. Queriam que ele fizesse qualquer coisa para divulgar o local. Ele estava pensando em uma discoteca e, para tanto, queria garçonetes.

— Você topa, Sandra?

— É claro que topo! (Fui imediata)

— Então chame umas amigas suas.

— Eu também quero. Posso? — perguntou Leila, que ouvia tudo.

— Claro que sim!

Sandra e Leila fazendo gracinhas.

Dudu

Imediatamente pensei em Dulcilene, querida amiga desde os meus 17 anos, quando trabalhamos em *Pobre Menina Rica* (1972), com Carlinhos Lyra na direção da peça. Amiga de gargalhada gostosa, contagiante. Amiga com que, em qualquer folguinha, brincávamos de cantar. Voz maravilhosa!

Fazíamos vocais em tudo, como Amélia e aquela:

Tarde fria chuva fina e ela a esperar,
Condução pra ir embora, mas sem encontrar.
Um problema de aparente, fácil solução.
Eu lhe ofereci ajuda e dei meu coração.

Ficávamos horas cantando, e meu ouvido aprendendo com ela a improvisar a segunda voz. Amiga que não via fazia tempo. Foi preciso uma verdadeira investigação para encontrá-la. Só tinha um telefone antigo de uma cunhada que se desentendera com ela e não queria dar o novo número de jeito algum. Foi preciso a interferência de minha mãe e sua lábia para que ela nos desse o novo número. Dudu estava morando na Vila da Penha com a irmã e precisando trabalhar.

Leiloca e Sandra.

Dudu fazendo charminho.

Dudu deitada no colo da Sandra recebendo carinho.

Regina

Depois do *Pobre Menina Rica*, Dulcilene e eu passamos num teste para a peça *Jesus Cristo Superstar* (1973), de Altair Lima. Foi lá que me aproximei definitivamente de Regina Chaves, a quem conhecia muito das noites do Rio. Ela morava no Catete com a família e era em sua casa que ensaiávamos as coreografias antes da estréia no Teatro João Caetano.

Alguns anos depois, foi Regina quem me indicou para fazer a peça infantil *A verdadeira história da Gata Borralheira*. Na época, além de dividir a moradia com o Wolf Maia, estávamos próximas, saíamos muito para curtir a noite.

Quando Nelsinho me pediu que chamasse algumas amigas, é lógico que imediatamente pensei nas duas. Leila e Regina já estavam certas. Achar a Dudu era uma questão de tempo.

Regina compenetrada ao lado de Sandra ensaiando em um estúdio.

Os que só começaram

Tinha a Nina, uma amiga curitibana da Leila que era nossa vizinha do prédio e muito bonita, que também gostou da idéia. Chamei ainda Maria Silvia, amiga e atriz batalhadora que havia trabalhado em cinema e em algumas novelas, e que, anos antes, tinha feito parte comigo do elenco da revista *Vida escrachada de Joana Martinez e Baby Stompanato*. Um ano antes, também tivemos outra experiência juntas nos *backing vocals* para Ângela Rorô, durante o Festival de Rock de Saquarema, outra produção de Nelson Motta.

Pronto. Éramos seis para garçonete.

Ângela Rô Rô e todo seu talento.

Numa conversa entre nós, tivemos a idéia de pedir ao Nelsinho para fazer algo mais do que servir mesas. Afinal de contas, éramos "das artes". Ele topou e começamos a pensar no que poderia ser bom. Dançar não era o caso. Nelsinho sugeriu:

— E se vocês cantassem umas três ou quatro músicas lá pela meia-noite?

— Interessante! Mas cantar o quê?

No dia seguinte, fizemos uma reunião na casa dos pais do Zezé (Roberto de Carvalho, não sei o porquê do Zezé, mas era assim que ele era chamado), em Copacabana. Por sugestão de Nelsinho, começamos a ensaiar *Pode vir quente que eu estou fervendo*. Dulcilene (Dudu daqui pra frente) era a única que cantava profissionalmente, tinha feito parte de um grupo chamado *As Sublimes*. Eu sempre amei cantar, sou extremamente afinada, mas a minha meta era o teatro.

Maria Silvia e Nina desistiram de cara. Maria Silvia falou que queria fazer cinema e teatro. Nina descobriu que o negócio dela não era a arte. Nunca mais a vi.

E agora?

Regina, linda, abraçada a Sandra.

Sandra Pêra, Ângela Rô Rô e Maria Silvia, uma das primeiras componentes das Frenéticas que saiu antes de começar. Quando cantaram no Festival de Saquarema.

Lidoka

Regina lembrou-se de Lidoka, a única paulista do grupo. Ela estava morando havia pouco tempo no Rio, na casa dos Dzi Croquetes, (Wagner Ribeiro, Leny Dale, Carlinhos Machado e todos aqueles talentos) em Santa Tereza e fazendo sapatilhas para sobreviver. Lidoka, Leiloca e Regina anos antes foram Dzi Croquetas, versão feminina dos Dzi. Que venha a Lidoka!

Edir

Regina também lembrou de Edir de Castro, recém-separada de Zé Rodrix, com uma filha pequena, a Joy, ainda abalada com a separação e precisando trabalhar para a vida ficar bacana. No dia seguinte, lá estavam as duas, prontas.

Na casa do Zezé

Ensaiamos *Pode vir quente que eu estou fervendo*, *Dançar pra não dançar*, da Rita Lee, *Let's spend the night together*, que Dudu e eu só cantávamos o refrão, porque o nosso inglês era uma desgraça, e *O Bom*, de Eduardo Araújo.

O Zezé me passava as vozes mais graves, mas ainda não dividia tanto os vocais. Eu lembro dele me dizendo, um dia, com uma cara feliz:

— Eu acho que estou namorando a Rita Lee.

Foi um pouco antes daquele episódio horrível da prisão dela. E lá se foi o nosso Zezé ser companheiro. Ela já estava grávida, então passaram a ser um casal, e ele deixou de ser o nosso arranjador vocal e passou a compor grandes sucessos. Nunca mais foi chamado de Zezé.

Dudu sorrindo para a minha máquina.

Leninha, Dulcilene, a Dudu.

Sandra e Lidoka pelo Sul.

Sandra sendo abraçada por Lidoka, no Sul do País.

Naïla Scórpius, Sandra Pêra, Rita Lee e Roberto de Carvalho escondidinho, em pleno carnaval no morro do Pão de Açúcar.

Sandra e Edir, sérias, em algum canto do País.

Edir, feliz da vida.

Garçonete? Com que roupa?

Não tínhamos idéia do que estava para acontecer, era só mais um trabalho, daqueles que a gente pega quando a vida está começando. Recebemos uma chuva de críticas de amigos por termos aceitado trabalhar como garçonetes. Nosso pensamento se resumia a uma oportunidade de trabalho.

—Vamos lá, gente, três meses e fim. Ok, o que vamos vestir?

Minha irmã deu uma sugestão maravilhosa. Um macacão de lurex preto bem decotado na frente, mais decotado ainda nas costas, uma botinha também preta, cano curto, e um avental curtinho bordado com o nome da casa.

E o nome da casa?

O nome

Reunião. Leonardo Neto, que trabalhava com Nelsinho, estava presente. No final de muitas discussões, surgiu *The Frenetic Dancin Days Discothèque.* Alguém sugeriu:

— Então elas serão *As Frenéticas Roquetes.*

Aquele Roquetes soou como uma bomba em nossos ouvidos. Graças a Deus, nunca vingou.

As roupas começaram a ser confeccionadas imediatamente, e o avental ficou um chuchu, bem pequeno, branco, meio transparente, com o nome Dancin' Days bordado em letras coloridas, na frente de um bolso estrategicamente colocado para guardar os trocos, as gorjetas e a tal da comanda.

O lugar

O Dancin ficava onde hoje é o Teatro dos Quatro, só que ainda na casca. Tudo era cimento, já que o local estava em teste para abrigar um futuro empreendimento comercial. Quando se entrava, via-se um pequeno espaço fechado por uma grande cortina azul. E, atrás da cortina, o sonho. Ali, do lado esquerdo, foi construído um balcão que serviria de bar, onde reinava Nei Mandarino. O Nei trabalhou com toda a minha família como camareiro, muito antes de eu nascer. Minha irmã tinha quatro anos quando trabalhou com ele pela primeira vez. Ele era muito engraçado e, como nós, às vezes também queria matar alguém. O Lulu Santos adorava imitar o Nei mal-humorado, passando um pano com álcool no balcão, exercendo a mil sua mania de limpeza.

Atrás daquele balcão era Nei Mandarino quem comandava. Os sábados eram dias de histeria. Toda a população do Rio parecia estar lá dentro, querendo tudo ao mesmo tempo. Todos ávidos por se embriagar, todos com sede e todos com uma urgência imensa para que tudo chegasse rápido às suas mesas. E, nós, as garçonetes, também atendíamos as mesas, de onde saíam também nossas gorjetas.

Sandra com a roupa de garçonete, feita de lurex, no balcão do Dancin. No outro ombro ficava a marca de batom da Regina.

Sandra Pêra exausta por trabalhar de garçonete no balcão do Dancin.

Regina e Sandra cantando no Dancin, já com o segundo figurino.

No balcão do Dancin, um freqüentador; Sandra, sempre com a caneta em uma mão e o cigarro na outra; Carminha, autora das únicas fotos do local; Nei Mandarino e Dudu, de rosa nos cabelos.

Lulu Santos e seu sorriso.

A grana

No quesito "grana", Nelsinho foi muito legal também. As regras: cada uma ganhava 10% do que vendia; do total que a casa arrecadava, ele dava 10% para serem divididos entre nós seis; no final do mês, havia um prêmio de Cr$ 3.000 para as três que vendessem mais. A primeira recebia Cr$ 1.500, a segunda Cr$ 1.000 e, a terceira Cr$ 500.

Invariavelmente, eu era a primeira, Dudu a segunda e o terceiro lugar se alternava entre Lidoka, Edir e Regina. Leila nunca chegou perto. Ela gostava de conversar e dançar. Dudu e eu estávamos loucas para ganhar dinheiro. Uma das práticas era comprar cigarros mais baratos no supermercado e, é claro, vendê-los um pouco mais caro. Dudu ainda morava com a família na Penha e, como não podia voltar tarde, dormia no apartamento de minha mãe. Logo depois da experiência de um mês com a Leila, eu também fui morar com Dinorah. Éramos as primeiras a chegar ao Dancin, tática para ganhar a freguesia.

Nelson Motta, o Anjo Doido.

A estréia

Cinco de agosto de 1976. Esta data querida, para sempre guardada. Leoninas. Coincidência ou não, é o dia de aniversário de morte de Carmen Miranda e de Marilyn Monroe (festa muito comemorada por nós). Era para ter sido a nossa estréia, mas não aconteceu. A idéia era que cantássemos depois do show de Rita Lee. Não lembro o que houve, mas graças a Deus a apresentação dela atrasou e cancelaram a nossa. Nós adoramos esse adiamento. Estávamos em pânico de entrar em cena depois dela. Já pensou a insegurança?

Comanda

No começo da noite recebíamos, cada uma, o seu bloco com o respectivo número, do 1 ao 6. Eu era a número 5. Nosso avental parecia um banco. Nos primeiros dias fizemos muita confusão com o dinheiro. Seu Giovane, o caixa, era quem controlava a nossa bagunça. Com ele também ficavam as comandas (os papéis com os números de cada uma) que comprovavam o que havíamos vendido. As comandas eram praticamente jogadas na mesinha de seu Giovane. Nunca havia ouvido a palavra comanda, mas descobri logo a sua importância. Era ela que comprovava os calos nos meus pés.

Regina e Sandra, intensas, cantando no Dancin.

Sandra, com 1,80 m, e Edir, pequenininha, desesperadas pelo mesmo microfone, cantando no Dancin.

Os fregueses e as gorjetas

Ah, as gorjetas! Quando chegava gente que percebíamos ser mais bem estabelecida na vida, disputávamos mais ou menos sutilmente o atendimento. Certa noite entrou o Chiquinho Scarpa, e Lidoka se adiantou. Recebeu Cr$ 50,00 de gorjeta. Foi uma comoção. Lembro do dia em que Tônia Carreiro apareceu linda, para variar, e fui recebê-la. Vestia um macacão azul apertado! Cheguei à mesa, cumprimentei e perguntei se queria algo para beber. Ela olhou para mim e disse:

— Nossa! Como você parece a Sandra Pêra, a irmã da Marília, Você a conhece?

E eu, sorrindo:

— Sou eu, Tônia.

Ninguém acreditava que estávamos trabalhando como garçonetes. Tônia morreu de rir e partiu para a pista. Ela também teve o seu dia de Dancin Days.

Vender uísque era o que mais desejávamos. Era o mais caro. Depois vinha vodca, gim-tônica e cuba. O Nei Mandarino ficava louco da vida quando, no meio daquela multidão de pedidos, ele preparava o copo e tinha que ouvir o famoso pedido:

— Dá uma choradinha aí?

Eram duzentas pessoas pedindo uma choradinha, e aos berros. Detestávamos também quando, quatro da madrugada, eu e Dudu com os pés arrebentados, ainda atrás do balcão tentando vender algo que aumentasse nossas economias, aparecia um doido para pedir:

— Me dá um copo de água?

Água não era vendida, era dada. Nós queríamos morrer, mas nunca fizemos nenhuma indelicadeza. Essa minha experiência também serviu para entender o mau humor de alguns garçons em restaurantes.

Nossos pés àquela altura já ardiam em chagas. As botas eram lindas, mas o salto de matar. Quando chegávamos em casa às cinco da manhã, púnhamos os pés no bidê com água quente, e uma massageava os pés da outra antes de dormir. Isso mais tarde virou motivo de muito riso.

Uma boca no meu ombro

Que lugar bom era aquele, o nosso camarim! Era tão bom que as baratas também adoravam. Ficava em cima do bar e não havia acabamento nenhum nas paredes. Tudo muito improvisado. No primeiro dia, Regina e eu inventamos uma brincadeira boba, mas bonitinha, mantida até o último dia. Ela estava comendo uma banana split e, quando acabou, pedi que passasse o batom e desse um beijo nas minhas costas. E desci para trabalhar com a marca de seu bocão bonito sorrindo no meu ombro.

Não havia quem não reparasse:

— Seu ombro está manchado de batom!

E eu sempre dizia:

— Eu sei. Quem fez isso está lá em cima comendo banana split.

Repetimos isso durante os três meses em que funcionou a discoteca.

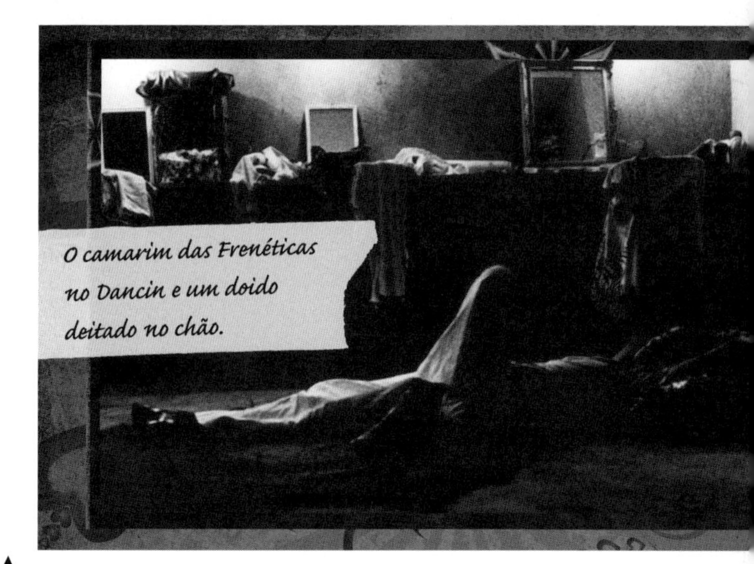

O camarim das Frenéticas no Dancin e um doido deitado no chão.

Regina e Dudu, Leiloca e Lidoka, e Edir e Sandra, no Dancin.

Camarim do Dancin, Sandra sentada, Ricardo Graça Mello com 15 anos e Dudu fazendo palhaçada.

Numa viagem a Pelotas, Lidoka, Dudu e Sandra à esquerda na frente, Ricardo atrás da Dudu, Judy Spencer, iluminadora, Edir de braço aberto junto a alguns membros da família Pêra residentes da cidade.

Um sucesso com as bandejas

Durante a semana inteira, o Dancin Days era um sucesso. Mas o sábado era de matar. Nunca imaginei que algum dia eu fosse carregar tão bem uma bandeja me equilibrando no meio da multidão. Numa daquelas noites escaldantes, pedindo licença para passar com o braço no alto e a bandeja carregada de bebidas, um antebraço foi introduzido no meio das minhas pernas e meus pés foram tirados do chão. Fiquei danada. Procurei o dono do braço e, claro, não achei. Voltei com a bandeja indignada para o balcão e quase chorando de raiva fui falar com um dos nossos doces seguranças: Vaíca, Ismael, gente fina. Estavam ali somente para ajudar, se precisasse, sem violência. Eu nunca vi nenhuma arma. Na questão do antebraço, eles mesmos me acalmaram, e a festa continuou.

Regina e Sandra no palco do Dancin.

A loucura

A loucura pode ser contagiante — e a assistíamos daquele balcão! As pessoas bebiam, se drogavam, falavam e faziam loucuras. Nunca nada ameaçador. Quando alguém passava dos limites e começava a passar mal, ficávamos de olho. Edir era a mais atenta. Era a "mãe" do grupo. Às vezes, ajudava a mandar a pessoa para casa. E, se precisasse ir para o hospital, a Edir também dava uma geral na pessoa, para não ter o risco de chegar com sujeira por lá.

Uma vez eu vi uma moça bem doidinha encostar-se naquela cortina azul como se estivesse encostando em uma parede. Ela chegou até a colocar aquele pé atrás, para apoiar. O tombo rendeu muita gargalhada. É claro que a Edir foi lá ajudar. Mas a moça, nem se deu conta da comédia que havia provocado.

Em outra noite, uma moça preparou-se para uma masturbação em pé, de qualquer jeito. Alguém deve ter esbarrado nela sem querer e mudado o seu rumo facilmente, porque eu não lembro de ver ninguém chegando literalmente ao orgasmo.

As drogas começavam a passear na minha frente. No começo, sinceramente, nem fiquei curiosa. Gente que eu não conhecia me dava pó embrulhado em papel, comprimidos sem nome que eu dispensava. Mas confesso que era difícil ficar de fora. Era tudo sempre muito engraçado, um bando de gente rindo muito. Eu estava entrando em um mundo de pessoas interessantes, inteligentes, bem-humoradas. E me sentia segura, totalmente em casa. Acabei metendo o nariz onde estava sendo chamada. Graças a Deus, experimentei muita coisa só de brincadeira, não precisava fugir de nada e éramos muito felizes. As drogas não

Sandra de chapéu.

eram as protagonistas do Dancin, mas excelentes coadjuvantes. Devo confessar que, quando apareciam, era muito divertido. Hoje em dia, sempre que encontro pessoas que viveram aquele momento, me dizem:

— Como era boa aquela época! Como éramos felizes!

E eu sempre rebato:

— Nós éramos felizes e sabíamos.

Além de trabalhar à noite no Dancin, nos finais de semana eu ainda estava em cartaz com o espetáculo infantil. Sabe Deus como eu conseguia! Uma única vez fui trabalhar virada e doida. Que horror! Toda maquiada, um verdadeiro monstro, interpretando aquela irmã horrorosa da Gata Borralheira. E, ainda por cima, doida. Definitivamente, droga não combina com teatro. Você não pode ter nenhum tipo de pudor para fazer um personagem como aquele. A droga me deixou crítica, virei uma observadora em vez de participante. Em teatro não vale a pena.

Então, apareceu quase no fim do Dancin um português que onde estivéssemos lá estava ele. Ele abastecia as festas com muita cocaína. Por motivos óbvios, ele sofria com freqüentes dores de dente. Guardo uma imagem horrorosa dele numa daquelas festas. Ele andava com um saco que parecia ser de sal, só que abarrotado de cocaína. Com a música alta, todos dançando, filas e filas para o banheiro, e ele costumava enfiar o dedo na cocaína e passava onde o dente doía, sem parar de dançar. Então, aquilo anestesiava a dor e ele cheirava e servia para todos. Um pouco depois, tudo outra vez, dedão em punho. Tudo muito higiênico!

Quando o Dancin acabou, esse cara me procurou com o seguinte papo:

— Sandra, você é uma mulher tão interessante! Esse trabalho que vocês fazem não tem futuro. Você pode ganhar muito dinheiro. Eu tenho uma proposta para te fazer. Eu preciso mandar uma encomenda para Portugal. Eu te dou a passagem ida-e-volta, hospedagem, alimentação. Acho que me ofereceu US$ 2.000.

Eu tenho vergonha de contar isso, mas não entendi que se tratava de tráfico. Eu era o que se podia chamar de mistura de ingênua, tonta, alegre, sei lá; ele chegou na pessoa certa. Achei a proposta o máximo. Eu conheceria Portugal, terra do meu pai, não teria nenhuma despesa e ainda receberia uma grana só para levar uma encomenda? Não parei para perguntar qual era a encomenda. Graças a Deus, minha alegria foi tanta que corri para contar para Regina.

— VOCÊ ESTÁ MALUCA! ISSO É TRÁFICO! ELE VAI TE USAR DE AVIÃO!

Quase caí numa cilada!

Eram os meus primeiros vôos noturnos.

Leila e Sandra espontâneas cantando no Dancin.

Os freqüentadores

Nossos ídolos freqüentavam aquele pedaço. Nossos ídolos nos assistiam! Alguém pode imaginar o que era ter Gal Costa te vendo cantar? Caetano? Não, ninguém pode. Até porque, cada vez que eu subia naquele palco, invocava uma personagem. Eu acreditava que, quando o Dancin acabasse, eu teria que procurar trabalho no teatro, o meu mundo até aquele momento. Grandes atores e cantores eram assíduos. Quem fosse pela primeira vez certamente voltaria a segunda, a terceira. O discotecário Dom Pépe comandava o som magistralmente, fazendo todo mundo dançar por dançar. Além dos famosos havia os que marcavam ponto todas as noites. Isabela Sechim que hoje dá aula de teatro no tablado e trabalha na produção do programa *Casseta e planeta*. Trabalhei com ela em 1995 numa peça infantil, *Descontos de fada*, com autoria e direção de Aloísio de Abreu. Minha filha, Amora Pêra, foi sua aluna. Todas as noites, Isabela, com sua adolescência, dançava conosco.

Também Beth Lago, num começo de flerte com Eduardo Conde, algum tempo depois, pai de seu filho Bernardo. É forte a lembrança de uma Monique Evans linda, novinha como todos nós, conversando muito com Pedro Aguinaga, pai de seu filho. Scarlet Moon, muito antes de Lulu Santos, inteligente, articulada, era freqüentadora. Muitíssimo engraçado e assíduo era Ezequiel Neves. Aquele ser cheio de bocas e línguas, inteligente e ferino.

Lá conhecemos Drão, Sandra Gadelha, mulher despachada, baiana que fala o que pensa, generosa, comilona, ex-mulher de Gilberto Gil. Ela entrou na nossa vida de um jeito tão intenso que parecíamos amigas de infância. Foi com ela que chegamos bem perto de Gil, Caetano, Gal.

Drão foi um presente. Certo dia, nos trouxe num pedaço de papel, a recém-escrita letra de *Tigresa*. Música que fez com que muita gente acreditasse que uma de nós fosse a musa de Caetano, principalmente Dudu e Edir, que anos antes em montagens diferentes participaram da peça *Hair.*

Mesmo sabendo quem era a homenageada, bem lá no fundo, nos sentíamos um pouco homenageadas também.

Um pequeno namoro

O Duda, Nelson Ordunha, que mais tarde viria a ser nosso secretário, era quem recebia e fechava as propostas de show. Tão menino quanto nós. Tão lindo! Nelsinho o chamou para ser gerente da casa assim que soube do seu desejo de mudar de São Paulo para o Rio. Eu o namorei um pouco antes da discoteca.

Nos conhecemos no festival de rock em Saquarema, quando ele trabalhava na equipe de produção da Rita Lee, que cantou no último dia do festival. Olhamos um para o outro uma noite, nos apaixonamos perdidamente e ele foi embora no dia seguinte. Nos escrevemos apaixonadamente por um mês ou mais. Quando nos reencontramos, percebemos que houve certo exagero naquela paixão e não deu certo, embora continuássemos fingindo que namorávamos.

Aí um dia fiquei sabendo que ele e a Lidoka estavam namorando e tinham ido viajar. Levei um susto (acho que ele nem sabe disso), mas passou logo. Aliás, foi um longo período em que todas se apaixonavam muito e que a paixão passava rapidamente também.

Duda, nosso secretário menino, e Lidoka.

Camarim do Dancin: Sandra, Duda, Carminha (autora das fotos do Dancin e dona da máquina desta foto), um freqüentador e Dudu.

O primeiro cheiro a gente nunca esquece

Nosso camarim foi o palco de conversas que iam das mais profundas até as mais banais. Apareceu lá por um tempinho uma coisa chamada Angel Durst. Uma droga fedorenta. Era a mistura de outras tantas. Comigo não deu certo. Não gostei.

Cheirei pó pela primeira vez naquele camarim. Cheirei e fiz um discurso enorme para dizer que não estava sentindo nada e que aquilo era uma tolice. Custei a descobrir qual era a onda. E fui fundo.

Depois dos shows

Depois que acabávamos de cantar, por volta da uma da manhã, voltávamos para a luta. Quando a madrugada se adiantava e diminuía o excesso de gente é que ficava bom mesmo. Dom Pepe exibia uns clipes divinos. Lembro especialmente de um do Bob Dylan tocando ao ar livre, acompanhado de uma mulher ao violino. Naqueles momentos, coincidentemente, eu sentia uma certa fome e pegava todas as noites um sanduíche de atum. Como era bom aquele sanduíche de atum! Um pão de fôrma lambuzado de pasta de atum que eu nem sabia quem fazia, mas adquiriu uma importância fenomenal na minha memória. Era um momento em que eu parava de trabalhar, assistia ao clipe e depois ia dançar e dançar.

Ciganas

E no meio disso tudo morei em vários lugares. Embora Dudu volta e meia dormisse na Dinorah, eu comecei a perambular (no bom sentido). Regina estava vivendo na casa da Ângela Leal na rua Duvivier, em Copacabana, e eu fui morar com elas. Era um apartamento bem grande. Ficamos lá até o final do Dancin, e ali, pela primeira vez, tive noção do que era conviver, como adulta, com a responsabilidade de cuidar de uma casa. Quando morei com Zezé Mota, ela não me cobrava nada, me tratava com uma irmãzinha. Se eu tinha dinheiro, tudo bem. Se não, tudo bem também, embora nunca tenha deixado de pagar o aluguel.

Regina, que até hoje é a dona-de-casa perfeita, me cobrava o dinheiro da feira.

— Gente, hoje é dia de supermercado. Vamos deixar a grana na caixinha?

Foi daquele apartamento também que saiu o nosso primeiro grande sucesso, *A felicidade bate à sua porta*, de Luis Gonzaga Jr., no futuro pai da minha filha.

Os shows

Tudo era muito espontâneo, nós ensaiávamos as músicas e só. Ninguém dizia como devíamos nos comportar. Eu tinha o teatro na cabeça e as lembranças de todos aqueles shows que eu ia assistir com o Nelsinho, principalmente os da Rita. Nunca tentei imitá-la; simplesmente lembrava o que eu sentia ao vê-la.

Só tinham três pedestais com três microfones. Tudo bem, não fosse um pequeno detalhe — a minha altura. Éramos duas em cada microfone. Com exceção da Regina, que é um pouco mais alta do que as outras, eu cantava quase ajoelhada ou a baixinha que estivesse ao meu lado tinha que ficar na pontinha dos pés. Era a parte mais desagradável durante o show.

Foi um pequeno início de educação no palco.

Um dia nós nos desentendemos com um guitarrista que chegava sempre atrasado e era muito grosso. Regina estava uma fera com o cara e entrou séria em cena, de mau humor. Por acaso, neste dia minha irmã Marília estava na platéia e no final do show perguntou:

— Por que a Regina entrou em cena com aquela cara? Não pode! Vocês é que saem perdendo! O público não tem culpa de nada.

No Dancin conhecemos um músico que mais tarde viria a ser importantíssimo na nossa carreira e a alegria das nossas viagens: Rubens Queiroz Barra, o Rubinho, Ruban Barra, Ruban, a Rúbia. Era o nosso tecladista. Compositor de vários sucessos nossos e do maior de todos: *Dancin Days*. Rúbia, autodidata, nunca aprendeu música, toca de ouvido e é completamente surdo de um dos ouvidos. Ele nos acompanhou no Dancin todos os dias.

Servíamos no bar, arrecadávamos muita gorjeta e por volta da meia-noite tirávamos o avental (que era escondido em algum lugar, pois sempre tinha muito dinheiro) e subíamos naquele palco, que em pouquíssimo tempo virou a nossa casa. Descobrimos que o público gostava de nos assistir. Não sabíamos o porquê, mas gostávamos. Não éramos um grupo afinadíssimo. Afinal, um anjo doido fez a gente se encontrar no Dancin' Days para sermos garçonetes. De repente viramos cantoras, e muitas nunca tinham sonhado com nada próximo. Aquela história de primeira voz, segunda voz começou a dar nó. Precisávamos nos familiarizar rápido com aquilo, nossas vozes precisavam se harmonizar. O nosso Zezé estava longe, em São Paulo, acompanhado da sua Rita.

Pouco a pouco colocamos músicas novas, duas ou três. *Twist and Shout, Back in Bahia*, mas já ensaiando com o Rubinho. Tudo com muita imperfeição, mas parecia que ninguém se importava com algumas resvaladas que me deixavam completamente louca. O que fazíamos no palco parecia ser tão interessante que ninguém reparava nos erros. O público nos olhava com uma atenção que era difícil acreditar. Quando o show acabava, o avental era recolocado, e lá estávamos nós outra vez de bandeja na mão.

Regina e Sandra ouvindo algum solo musical durante show no Dancin.

Dudu e Sandra após o show no Dancin, banhadas de suor.

Regina e Lidoka esfuziantes em show no Dancin.

As festas

As festas eram inesquecíveis. No aniversário de Nelsinho, 29 de outubro, houve uma festa à fantasia infantil. Todos fantasiados e, no salão, pipoqueiro, sorveteiro, algodão-doce e engolidor de fogo.

A sintonia do lugar era inenarrável. Acho que nunca existiu um lugar como aquele. Nós estávamos fazendo história e nem desconfiávamos.

O segundo figurino e figurinistas

Um dia, no meio de toda aquela loucura surgiram duas mulheres que se aproximaram de mim e da Dudu: Luizá e Ângela. De repente ficamos muito amigas. Elas se vestiam muitíssimo bem, usavam botas altíssimas, camisas com golas enormes e engomadérrimas, e a todo momento elas se ajeitavam de forma muito elegante. Sempre maquiadas e chiques. Destoavam um pouco naquele ambiente louco, mas tinham muito bom gosto. Um dia perguntamos a idade delas e elas disseram 27 e 29. Não sei por que eu e Dudu não acreditamos (hoje eu sei que elas realmente tinham aquela idade). E todas as vezes que nos referíamos a elas não dizíamos seus nomes. Elas passaram a ser 27 e 29. Pessoalmente as chamávamos de Luizá e Ângela.

Elas trabalhavam com moda, daí as golas e botas e gestos. Então nos propuseram desenhar e confeccionar outro figurino. Nelsinho topou e foram elas que nos vestiram com um maiô brilhoso (lamê), cada um de uma cor, meia comprida da mesma cor do maiô e também meia soquete de lurex, da mesma cor, mais forte, e uma sandália prata.

Meu figurino era rosa. O maiô tomara-que-caia não era cavado, tinha perninha e a bainha virada pra fora... A roupa realmente era linda nas outras cinco, mas eu detestei em mim. Achava que minhas pernas ficavam horrorosas, mas acabei usando. Eram aquelas meinhas que dois anos mais tarde a TV Globo colocou no ar e acabaram virando o símbolo de uma época, eternizadas pela novela Dancin' Days e sem querer criadas pela Luizá e a Ângela de Giorgio, a 27 e a 29.

Elas organizaram o meu aniversário de 22 anos no Dancin. Dois patinhos na lagoa comemorados no Dancin. Era setembro. Em novembro, o sonho acabaria, e acabou. Acabou no auge, era inacreditável.

Regina e Sandra cantando muito felizes no Dancin.

Frenéticas no camarim do Dancin com seus maiôs de lamê e as meias de lurex que ficaram tão famosas.

Fotos para uma revista com as mesmas roupas do Dancin.

O fim do Dancin

O último dia foi inesquecível. Superlotação, e todos queriam nos ver.

Era bom, mas curioso. A nata estava presente, mas uma lembrança é muito forte: o Serginho Dias, do grupo Mutantes, subiu e tocou conosco. Quando o show acabou, ele veio falar comigo e disse:

— Vocês não podem acabar! Vocês são muito importantes para a MPB!

Eu achei aquilo hilário. Nós importantes para a MPB? Por que mulheres que mal sabiam cantar, uma salada de mulher, uma grande, muitas baixas, uma gordinha, brancas, negras e magras eram importantes para a MPB? O Serginho e seus longos cabelos, de alguma maneira, fazem parte dessa história para mim.

Aquele último dia foi estonteante. O Dancin acabou em festa, claro. Lembro que nós não usamos as nossas roupinhas, lembro vagamente de algo preto que usei com umas tiras que eu mesma inventei. Cada uma de nós inventou o seu traje. Este dia se esfumaçou um pouco dentro de mim, o Serginho é o que eu tenho de mais forte em minha mente.

Último dia, último show no Dancin.

Depois do fim

Quando eu e a Regina chegamos de madrugada e superacesas na casa da Ângela Leal, lembrei-me de um dia à tarde em que estava fazendo sei lá o que em casa e ouvi uma música que me atraiu. Eu estava longe mesmo, pois não conseguia ouvir a letra, então eu gritei para a Ângela:

— O que é isso que está tocando?

— É o Gonzaguinha!

Naquela madrugada, completamente acordada, sem nenhuma possibilidade de sono, lembrei daquela canção. E a Ângela dormia. Não sei por que tive uma vontade enorme de encontrar a música. Sentei no chão da sala e peguei todos os discos do Gonzaga. Ângela foi amiga de infância do Gonzaga na Ilha do Governador e tinha todos os discos dele, que já não eram poucos. Ouvi um por um, faixa por faixa, até encontrar aquele som que um dia à tarde havia me chamado a atenção. *A felicidade bate à sua porta*. Peguei uma fita cassete, gravei a música e fui deitar. Não me lembro se consegui dormir.

Gonzaga.

O fim? Não!

Quando o Dancin acabou, nosso mundo havia mudado. Tínhamos amigos novos, era a música tomando conta. Éramos tratadas com respeito na praia, em frente ao Hotel Sol Ipanema, ponto de encontro, compromisso sério de todos os dias. Saíamos de casa e íamos a pé do Leblon até o Sol Ipanema, Ney Matogrosso, Regina e eu. Isso foi antes da Lidoka vir morar conosco. Íamos meio nus, com microbiquínis, felizes, radiantes... Sei lá, de repente em busca do grande amor. Ficávamos lá até o sol se pôr. Tinham muitos famosos por lá.

Era um período de entressafra, havia acabado o Dancin e estávamos à espera da gravação de um disco. Dava pra ficar um pouco na vagabundagem sem culpa.

Naquele verão, eu votei pela primeira vez na vida. Eleições para deputado e eu, e a torcida do Flamengo, não tinha a menor idéia de em quem votar — era um exercício que eu nunca tinha feito, apesar dos 22 anos de idade. Na praia se ouvia:

— Em quem você vai votar?

Que lugar maravilhoso era aquela praia! Como éramos felizes! Todos nós, eu tenho certeza. As pessoas eram lindas. Tinha Caetano, Gal, Ezequiel, Scarlet. Tinha Jabor e família, Eduardo Mascarenhas e família. Liége e crianças, Nelsinho vinha com Esperança pequena, minha irmã aparecia esporadicamente. Também tinha Maria Gladys, Ruth Mautner, Wilminha Dias, Marina com seu violão, Petí, O Menino do Rio, Pitanga e Vera Manhães grávida, Antonio Calmon, Daniel Filho, às vezes, Regina Duarte. Lita, Luciana de Moraes, Regina Casé, Luiz Fernando e o Asdrúbal com seu trombone. Tinha Ricardo Graça Mello adolescente e nós, as **FRENÉTICAS**, ali no meio dessa maravilha.

Havia uma palavra de ordem, uma sugestão, de que deveríamos votar em Lysâneas Maciel. Nem titubeei. O primeiro voto da minha vida foi em Lysâneas Maciel.

Ele foi cassado.

Flagrante

Um dia em que o sol estava queimando muito, alguém, na areia, resolveu acender um cigarro de haxixe. Acho que deviam ter umas dez pessoas na roda. Todos fumaram. Aquela paz, aquele momento de descontração. Foi aí que sei lá quem acendeu um cigarro de maconha enorme. Sabe exagero? Talvez, pensando na roda que era muito grande. Aquilo rodou, rodou, até chegar à minha mão. Eu, pensando em não dar muita bandeira, achei melhor segurar como quem segura cigarro comum, entre o dedo indicador e o médio, e não entre o polegar e o indicador. Tudo bem, se não fosse a seda amarela e, é claro, aquele cheirão de maconha. Pus na boca e puxei, puxei forte, fechando os olhos pra sentir aquele bem-estar entrando. Quando abri os olhos e comecei a jogar a fumaça fora, na minha frente havia um homem negro, de corpo completamente malhado, com uma sunga bem decotada e uma carteirinha na mão que quase foi esfregada no meu nariz, dizendo:

— Polícia!

E arrancou o baseado da minha mão.

A minha cabeça estava cheia de haxixe e maconha e, ao meu lado, mais ninguém.

Não podia acreditar. Eu só pensava: "Onde estão os meus amigos? Eu não quero ser presa! O que eu faço?".

Lembro perfeitamente que usava um microbiquíni azul e estava deitada na areia, doida. "Preciso começar a pensar!".

Virei pro cara e disse:

— Senta aí!

Ele agachou com aquele cigarrão amarelo na mão. Então, eu comecei:

— Como é o seu nome?

— Santos.

— Pois é, seu Santos, que cagada a minha! Não tinha nada que estar fumando na praia... (Deitada, eu podia ver o meu útero pulsando no ritmo do meu coração). Lugar cheio de gente. Se for pra fazer, que se faça em casa. (Sei lá o que eu falava, queria ver aquele homem longe.)

— Qual é o seu signo, seu Santos?

Gonzaga e seu jeito único de colocar a mão pra cantar. Um jeito muito característico.

Frenéticas com roupa de Belle Époque para divulgar o segundo LP Caia na gandaia.

— Sou do signo de Áries!

— (Espontaneamente) Igual ao signo da mamãe!!!!!!

Aquele "mamãe" soou como um grito de socorro. **MANHÊÊÊÊÊÊÊ!**

— O senhor tem que entender que eu estou experimentando e se o senhor acha que não é bom é porque já provou e não gostou. (Tinha uma história, naquela época, da lei do curioso, ou algo assim.)

Eu olhava para os lados e nenhum filho-da-mãe, nenhum olhar sequer, e o haxixe dançando com o fumo dentro da minha cabeça. Eu falei como louca com aquele homem, que me olhava inteira sem responder. Quando eu já não tinha mais argumento e achei que realmente ia dançar, uma mãozinha deslizou nas minhas costas e me perguntou:

— Tudo bem aí, cumade?

Era o Ney! Meu Salvador! Meu querido! Que delícia aquela mão na minha pele. Então, vi que os olhos do seu Santos acenderam ao ver Ney Matogrosso surgir ali. Aproveitei a situação e os apresentei muito simpaticamente.

— Ney, você conhece o seu Santos? Seu Santos, Ney!

O Ney, muito gentilmente, virou para o homem e perguntou:

— O senhor é filho de que santo?

Nem ouvi o nome do santo do seu Santos, tamanho era o meu estado, mas ele respondeu e o Ney imediatamente falou:

— Santo da justiça!

— E sou muito justo mesmo. Porque, se não fosse, eu levava você para a delegacia desse jeito mesmo que está vestida e o delegado ia fazer aquilo que ele gosta e está acostumado a fazer!

Estremecida, mas um pouco mais confiante, imediatamente retruquei:

— O senhor não ia brincar com a minha cabeça.

O Ney fez um discurso imenso falando dos malefícios do álcool, dos cigarros comuns. Não sei se o cara se cansou do falatório, se concordou com ele, se ficou nervoso com o Ney, ou as três coisas juntas, mas ele levantou e rasgou o baseado. Destruiu o meu flagrante e disse:

— Olha, avisa aos teus amigos pra não fumar aqui — apontando um outro sujeito. — Aquele cara ali faz ronda comigo todos os dias nesse horário, da rua tal até a rua tal e está louco pra pegar alguém. Ok?

E pra fechar com chave de ouro eu disse:

— Talvez o senhor conheça uns amigos meus que fazem segurança pra mim. (Pra mim é ótimo!) O Vaíca, o Ismael. (Os seguranças do Dancin.) E o Marrom. (O Marrom eu chutei feio. Ele era famoso, era da TV Globo, todos o conheciam de nome, eu nunca o havia visto.)

Neste momento seu Santos adorou, quis saber onde eu trabalhava etc.

Com o flagrante devidamente destruído, perguntei:

— Quer cair na água, seu Santos?

— Não, preciso continuar a trabalhar.

Ele foi embora e eu caí na água como quem cai no colo da mãe.

Naquele momento todos os amigos vieram ao meu encontro. Dispensei todos muito delicadamente, me sequei e fui embora.

Quando entrei em casa, tive uma hemorragia alucinante. Eu me esvaí em sangue. Liguei para minha mãe e contei tudo — precisava. Afinal de contas, chamei por ela literalmente.

No dia seguinte, sentada na areia, seu Santos reapareceu e simpaticamente me chamou, quis saber se o meu anjo da guarda era o Ney Matogrosso. Eu disse que sim e ele seguiu seu caminho.

Ney Matogrosso, foto feita por Sandra, cheia de artes, em casa brincando.

Como conheci Gilberto Gil

Sandra Gadelha foi fundamental em nossas vidas. Ela nos apresentou muita gente maravilhosa. Gilberto Gil, por exemplo, conheci de forma bem inusitada, talvez ele mesmo nem se lembre, mas, para mim, é claro, é inesquecível. Eu freqüentava muito a casa da Drão, dormia lá direto. O Gil vivia viajando, eu nunca o havia encontrado. Fazíamos festas maravilhosas. Era madrugada quando eu estava dormindo no quarto dela e ele chegou, vindo de uma viagem. Ela me acordou com um colchonete e disse para eu dormir no quarto do Pedrinho, que estava com cinco ou seis anos. Eu estava de camiseta e calcinha, saí arrastando o colchonete pelo corredor, quando dei de cara com o Gil!!! Não podia acreditar. Meu coração veio na boca. Então eu disse:

— Oi.

— Oi.

— Boa noite.

De calcinha! Tudo foi muito rápido; entrei correndo no quarto do Pedro, quase sem fôlego. A partir deste dia, passei a encontrá-lo com freqüência.

Então, uma noite, estávamos jantando e ele me disse:

— Sonhei com você esta noite!

Meu Deus! Gilberto Gil sonhou comigo!

— Sonhei que você estava cantando em um palco e uma multidão assistia. Eu queria ir falar com você, mas tinha tanta gente, tanta gente, que eu não conseguia chegar.

Eu juro que ouvi isso de forma bem-comportada, não ia sair gritando como uma idiota; afinal, eu era colega do homem. Mas o que eu mais queria era sair correndo dali e ligar para todos os meus amigos:

Vocês não vão acreditar quem sonhou comigo! **GILBERTO GIL!!!**

Sandra Gadelha e Sandra Pêra saindo de um dos shows.

Sandra Gadelha, Gilberto Gil e Sandra Pêra na saída de um restaurante em Sampa.

Procurando um lar

Regina e eu moramos mais um tempo na casa da Ângela e depois nos transferimos, como duas irmãzinhas, para a casa da Márcia Mendes na Rua Aperana, no Leblon. Ela estava casada com Cláudio Mello e Souza. O prédio não tinha elevador e o apartamento era no quinto andar. Quando chegávamos lá em cima com a língua de fora, havia mais um lance enorme de escadas que dava para os quartos. Alguém faz idéia do que foi a nossa mudança?

Dormíamos no quarto que os filhos do Cláudio ficavam quando iam para lá. Estávamos bem próximas quando a Márcia começou a ter vários problemas de saúde. Acompanhamos bem de perto as muitas cirurgias que a fizeram sofrer, até ficar dependente de morfina. Marcinha, com seu nariz arrebitado, olhos verdes e um temperamento bem especial, nos acolheu em sua casa com muito carinho.

Finalmente, fomos as duas parar na casa do Ney Matogrosso. Carlos Góes 55/101. Colado na Termas Leblon, a sauna famosa. O Ney morava no primeiro andar de frente. Nos instalamos ali completamente. O Ney tinha o quarto dele e o outro quarto era um escritório. Era uma casa sem muito espaço, mas nos instalamos. Dormi várias vezes pelo chão.

Ali definitivamente o meu mundo se abriu.

Nós chegamos com tanta intensidade que o Ney se mudou para o apartamento dos fundos. Era maior, foi bom pra ele também, havia o Luizinho, secretário, camareiro, irmão e amigo que morava com ele. Ele estava precisando de mais espaço.

Então Regina e eu começamos uma campanha para montar a nossa casa, não tínhamos nada. A campanha chamou-se: *Ajude Sandra e Regina a sorrirem*. Ganhamos um mundo de coisas. Minha irmã deu a sua geladeira e máquina de lavar velhas (ambas me acompanharam por um bom tempo). Uma amiga, Cristina Bastos, me deu uma cama de viúva, bem baixinha. Márcia Mendes nos presenteou com copos de geléia e um abajur de pé, que hoje ainda está na minha sala. Tinha também um canto de sofá que minha irmã deu, que nós chamávamos de "A bela adormecida".

Com o dinheiro que ganhei no Dancin, minha poupança aumentou bastante em relação a tudo o que eu já havia recebido com teatro, mas longe de ser uma segurança de vida. Era pouco, mas eu ousava me sentir cheia de dinheiro.

Luizinho, Regina e Ney em uma festa maravilhosa na boate Papagaio. Foto de Sandra

Luizinho de arco-e-flecha e un bigodinho pintado posando fantasiado para Sandra em ca

Marcinha Mendes, muito linda!!!

Rua das Acácias

Lidoka ligou dizendo que, se quiséssemos continuar aquele trabalho, ela havia descolado um lugar para ensaiarmos, uma garagem na Rua das Acácias. O dono, Capitão Nelson, na época marido da Yoná Magalhães, nos empresaria. A casa hoje em dia é alugada para festas. Não tínhamos nenhuma condição de ensaio. E com que instrumentos? Ligamos para Rubinho, que veio imediatamente. Ele, que tocava piano, chegou com um violão. Mas começamos a ensaiar mesmo assim, passando as músicas que cantávamos no show. Depois, sem querer, foi surgindo um *pot-pourri*, que começamos brincando com:

Nós somos jovens, jovens, jovens
Somos do exército, do exército do surf
Sempre a cantar, sempre a cantar
Eu vou deslizar, eu vou deslizar
E quem não souber, e quem não souber
Eu vou ensinar

Depois alguém sugeriu, provavelmente Leila, que, além de ser admiradora, tinha namorado um pouco o Raul Seixas:

Let me sing let me sing
Let me sing my rock and roll
Let me sing let me sing
Let me sing my blues and go
Uaua, uaua, ua babe lua rock and roll
Tenho quarenta e oito quilos certos
Quarenta e oito quilos de baião
Não vou cantar como a cigarra canta
Mas desse meu canto eu não abro mão

Depois acho que fui eu que encaixei:

Andando um dia na rua notei
Alguma coisa caída no chão
Bem curioso aquilo peguei
E sem querer esfreguei minha mão
O tal negócio explodindo fez fumaça no ar
Meio amedrontado não saí do lugar
Um cara em minha frente de repente surgiu
Sem que eu soubesse de onde ele saiu
E me agradecendo disse: Pode pedir
Todos seus desejos eu terei de cumprir
Hesitei, porém, topei...

E fechando tudo alguém lançou:

By, by love, by, by happiness...

Montamos o nosso *pot-pourri*!

Começavam a aparecer as primeiras vozes. Resolvi levar para o ensaio a fitinha que fiz na casa da Ângela Leal. Não sei por que, achei que elas não gostariam. Mas gostaram e não sei se no mesmo dia ou no dia seguinte começamos a ensaiá-la. Estávamos trabalhando sem saber para quê, mas nos encontrávamos quase todos os dias.

De repente, a Regina chegou com uma novidade: havia sido convidada para ir à Europa trabalhar com os meninos dos Dzi Croquetes. Eu nem sabia que gostava tanto dela. Tive uma crise de choro, fiquei numa tristeza. Ela começou a pensar em alguém para substituí-la. Cogitou-se Célia Camareiro, que só um pouquinho mais tarde virou nossa figurinista, e não lembro mais o que aconteceu, que, graças a Deus, a Regina ficou.

Ney Matogrosso, em casa, para um clique de Sandra.

A Carlos Góis 55/101, Leblon

Nossa casa não tinha nada. Almofadas herdadas. Quem nos visitasse sentava-se pelo chão. Ao entrar, à direita havia um corredor que dava na cozinha, grande, e em uma área muito legal, com telhas azuis transparentes, um charme! Na área, havia o quarto de empregada e um banheirinho. Voltando à porta de entrada, em frente era a sala, quadrada, boa, com um janelão enorme (que passou muito tempo sem fechar direito) que dava para a rua e que podia ser pulado — e era, só por gente amiga. À esquerda, o banheiro, que também dava para a rua. Dois quartos iguais e espaçosos. Um em frente à sala e outro em frente ao banheiro. Era o nosso futuro quartel-general.

Regina ficou com o último quarto, em frente ao banheiro, e eu com o outro. Ela pediu a Ney Mandarino, que sempre sabia comprar coisas de segunda-mão bem baratas e maravilhosas, que comprasse uma cama de casal. Ele comprou uma enorme, linda, parecia uma cama de princesa, rosa ou azul, ou as duas cores, quem sabe? Um exagero. Junto veio um armário desses antigos, tipo relíquia.

Eu com a minha caminha de viúva, baixinha, uma arara onde pendurei toda a minha vida. Ela chegava a ficar envergada de tanta coisa que carregava. Havia um pequeno condicionador de ar para amenizar o calor do verão carioca, também presente da minha irmã. Éramos as pessoas mais felizes desse mundo, as mais cheias de esperança.

Com Ney Matogrosso como vizinho, o corredor do primeiro andar era um trancetê.

Um dia, exaustas de trabalho, Regina se propôs a deitar cedo.

— Eu estou morta, vou dormir cedinho, beijo. Boa noite!

Eu estava me preparando para deitar na minha caminha de viúva quando vi um vulto veloz correr para trás do condicionador (o condicionador era daqueles que têm uns quadradinhos na frente). Sentei estática na cama, apavorada, sem acreditar. O que é isso, meu Deus?

Quando olhei, de dentro de um dos quadradinhos saiu a carinha mais bonitinha e repugnante de um micro-camundongo. Fiz um "BÁÁ" com a boca, na esperança de que ele se apavorasse e saísse dali. Nada. Ele se recolheu. Os pêlos dos meus braços se arrepiaram todos. Aliás, todo o meu corpo se arrepiou. Como eu poderia dormir naquela cama rente ao chão com um rato no meu quarto? Regina dormia a sono solto e, mesmo que estivesse acordada, não resolveria nada. Não tive dúvidas: parti para a sauna em busca de socorro, como se um leão feroz quisesse me devorar. Fui buscar um homem corajoso para me salvar das garras da fera. Vieram dois ou três, não me lembro, só sei que era mais de um. Entraram na casa com vassouras, rodos e pás, todos armados até os dentes. Eu deveria ter deixado a caçada só para eles, mas resolvi colaborar, para atrapalhar. Cada vez que a fera aparecia — coitado, apavorado —, eu gritava anunciando o novo esconderijo.

De repente, apareceu Regina, descabelada, na sala, querendo me matar. Ela achou que teria um sono dos deuses.

Não adiantaram todos os meus argumentos, todas as desculpas para o meu drama. Ela falou, falou e voltou a dormir.

Os homens saíram completamente sem graça lá de casa e é claro que o monstro se escondeu em algum outro ponto não identificado. Não tive outra opção senão ir para o meu quarto. Fiquei sentada na cama a madrugada toda de vigia, esperando o monstro me atacar. Devo ter dormido com o dia claro, sem perceber.

No dia seguinte durou muito pouco o clima ruim e em pouquíssimo tempo virou motivo de gargalhadas. Até mesmo agora, enquanto vou escrevendo, vou rindo sozinha lembrando do que foi o nosso primeiro desentendimento familiar e só o primeiro camundongo dos muitos que apareceram em casa. Com o tempo, eles receberam o singelo nome de Catita. Com o tempo, descobrimos que a causa, além do apartamento ser térreo, era a sauna ao lado.

Lidoka com Dinorah Marzullo, mãe de Sandra, na janela do quarto de Sandra. Clique de Sandra.

Lidoka e Sandra disputando um espaço no espelho do banheiro da casa.

Lidoka e Sandra na mesma janela, só que desta vez quem clicou foi Dinorah.

Três Frenéticas em seu quartel-general

Certo dia, Lidoka apareceu perguntando se não poderia morar conosco.

Ela estava dividindo apartamento com a Celinha Camareiro e o aluguel delas havia ficado caro. Regina e eu nos olhamos e falamos:

— Mas só resta o quarto de empregada!

— Tudo bem, eu coloco um colchão no chão e tudo bem.

— Mas, se você puser o colchão no chão, onde vai colocar as suas coisas?

— Sandra, eu posso dividir a sua arara com você?

— Claro que pode!

E a arara virou um perigo. Retirar uma roupa era uma árdua tarefa. A pobre arara, além de segurar todas as nossas roupas, agüentava em cima toda a sorte de tralhas, como malas, bolsas e tudo o que duas pessoas têm quando demoram a achar um canto para morar.

Foi ali que tudo aconteceu. Ali nos reuníamos. Dali saíamos para os shows e as viagens. Ali foram tomadas decisões que encantaram tanto o país, onde cada uma de nós amou freneticamente muitos amores e chorou outros tantos. Foi lá, mais tarde, que minha filha foi concebida e nasceu. A Rua Carlos Góis 55/101, na esquina da praia, era a festa, o lugar onde de repente chegavam amigos com malas, sem avisar, para passar "uns dias".

O apartamento ficava exatamente em cima da casa do porteiro, o coitado do seu Francisco. Um dia o globo de luz da casa dele despencou do teto, tamanho era o agito no andar de cima. No começo, ele fazia cara feia, mas, depois, talvez por conta do nosso sucesso, ficou simpático, e, é claro, tentávamos ser cuidadosas, embora as visitas fossem muitas. Imaginem três frenéticas no auge, cada uma lotada de amigos!

E a quantidade de gente que chegava vendendo toda qualidade de coisas? Roupas então, nem se fala. Aquele apartamento fervia.

Éramos vizinhas de Paulo Mendes Campos, que morava no quarto andar. Ele ia ao Baixo Leblon todas as noites e chegava em casa sempre cheio de cerveja; nunca conseguia encaixar a chave na portaria. Então, às vezes, estávamos em casa e alguém batia na nossa janela. Era ele, hilário, dizendo:

— Trocaram a fechadura e não me deram a chave nova. Dá para abrir para mim?

Nossa vizinhança era espetacular!

Fazer um teste

Numa tarde de ensaio chegou Liminha (Uau! Um homem absolutamente belo) com o João Ricardo, ex-Secos e Molhados. Queriam ver o que tínhamos pronto. Existem fatos que eu realmente não lembro bem, como a aparição dos dois no nosso ensaio, se foi o Nelsinho que tratou ou se foi através da gravadora. Lidoka também diz que encontrou Liminha na praia e pediu que ele fosse ao nosso ensaio. Enfim, o importante é que eles chegaram dizendo que queriam que nós fizéssemos um teste para a WEA, gravadora que começava no Brasil. Cantamos tudo acompanhadas do Rubinho, que se esforçava no instrumento que não era o seu, o violão. Ouviram tudo e no final escolheram o *pot-pourri* — e, pasmem— *A felicidade bate à sua porta*! A música que eu um dia ouvi ao longe sem saber o que era, e que me deixara acordada durante toda a noite do último dia do Dancin Days.

Alguns dias depois, estávamos nervosas e excitadas no estúdio da Wanderléia, que ficava em Botafogo.

Começamos por *A felicidade*. Liminha, depois de ouvir todas nós, optou pela voz belíssima da Dudu. Começávamos todas em uníssono.

> ***O trem da alegria saiu agora partiu nesse instante***
> ***Da Rádio Nacional a gare principal da central***

Então entrava a Nega:

> ***Carregado de ioiôs, colares, cocares, miçangas e tangas para o nosso carnaval a, a, a, a...***

Aí nós voltávamos

O trem da alegria promete mete, mete, mete, mete, garante
Que o riso será mais barato, Dora, Dora, Dora em diante

Outra vez entrava a voz da Nega, esplendorosa.

Que o berço será mais confortável
O sonho será interminável e a vida será colorida etc. e tal...

Então voltávamos em uníssono para o refrão:

A tal da felicidade
Baterá em cada porta
E que importa a mula manca se quero
A tal da felicidade.

Em cada um desses dois finais, eles pediram a ela que estendesse as notas interminavelmente; era um tom bem alto. Ela teve dúvidas se conseguiria, a voz saía um pouco espremida, mas era de puro medo. Então gravamos primeiro as nossas partes:

Fizemos uma pequena troca, o Gonzaga cantava no refrão: "A dona felicidade". Nós trocamos por "A tal da felicidade".

Os solos da Nega foram deixados por último. Saímos todas de dentro do aquário e, do lado de fora do vidro, fazíamos caras, gestos e braços para cima, enquanto as notas iam saindo da sua garganta, lindas e sem medo. Tinha virado um prazer, tamanha eram a nossa farra e alegria.

É claro que mais tarde aconteceram crises de identidades no grupo, pois, sem sombra de dúvida, Dudu era a mais preparada vocalmente para solos mais ambiciosos, embora algumas outras, dependendo da música, também tivessem condição de cantá-los. Mas quando se trabalha em uma indústria não há muito tempo e, às vezes, jeito para dizer para uma pessoa que ela não fica bem cantando aquele tipo de música. Se fôssemos crianças, simplesmente resolveríamos esses problemas dizendo: "Se ela canta, eu também quero cantar!". Mas um adulto dizer isso pega mal, então não dizemos nada e nos comportamos mal dentro do grupo, até que seja necessário jogar tudo para o alto. Mas, até tudo isso acontecer, é tudo de bom!

Liminha, coisa mais linda!

Liminha e Regina, provavelmente em alguma festa.

O primeiro contrato e o primeiro sucesso

Pouco tempo depois de gravar o tal do teste, fomos chamadas para assinar um contrato de um ano e lançar um compacto simples.

A gravadora topou bancar o nosso figurino para que começássemos a fazer televisão.

Ensaiávamos num pequeníssimo estúdio da WEA que ficava no Rio Comprido, bairro onde nasci. Era uma casa toda marrom, embaixo do viaduto Paulo de Frontin. Íamos as seis, amontoadas em um só táxi, pra lá. Ainda duras, mas felizes.

Agora existia nossa banda. Rubinho, é claro, no piano, e os outros eram O Bicho da Seda, grupo gaúcho, Marcos Lessa no baixo, Mimí Lessa na guitarra e Edinho na bateria. Banda maravilhosa que nos acompanhou por muito tempo, tempo suficiente para nos tornarmos amigos, irmãos e alguns amores.

Num desses dias que voltávamos do ensaio em um táxi, o motorista ligou o rádio. Falávamos todas, ríamos, enfim, quando de repente começamos a cantar ali, nossas vozes saindo daquele rádio do táxi.

Bem, o que se seguiu foi um surto generalizado. Papai Noel trouxera o presente que nem sabíamos que queríamos. Nós gritávamos tanto que literalmente esquecemos que existia um motorista ali.

Ninguém foi tão abençoado como nós fomos naquele ano de 1977. Começamos a tocar sem parar em todas as rádios.

O assédio começou. A gravadora nos colocou para divulgar o compacto. Saíamos bem cedo de casa, acompanhadas de Alcione, que era o divulgador da WEA, cantávamos no carro. Éramos as princesas da MBP, Alcione nos levava para almoçar e jantar nos intervalos das entrevistas. Estávamos deslumbradas — comi lagosta pela primeira vez na vida. Éramos levadas a restaurantes deliciosos. Os divulgadores que nos acompanharam durante a nossa carreira, com certeza, às vezes queriam nos matar, tamanho o falatório, mas também se divertiam muito.

O Alcione, irmão do Oberdan da banda Black Rio, ganhou uma música. Toda vez que ele chegava nós cantávamos:

E Alcione
Vê se te emenda
Assim dessa maneira, nego
A véia (WEA) não te agüenta

Uma roupa em seis corpos diferentes

As roupas começaram a ser confeccionadas a toque de caixa. Celinha Camareiro arranjou um costureiro, um travesti, Gilda, que nós imediatamente apelidamos de bicha Guilda. Ela morava no centro da cidade, em um prédio antigo muito bonito, mas que tinha no chão da entrada, desenhado em preto-e-branco, uma grande suástica, apavorante.

As provas eram marcadas para de manhã bem cedo, tipo oito ou nove da manhã. Íamos de ônibus, tontas. Lidoka, com seus cabelinhos encaracolados, colocava as duas mãos na beira da janela, o queixo em cima delas e dormia como um cachorrinho. Quando chegávamos, sempre havia uma pequena discussão para ver quem provaria primeiro e se livraria logo do enfado que é provar roupa.

Um dia, eu estava esperando a minha vez e fui ao banheiro. Quando abri a porta, o que vi? Uma galinha preta amarrada numa espécie de coleira. Fiquei tão atônita que perguntei aos berros:

— Por que uma galinha na coleira?

Ao que Guilda, sem graça, respondeu:

— É... é... de estimação.

Estava na cara que era um despacho.

A bicha arrasou na roupa; aliás, a Célia arrasou. Era um espartilho preto, cinta-liga, um sapato também preto altíssimo e uma boina na cabeça. Parece simples, e era. Mas o conteúdo, cada uma com seu corpo, era o que fazia a diferença.

Leila, a gordinha despachada, sem vergonha, mostrando a barriga, as belas pernas roliças, segura, cheia de humor pra dar.

Dudu, com seu corpinho magro, perninhas finas, que eu sinceramente sempre achei bonitinhas, mas que ela detestava, desejando ter alguns quilos a mais.

Regina era de todas, eu achava, a mais bonita de rosto. Boca bonita, olhos bonitos e completamente cega sem os óculos. Eu a carregava pela mão até o palco para que não tropeçasse nas coisas.

Lidoka com seu corpinho magro e muitíssimo bonito, pernas trabalhadas, barriga bem-feita, era a nossa bailarina.

Edir, a mais quieta de todas, com um corpo e gestos de quem fez afro, pernas bem-feitas. Era a única que levantava o dedinho, pedindo a vez para falar em nossas insuportáveis reuniões. E eu me sentia a torre do castelo, enorme nos meus 1,80 m. Sempre querendo emagrecer um pouco, via celulite em mim, que ninguém via. Enfim, com o tempo comecei a descobrir as virtudes do meu corpo; afinal, passamos a ser amadas por muitos. E os olhos que nos olhavam às vezes eram tão sensuais, tão desejosos, que eu deveria me sentir mais segura e acreditar que era bonita e gostosa.

As roupas fizeram grande sucesso, tudo parecia dar certo. Quantas vezes eu não desejei estar de fora para poder entender, enxergar o motivo de tudo aquilo. Éramos absolutamente espontâneas, não havia comando, cada uma ia se expressando conforme a música.

Muitas vezes, cantando, dava vontade de fazer um carinho em alguém, então nos abraçávamos, confraternizávamos muito.

Rififi no rock'n'roll

7

Frenéticas em espartilhos.

Reportagem com o grupo.

Todos os programas de televisão

Nós nos apresentamos em todos os programas que existiam na televisão: Raul Gil, Globo de Ouro, Fantástico, Chacrinha, Bolinha, Almoço com as Estrelas, Mauro Montalvão e tudo o mais. Começávamos a surgir no mercado, mas quem pensava em mercado naquele momento?

Um dia minha irmã Marília me disse:

— Sandra, atenção! Vocês vão começar a ganhar dinheiro.

O alerta foi básico, porque realmente começamos a ganhar não o correspondente ao sucesso que fizemos, mas o suficiente para nos harmonizar numa vida bem melhor da que levávamos antes. Não comprei apartamento nem carro, mas todas as deliciosas bobagens que sonhamos quando somos completamente duras, e guardei um bom troco, que usei quando as coisas deixaram de ser tão fáceis.

Um dia eu estava num ônibus e encontrei uma freqüentadora do Dancin. Ela veio falar comigo entusiasmada, dizendo que estava nos ouvindo bastante, que toda hora nos via na televisão etc. Então ela me fez o seguinte pedido:

— Se algum dia, alguma de vocês adoecer, se machucar, vocês me chamam?

Não acreditei no que estava ouvindo. **ADOECER**? Percebi como éramos queridas.

Tropicana, Dancin' 2 e Noites Cariocas

Nelsinho naquela época foi convidado pelo Canecão para criar alguma atração nos finais de semana e inventou o Tropicana. Só funcionava às sextas e sábados. Ele queria algo no espírito do Dancin, mas com outro jeito, outro som. Com a casa, ele também inventou As tropicanetes. Eram Elba Ramalho, Tânia Alves, Dirce (irmã da Dudu que também canta muito bem) e uma menina que nunca mais vi, a Diana Estrela, (filha de um dos integrantes do Bando da Lua). Para quê? Nós morremos de ciúme. Ciúme de verdade. Ainda por cima ele chamou a Célia Camareiro, nossa figurinista, para criar o figurino delas. Era um som latino, nada parecido com a gente.

É claro que o show de inauguração da casa foi o nosso, e Lulu Santos tocou conosco.

Aquele dia foi marcante para mim. Reencontrei uma antiga amiga e passamos toda a noite cheirando cocaína e falando sem parar. Não dormi e tinha uma filmagem muito cedo com o Julio Bressane. Ele estava rodando *A agonia*. Meu papel era o de uma filha louca do Grande Otelo que envenenava toda a família e se envenenava em seguida. Só lembro da última cena que gravei estrebuchando no chão em um ataque epiléptico. Nunca vi esse filme, que também tinha Joel Barcelos, com quem acabei namorando durante um tempinho depois das filmagens. Como eu sabia que a personagem era louca, não me preocupei em descansar para um dia inteiro de filmagem.

No fim da gravação, Joel Barcelos e eu tivemos dias bem bonitinhos de romance, e outro muito bobo e engraçado. Saímos de mãos dadas de casa e encontramos a Lidoka, que chegava. Ela parou, olhou e disse:

— Vocês fazem um parótimo!

— O que é isso, Lidoka?

— Vocês fazem um parótimo!

— Mas o que é um parótimo?

— (Com calma, bem devagar) Um par ótimo!!!!

Uma bobagem, mas quando eu entendi o que ela estava falando tive que voltar pra casa. Fiz xixi nas calças.

O Tropicana não durou muito, não era um Dancin, mas tínhamos um lugar com boa música para dançar e todas as pessoas que trabalhavam no Dancin estavam lá também. Então, estávamos em casa.

Outro episódio engraçado aconteceu comigo lá. Num sábado em que me divertia, chegou Caetano com Dedé e uma turma. Nelsinho me chamou e pediu que eu cuidasse de tudo o que o Caetano pedisse, pois ele estava indo embora. Levei a turma para um camarote e, como já não era garçonete, chamei um garçom e liberei as bebidas.

Leila e Sandra no programa do Chacrinha com roupa de Aqualoucas.

Sandra e Lídia dividindo um único microfone na televisão.

Regina e Leila que, olhando bem, nem era tão gordinha assim.

Todas as Frenéticas no Chacrinha.

Eu nunca fico completamente à vontade com o Caetano, tamanha a minha admiração, mas jamais me comporto como tiete. Tento ser o mais normal possível, embora estremeça por dentro.

Naquela noite, Dedé estava dançando muito na pista. Não sei o que deu no Caetano, que ele de repente me puxou e me sentou no colo dele. Ah! Eu fiz um esforço imenso para parecer à vontade, descontraída. Mas que nada! Me sentia com dois metros de altura, dura, sentada na beira de suas pernas tão magrinhas. Eu queria sair dali correndo, mas ao mesmo tempo queria ficar, queria rir, conversar, fingir que não estava acontecendo nada. Permaneci ali, dura, completamente ereta, me sentindo ridícula. Disfarcei o mais que pude, então fui levantando aos pouquinhos, como se precisasse fazer algo importante. Disse qualquer coisa bem idiota, aí me retirei.

O morro também teve o seu lugar. O Pão de Açúcar!

Nada melhor do que lá para primeiro substituir e virar o Dancin' Days.

Nada mais espetacular que aquele lugar para depois receber o nome de Noites Cariocas. Cantamos e enlouquecemos muitas vezes, muitos sábados, olhando a cidade maravilhosa.

Lá também Nelsinho criou o grupo Mistura Fina (a casa da Lagoa com o mesmo nome apareceu depois). Era um trio heterogêneo, engraçado, afinado e muito familiar. Paulete, um dos Dzi Croquetes, Ricardo Petraglia, ator e amigo e Ricardo Graça Mello, nesta época com 16 anos, enteado de Nelsinho, meu sobrinho. Cantavam muito bem um repertório composto para eles.

Era delicioso subir o morro nos finais de semana só pra dançar.

Pratiquei muita juventude no alto daquele morro!

A felicidade batendo a nossa porta

A felicidade bate à sua porta estourou. Houve um pequeno zunzunzum em algumas rádios que alegavam não poder tocá-la, pois a letra mencionava a Rádio Nacional. Problema que foi rapidamente resolvido, pois estouramos que nem bomba, e todos precisaram tocá-la, com ou sem a Rádio Nacional.

Fizemos uma gravação para o Fantástico, e, quando fomos assistir, eles haviam feito uma entrevista com Gonzaguinha, considerado na época um compositor e cantor extremamente sério. Perguntaram:

— Gonzaguinha, o que você acha da linha que essas meninas, as Frenéticas, deram a sua música?

Ele olhou com aquele jeito (de lado) que lhe era peculiar e respondeu:

— Quem tem linha é carretel.

Eu adorei! Foi a primeira vez que eu prestei atenção nele. Internamente estava orgulhosa, pois eu descobrira a felicidade.

Luvas?

Diante de tanto sucesso, a gravadora nos chamou para mudar o contrato de um para três anos. Ouvimos ao longe que deveríamos pedir luvas. Nós, muito espertinhas, depois de muita conversa, resolvemos pedir, e fomos prontamente atendidas, um teclado para o Rubinho.

Hoje, pensando, dá raiva. Raiva da gente, mas naquele momento nem percebemos a besteira. Talvez achássemos que um teclado fosse uma fortuna, sei lá. Só sei dizer que luva nós usamos, e muitas, nos nossos corpos.

Leiloca e Sandra cantando juntinhas no programa do Chacrinha.

As Frenéticas no palco da Tropicana: fazendo do show uma festa, muito divertida e maliciosa

Frenesi

Ouve-se o badalar estrondoso de um sino, uiva uma sirena, luzes piscam, é o sinal: cessa a ginga desvairada dos freqüentadores da discoteca Tropicana, no Rio de Janeiro, e todos se acomodam para ver o show. Mas o que começa é uma festa. Que outro nome dar à fulgurante alegria e vitalidade detonada por um grupo de moças mui adequadamente chamadas As Frenéticas?

De maiôs colantes, ligas belle-époque, óculos "gatinho", sapatos prateados de salto sete-e-meio, elas estão longe de demonstrar qualquer seriedade passível de ser confundida com tristeza de viver. Empolgantes quadros vivos, dotados de luz própria, as alucinadas moçoilas apresentam-se durante 20 ou 30 ou 40 minutos — depende da disposição delas e da platéia. E o que fazem em cena? Cantam, dançam, tremelicam, mexem e remexem, tudo é possível.

Com menos de um ano de vida como grupo — surgiram em agosto passado na discoteca The Frenetic Dancin' Days — elas foram orientadas musicalmente, no início da carreira, por Roberto (Zezé) de Carvalho, guitarrista e atual marido de Rita Lee. O repertório oscilava entre rocks estrangeiros ou de confecção pátria e, nos intervalos dos shows no Dancin', elas faziam de tudo: serviam as mesas, atendiam no balcão de bebidas, dançavam nos corredores, apartavam discussões dos mais esquentados. Naquela época, aliás, já pareciam se divertir sem medidas.

Sem preconceito — E é como quem brinca que as Frenéticas atacam atualmente um roteiro musical substancioso, capaz de revelar não serem elas apenas seis adoráveis maluquinhas. Acompanhadas por piano, baixo, bateria e guitarra, "Dance, Dance", de Rita Lee, e "Vem Quente", de Erasmo Carlos, são os seus risonhos gritos de guerra. Com "Let's Spend the Night Together" ("Vamos Passar a Noite Juntos"), de Mick Jagger e Keith Richards, a aparente inocência desaparece. Em seguida promovem elogiável crescendo vocal em torno de "A Felicidade Bate à Sua Porta", de Luiz Gonzaga Jr. E, de música em música, provam estar isentas de qualquer preconceito em sua definição prática do que vem a ser arte.

Por tudo isso, o criador e diretor do grupo, jornalista Nelson Motta, afirma que "em pouco tempo elas transformaram as falanges freqüentadoras do Dancin' Days em irrecuperáveis frenetômanos, embora alguns pretensiosos se intitulem até frenetólogos". Tanto é verdade que Caetano Veloso, Gilberto Gil, Rita Lee e Raul Seixas, alguns de seus ardorosos e públicos admiradores, estão compondo músicas especiais para o primeiro LP das Frenéticas, a ser gravado em setembro pela WEA, gravadora que já lançou na praça um compacto simples com duas musiquinhas do atrevido sexteto.

"Leiloca": nada de preconceitos

VEJA, 8 DE JUNHO, 1977 — 83

Repotagem com Edir e Leila cantando no palco, e Leila de óculos.

Sandra em cena do filme A agonia, de Julio Bressani.

Escolha de repertório

Se a memória não me falha, e ela costuma ser muito boa, a WEA já havia se transferido para o Jardim Botânico. Nos deram o pequenino estúdio do local e nos deixaram lá, sozinhas, fazendo a nossa escolha. O primeiro LP. Uau! *A felicidade bate à sua porta* e *Pot-pourri* estavam prontas. Precisávamos achar mais oito músicas.

Pensamos que alguma canção do repertório de Carmen Miranda seria simpático. Lembrei de quando fiz o espetáculo *A pequena notável*, em 1972, com minha irmã fazendo a Carmem e eu fazendo a Aurora, e cantávamos *As cantoras do rádio*. Imediatamente foi aceito.

Lidoka lembrou-se de algumas pérolas que Wagner Ribeiro compôs.

Depois de algumas cantaroladas, decidimos por *Vingativa*. Wagner Ribeiro não tocava nenhum instrumento, mas gostava de compor. Então, pegava um gravador e simplesmente ia inventando suas melodias.

Nelsinho sempre me desmente, mas fiz uma interpretação talvez romântica e errada. O fato é que, no dia seguinte em que ele e minha irmã tiveram um desentendimento, ele chegou lá em casa com a letra da música *Perigosa*. Quase tivemos uma síncope ao ler aquela letra abusada, sensual e brilhante. Ele imediatamente a mandou para Rita Lee e Roberto de Carvalho, nosso Zezé. Em poucos dias a canção estava pronta e eles enviaram uma fita cassete, em que Roberto gravou um recado para mim:

— Sandra, aí na fita tem uma voz grave que eu pus para você fazer.

Um dia, estávamos em São Paulo, quando Rita e Roberto nos convidaram, através de Suely Aguiar, para irmos ao ensaio dela. Lá ela nos deu algumas sugestões de vocais para a música, como uma que é bem marcante durante um solo instrumental que tem no fim da música. Fazemos um som de tesão:

Capa do primeiro LP Frenéticas, e em volta da capa um folheto feito para ser distribuído.

Sandra Pêra e Luis Sérgio Carline depois de um show no Ibirapuera, em Sampa.

FIA, FIA, FIA UI!

Poucos dias depois eles também nos enviaram a pérola *Fonte da juventude*. Mais uma vez, Suely Aguiar foi a mensageira. Além de trabalhar na WEA, ela era muito próxima de Rita e Roberto e amiga nossa:

Pois as pernas que um dia abalaram Paris
Hoje são dois abacaxis
Se os olhos da Elizabeth ardem meu bem
O que a Helena Rubis tem com isso?

Luiz Sérgio Carline, guitarrista maravilhoso, parceiro de Rita em algumas músicas bem conhecidas, com quem eu havia dado uma namoradinha, me procurou com uma música, *Vida Frenética*. Uma letra bem safadinha.

Algumas noites
Fico sozinha, a, a, ou, ou
Com meus lençóis de cetim
Pensando em planos de outrora
Que até já me esqueci
Viver de noite, dormir de dia a, a, ou, ou
É isso o que eu quero sim
A vida boa e frenética
Deixem que falem de mim...

Ronan Soares, que era editor do Jornal Nacional, muito amigo de Regina, mandou uma letra que ele fizera pensando na gente.

Prazer em conhecer
Somos as tais Frenéticas.
Que um anjo doido fez
A gente se encontrar no Dancin Days.

A letra foi entregue ao Rubinho, que, sem perder tempo, chegou com um dos nossos hits. O título da música deveria ter sido *Prazer em conhecer*, mas não sei mais por que recebeu o difícil nome de *Tudo bom, tudo bem ou mesmo até*.

Em seguida, Nelsinho apareceu todo feliz, pois havia composto outra letra e a melodia: *Tomorrow is another day*.

Quem me diz? Quem me conta?
Quem me aponta um rumo a seguir?
Quem senão o meu corpo,
Meu pensamento, meu coração...

Eu, particularmente, acho essa letra muito bonita.

Por fim, a antiga, *Quem é?*. Esta eu solei e inverti toda a letra.

A original é:

Quem é?
Que te cobre de beijos?
Satisfaz teus desejos?
E que muito te quer?

Eu troquei para:

Quem é?
Que me cobre de beijos?
Satisfaz meus desejos?
E que muito me quer?

O repertório estava escolhido. Nos embarcaram para São Paulo.

Quando ele me chamou atenção

Começava a minha odisséia pelos aviões. Era a minha diferença (e continua sendo). Mas foi dentro de um avião nesta época que vi pela primeira vez o Gonzaga. Era um dia feio, o avião sacudia, sacudia, e eu chorava. Vexame total. Acho que alguém disse a ele que eu estava ridícula chorando, porque, de repente, ele apareceu na minha poltrona, olhou nos meus olhos e disse:

— Tá chorando por quê? Medo de quê? A gente só morre uma vez!

O efeito em mim foi fulminante. Não curou o meu medo, mas foi ali que o meu coração disparou por ele, pela primeira vez.

A GENTE SÓ MORRE UMA VEZ!

Vânia Toledo e Luiz Sérgio

Um aparte:

Quando estávamos lançando o compacto e trabalhando a música *A felicidade bate à sua porta* ou íamos para São Paulo para alguns trabalhos, ainda não ficávamos em hotel, mas na casa de amigos. Fiquei hospedada várias vezes na casa do Luiz Sérgio Toledo, cirurgião plástico maravilhoso, na época casado com Vânia Toledo, fotógrafa genial que acabou fazendo todo o nosso trabalho de divulgação. O casal mais o filho Juliano me recebiam para dormir sempre com muito carinho, e a todas as **FRENÉTICAS** para visitas em noites inesquecíveis.

Fico impressionada com a quantidade de amigos, pessoas íntimas que partilham momentos importantes, muitas vezes até de segredos, e, de repente, são afastadas pela vida e transformam-se em colegas cordiais.

A Vânia é um grande exemplo de momentos agradabilíssimos.

Mais três anos de contrato e hotel bom

Quando assinamos o contrato para mais três anos com a gravadora, passaram a nos oferecer hotel quando tínhamos que gravar em São Paulo. O primeiro deles, detestamos. Tínhamos que ficar três em cada quarto e o frigobar era trancado a cadeado. Reclamamos muito; era um hotel bem ruim para quem estava saindo de casa para gravar um disco por vários dias, por longas horas e fazendo um sucesso tremendo em todas as rádios do país. Reclamamos, mas não nos ouviram. Fomos à sala do encarregado do departamento na gravadora, entramos e tomamos conta do pedaço. Leila sentou-se sobre a mesa, pegou o telefone e desandou a ligar para meio mundo. Edir postou-se em outro canto da sala, assim como todas nós, e nos maquiávamos, falávamos, ríamos e reclamávamos. Enfim, nos mudaram para um belo hotel em Higienópolis e depois nos colocaram em um apart-hotel, onde finalmente nos sentíamos em casa, em casa até demais.

O lugar ficava no final da Rua Frei Caneca e chamava Hores Maipu.

Eram três em cada apartamento, duas no quarto e uma na sala. Nós também sacudimos este hotel. Sempre havia um andar só nosso. Aquele prédio sabe muito da nossa história.

Fazendo o primeiro LP ou nas curvas da estrada de Santos

Mas antes de irmos a São Paulo para finalizar o disco, gravamos os instrumentos no Rio, nos estúdios da Level. No começo, íamos todas para fazer a voz-guia. Então Liminha, que fazia um dos primeiros trabalhos como produtor, achou melhor que fosse apenas uma por dia, para não ficarmos cansadas. Mas acho que na verdade nós seis juntas, falando, dando um milhão de opiniões diferentes, o deixávamos louco. Tivemos arranjadores espetaculares, como Rogério Duprat, Don Charles e Miguel Cidras.

Para a canção *Tomorrow is another day*, Liminha imaginou um arranjo meio caribenho. Numa noite cheia de neblina, resolvemos ir atrás de um grupo caribenho que tocava nas docas de Santos, Carib Steel Band. Lá fomos nós, Liminha, Suely Aguiar — além de amiga, trabalhava na gravadora —, que foi dirigindo muitíssimo bem, e eu. Foi uma noite de horror. Eu estava apavorada naquele carro. Temia que não chegássemos a lugar algum, tamanha a neblina. Mas deu tudo certo, assistimos ao grupo e tivemos certeza de que era exatamente o que queríamos. Combinou-se tudo com Mister Sympson, o líder da banda, que era a cara do Sammy Davis Jr., com uma boca infinitamente maior e que, mais tarde, quis me namorar. Enfim, voltamos na escuridão da estrada de Santos.

Sandra Pêra e Luiz Sérgio Toledo, o Doutor Toledo.

Sandra e Juliano Toledo, filho do casal que hospedava e recebia Frenéticas em casa.

A poderosa Vânia Toledo, amigona.

Conhaque com mel

Alguém um dia nos disse que conhaque com mel era muito bom para abrir a voz. Hum! Todos os dias em que fomos gravar as vozes, numa cadeira na frente dos seis microfones, colocávamos uma garrafa de conhaque com mel na doce ilusão de que nossas vozes iriam se abrir como num passe de mágica. Eu vivia rouca porque, quando ensaiávamos, vinha uma espécie de loucura. Eu cantava como se estivesse no palco sendo assistida por uma multidão. A Dudu, por exemplo, já mais experiente, pegava o microfone e simplesmente cantava, com calma, uma voz limpa. Enfim, ensaiava. As outras, acho que seguindo o exemplo dela, também eram moderadas. Já comigo era diferente. Eu interpretava com volúpia fazia caras e bocas e na hora de gravar ou fazer o show não tinha mais voz. Então nesse começo da carreira não foi diferente.

Foi no último dia de gravação do compacto, quando cantávamos o *Pot-pourri*, que inventei de fazer uma voz bem agudinha, junto com Leila, Lídia e Dudu. Era um tom bem agudo e eu geralmente pego as vozes mais baixas por ter um tom de contralto. Como era a última música, é de imaginar o quanto de conhaque eu já não havia tomado. Com a voz e o corpo cansados, o efeito deu errado e não consegui mais cantar, já que, além de rouca, eu estava bêbada. Não bêbada de cair, mas uma bêbada que não achava que estava bêbada. Fui ficando de mau humor, com raiva, mas não sabia quem eu queria matar. O Liminha deixou um canal guardado e eu tive que voltar no dia seguinte para, enfim, colocar a minha voz e finalmente perceber de quem eu estava com tanta raiva: de mim mesma.

Tá com mágoa? Bebe água!

Trabalhar em grupo é uma experiência única. Conviver é maravilhoso, mas muito trabalhoso também. Tomar decisões é uma tarefa quase impossível. Se esse grupo estoura, aí é uma faca de dois "legumes".

É complicado, porque são pessoas que se gostam muito (como era o nosso caso), mas vindas de lugares, níveis econômicos, escolaridades e educações completamente distintas. E, quando acontece o sucesso, não tem jeito. Os egos ficam muito mexidos se a gravadora não toma alguns cuidados. Mas uma companhia de disco não é nossa mãe, nossa tia, muito menos nossa avó. É uma indústria preocupada com o mercado. O resultado final tem que ser o melhor. Não adianta chorar!

A primeira mágoa no grupo nasceu na gravação do LP, na música *Perigosa*, pois Liminha chamou uma das meninas para fazer o solo, em São Paulo, no estúdio Vice Versa.

Gravamos o refrão:

Sei que eu sou bonita e gostosa
E sei que você me olha e me quer
Eu sou uma fera de pele macia
Cuidado garoto eu sou perigosa

Então ela entrava na primeira parte:

Eu tenho um veneno no doce da boca
Eu tenho um demônio guardado
Eu tenho uma faca no brilho dos olhos
Eu tenho uma louca dentro de mim

Ela na segunda parte:

Eu posso te dar um pouco de fogo
Eu posso prender você meu escravo
Eu faço você feliz e sem medo
Eu vou fazer você ficar louco, muito louco
Dentro de mim

Finalizamos o expediente com a gravação e fomos para o hotel descansar. No dia seguinte, quando entramos no estúdio, Liminha, sem querer perder tempo, porque gasta-se muita grana numa gravação, já foi avisando:

— Vamos gravar *Perigosa* outra vez. Vem Dudu, vem fazer o solo.

Ele trocou a solista sem nos avisar. Como produtor, tinha esse direito, mas ficamos sem saber o que falar, inclusive Dudu, bastante sem graça com a situação que nos deixou abaladas, arrasadas. Éramos marinheiras de primeira viagem e ele, o comandante do navio. Desde o início, o grupo tinha a característica de não ter um líder, dizíamos com orgulho:

— Não temos índios. Somos todas caciques!

E realmente cada uma de nós possuía lugar bem definido no grupo, isto ficava muito claro no palco. Mas, em algumas músicas ou partes de músicas, vozes mais ousadas, a Nega, como passamos a chamá-la, sem dúvida alguma era a mais experiente e possuía aquele timbre que só os negros possuem.

Em compensação, no palco, Leila exibia uma inteligência, uma rapidez de raciocínio, dizia coisas muito engraçadas, além de ser afinada. Lídia, como ela agora quer ser chamada, era uma fada magrinha, com um corpo espetacular, dançava muito, era a bailarina. Edir, com muita energia, dançava muito bem também e lindamente!

Regina era hilária. "Cantar não é o meu forte, mas fico lá maravilhosa só no bocão", dizia ela. Regina tinha idéias, era quem se preocupava com o rumo, com o dinheiro. Sempre apressada. Até hoje não gosta de perder tempo. Tia Rege, Leila e Lídia foram as que freqüentaram bons colégios. Ela é jornalista.

Dudu, no palco, era quem menos suava. O fôlego estava sempre em cima. Não se arrebentava no palco. E eu, grande, teatral. Bem, esta, como já disse, foi só a primeira mágoa, aquela dor engolida, "porque não fica bem reclamar dessas coisas ou vão achar que estou com inveja". De qualquer maneira, que seja o melhor para o grupo. Então embarcamos naquele trem maravilhoso que nos levava para fora da terra.

Um acontecimento, durante o período das gravações, acabou abrindo meus olhos. Quando lançamos o compacto com a primeira música, *Felicidade*, e começamos a fazer televisão, nos apresentávamos com os espartilhos pretos, mas o LP ainda não havia ficado pronto. Então uma outra gravadora se antecipou, juntou quatro ou cinco moças e lançou um novo grupo: As Harmonycats. Foram rápidos. Gravaram um LP e, na capa, não tinha o rosto delas, mas o desenho de várias pernas de salto alto, meia de seda preta e cinta-liga. Como se fôssemos nós. Ficamos com muita raiva, ainda não entendíamos o mercado.

Com o tempo, nos acostumamos com outras tantas coisas que fazem parte do sucesso. Passamos a encontrar as meninas do Harmonycats em programas de televisão. Eram adoráveis. Um tempo depois, apareceram também *A Patotinha* e *As Melindrosas*, enfim, as mulheres estavam se juntando para cantar.

Playback??????

Foi numa reunião com Mazola, diretor artístico da gravadora, que ele nos fez a sugestão. "É só uma sugestão!", para baratear os custos em nossas apresentações. Em vez de contratarmos uma banda, poderíamos usar um playback só com a parte instrumental. Assim, colocaríamos as vozes em cima, ao vivo. Não dublaríamos. Foi quase um momento dramático.

— Playback? O público vai achar que nós não cantamos. Que estamos dublando. Definitivamente, não!

Imagine como seria horrível um show de música, sem músicos?

É o bicho!!!

Então vieram os nossos meninos. Três gaúchos juntaram-se a Ruban, o nosso delicioso tecladista. Mimi Lessa, guitarra, Marcos Lessa, baixo, e Edson Espíndola, bateria. Eles eram da banda gaúcha, Bicho da Seda. O entrosamento foi imediato, instantâneo. Quando não estávamos ensaiando, viajávamos. Nossas vidas, inevitavelmente, foram misturadas. Viramos amigos, amantes, paixões brotaram e algumas desabrocharam. Muitas confusões aconteceram. Eles eram todos casados. Mas passavam o tempo todo conosco. Eram homens extrema-

mente gentis e engraçados. O Ruban era a nossa alegria. Entre as bobagens que nos matavam de rir, havia a imitação perfeita que ele fazia da Kate Bush, com uma voz absurdamente aguda e um inglês que não existia.

Numa viagem a Porto Alegre, a Globo estava estreando o seriado do Huck, o homem verde. Enquanto nos maquiávamos no hotel para o show, assistimos à estréia do seriado. Quando o programa acabou, o Rubinho começou a bater nos quartos e a se atirar em cima da gente, como o Incrível Huck. Foi uma gritaria no hotel. Como era gostosa toda aquela bobagem!

Minha primeira estrela cadente

Não lembro precisamente a data, mas foi durante a primeira saída do Rio. Era um festival de rock, um camping pop em Belo Horizonte. Vários artistas se apresentaram, me lembro da Gal, do Joelho de Porco e de várias outras bandas. Quando chegamos, o tumulto já estava armado. O Joelho de Porco tinha acabado de se apresentar e, durante o show, alguém tentou subir no palco e foi impedido, acho que de forma meio bruta, pelos seguranças. Então outros também começaram a subir no palco. Houve confusão e ouvíamos mil histórias, que não sei quem caiu do palco, que quebraram não sei que aparelhagem, que alguém havia ido para o hospital. Enfim, fomos para o palco depois de muita espera e tensão. O som era de sétima qualidade. Os microfones não funcionavam. Por causa disso, cometemos mil erros, pois não nos ouvíamos direito, mas arrebentamos com nossa energia. Não entendo até hoje como o público muitas vezes não percebe, não ouve ou não liga para os deslizes que às vezes são cometidos pelos seus ídolos enquanto cantam.

A noite estava linda! O céu coalhado de estrelas, um vento totalmente a favor, gostoso. Eu, para variar, banhada em suor. Meu cabelo era imenso, todo molhado, era como se eu tivesse lavado a cabeça. Estava meio em êxtase, mas aflita com aquela aparelhagem sem retorno, com medo de estar cantando mal, quando, de repente, no meio de uma canção, vi uma estrela cair do céu! Fiquei louca! Era a primeira vez na vida que eu via uma estrela cadente. Tentei mostrar às outras, não consegui. Ela caiu só para mim. Riscou o céu inteiro, enquanto eu cantava. Eu pensava: É sorte, Sandra, é sorte.

7/7/77, a primeira grande reportagem

Revista *Pop*. No dia 7/7/77 foi publicada uma reportagem espetacular sobre as Frenéticas, com sete páginas! Com fotos muito boas e um texto que nos colocava nas alturas.

Tínhamos no grupo Leiloca, uma estudiosa em astrologia, sempre ligada em datas e em seus significados. Estávamos vivendo um momento único. O Brasil nos amava! Nada passava em branco. Interpretávamos tudo como um sinal dos deuses. Por que tanto sete? Até hoje não sei o significado do número sete, mas naquele momento ele foi mágico. Começamos a aparecer muito na mídia. Um dia, conversando com o jornalista Okky de Souza, ingenuamente lhe disse:

— Engraçado, todos os dias tem reportagem nossa nas revistas!

— Claro, Sandra, vocês vendem.

Estupidez a minha, mas, não tinha noção que éramos a bola da vez. Minha conversa com o Okky aconteceu durante um grande almoço sob o vão do MASP, em São Paulo, promovido pela revista *Pop*. Estávamos começando a estourar, mas não sabíamos disso. Então não nos deram hotel. Cada uma teve que se virar. Lidoka que era muito amiga da fotógrafa Linda Conde foi convidada a se hospedar em sua casa e me carregou.

Lembro-me da casa de Linda, grande, bonita e cheia de cabeças de bichos, veados, chifres. O marido dela era alguma coisa do Simba Safári (acho que também caçava, não sei direito, algo que talvez explique aquelas cabeças de bichos penduradas nas paredes).

Chegamos à noite, dormimos, e no dia seguinte fomos para o almoço.

Ruban, nosso tecladista, entre o Bicho da Seda, banda que acompanhava Frenéticas. Edson Espíndola, o primeiro ao lado de Marcos Lessa, Mimi Lessa é o último ao lado do Foguete, o cantor do Bicho da Seda.

NÓS SOMOS
LIVRES, MALUCAS,
QUENTÍSSIMAS!
NÓS SOMOS...

São algumas das páginas das sete fotos que saíram na revista Pop.

NEGA DUDU

TIA RÉGIS

LEILOCA

SANDRIX

NEGA DIDI

LIDOKA

Sandra, com copo na mão, em um almoço promovido pela Revista Pop no vão do Masp.

Lá estavam alguns artistas, lembro-me perfeitamente de Serginho e Arnaldo Dias Batista, do OkKy e do pessoal da WEA, gente maravilhosa como Harumi, a linda japonesa (nissei), que encantou tantas pessoas. Foi excitante, as atenções eram todas para as Frenéticas: repórteres, fotógrafos, comida e muita bebida.

Estávamos descobrindo o mundo, e o mundo nos reverenciava. Às vezes, perdíamos um pouco o pé. Naquele dia, eu acho que perdi os dois. Bebi como um gambá. Acho que todas nós bebemos. Com certeza falei para o Serginho Dias sobre as palavras importantes que ele havia me dito no último dia do Dancin' Days.

Lá também estavam a mulher e a filhinha do Arnaldo.

No final do almoço, não sei por que eu e Lidoka voltamos a pé para a casa da Linda Conde. Talvez fosse perto, vai saber. Ou talvez tenhamos voltado de carro. Quem se lembra? O que sei é que, quando entramos na casa da Linda, ela estava recebendo visitas, havia gente conversando na sala. Fomos super bem recebidas, afinal, éramos duas Frenéticas. Sentamos para conversar e cada uma de nós simplesmente dormiu, apagou completamente no sofá da sala. Não demos tchau nem bênção para as visitas.

O show sempre continua

Era 16 de setembro de 1977. No dia seguinte, eu faria 23 anos e embarcaríamos para Fortaleza. Era o primeiro lugar distante para o qual viajávamos. Estávamos bem excitadas. À noite, Regina resolveu dormir na "maloca" da Lidoka. O quartinho de empregada que ela arrumara deliciosamente com um colchão grande ocupando todo o quarto. Como as duas tinham sono de neném e eu perambulo pela madrugada até hoje, fiquei andando pela casa até muito tarde e finalmente dormi, sabe Deus a que horas.

De manhã bem cedo, tocou o telefone. Da maloca, não se ouvia o toque, ainda bem, porque a notícia não era nada boa: a mãe de Regina havia morrido em Brasília, onde morava.

Tonta, fiquei imaginando como contar para Regina. Dona Gentil! Cara! Como é que eu vou dar essa notícia?

Fui para a maloca, abri a porta e, como num filme de suspense, entrei engatinhando, passei por cima da Regina, que dormia perto da porta. Dei um cutucão na Lidoka, coitada, que levou um baita susto. Fiz sinal para que fizesse silêncio e saísse. Ela saiu desorientada e descabelada. Ficamos nervosas, tínhamos que acordar a Regina para lhe contar aquela tristeza. Respiramos fundo e resolvemos acordá-la devagar. Passei a mão pela perna dela com muito carinho, ela foi acordando aos poucos e pronto. Que dureza!

O óbvio seria que ela não fosse ao show, mas insistiu. E fomos para Fortaleza com Regina arriada de tristeza.

O show foi produzido pela Comcibel (era escrito desse jeito, "m" antes do "c"), uma produtora da família do Belchior.

Estávamos todos no mesmo vôo. Para variar, o avião sacudiu demais. Eu estava aos prantos. Dei muito vexame por esse céu do Brasil. Então, Belchior sentou-se ao meu lado e viemos conversando. Conversando é ótimo, ele veio tentando me acalmar, contando todas aquelas histórias, que existem mais acidentes de carro que de avião, que turbulência é como buraco na estrada. Enfim, coisas que não adiantam nada para quem tem medo. O medo deixa a gente burra. Lá pelo meio da conversa, ele me disse:

— Sabe que eu fiz a música *Medo de avião* pra você?

Aquilo me fez rir. Eu nunca havia conversado com ele assim tão próximo como naquele dia. Ele começou a me contar da família, que estaria nos esperando no aeroporto. Então se levantou e sumiu. Fiquei ali sozinha com o meu pânico, quando de repente entra uma voz no microfone da cabine de comando.

— Atenção, atenção, senhores passageiros. Sua atenção, por favor!

Eu gelei! Sempre penso bobagens no avião.

— Atenção, um comunicado importante. Hoje é o aniversário da Frenética Sandra Pêra, que está neste avião. Vamos todos cantar parabéns para ela.

Não acreditei. O avião inteiro cantando parabéns pra mim!

Um parêntese

Eu preciso fazer um parêntese aqui para contar algo engraçado. Muitos anos depois das Frenéticas acabarem, em 1997, a apresentadora Silvia Poppovic me convidou para participar de um programa, cujo tema era medo de avião. Ela abriu o programa com a música do Belchior ao fundo e logo informou:

— Esta música, o Belchior compôs para a Sandra Pêra.

Eu imediatamente reagi:

— Não! Isso foi uma brincadeira de anos atrás.

Ninguém me deu ouvido.

Em 2001, viajei com o elenco de uma comédia que dirigi em Belo Horizonte, *Acredite um espírito baixou em mim*, para uma temporada de duas semanas em Recife. E ali conheci um jornalista mineiro, Fernando Rocha, amigo do pessoal do elenco, que morava lá. No meio de uma conversa, ele contou:

— Eu entrevistei há algumas semanas o Belchior, e ele disse que compôs a música *Medo de avião* para você.

Eu desmenti, mas também não adiantou. A história me deixa contentinha, mas acho que alguém está enganado.

Voltando a Fortaleza

O show em Fortaleza foi maravilhoso. Muitos artistas se apresentaram, o público estava maravilhoso, e nós encantadas com a cidade. Uma família que estava na platéia com suas crianças apaixonadas por nós se aproximaram e imediatamente ficamos íntimas. Perguntaram se conhecíamos a cidade, dissemos que não e estávamos indo embora no dia seguinte. Pediram que não fôssemos e nos ofereceram a casa para ficarmos. E não é que nós aceitamos! Fomos as seis, no dia seguinte, para a casa da família, que nos levou para conhecer as praias.

À noite, sobrou para mim uma grande rede que compartilhei com uma filha adolescente deles. Dormimos espremidas. Uma com o pé na cara da outra. Sem pudores.

Fortaleza e Simone

Foi naquela mesma Fortaleza onde conhecemos a jovem e bela cantora Simone. Ela se apresentou no mesmo show que nós e estava acompanhada da Glorinha, uma amiga, secretária. Simone entrou para sempre em nossas vidas, de maneira intensa e delicada. Ao seu lado, tenho histórias importantes e afetuosas ainda por contar. Aqui deixo só o registro desse encontro para mostrar como a nossa amizade é antiga.

Simone, pra começar.

Gigantinho

Nunca mais paramos de trabalhar. O tempo era dividido entre "divulgar" e "viajar" pelo país. Nunca sabíamos para onde íamos. O Duda, que virou nosso secretário, nos ligava:

— Pequenas, amanhã nós iremos para tal lugar. Às tantas horas estejam no aeroporto.

E, pontualmente, chegávamos. A Dudu, um pouquinho atrasada (ela não vai ficar uma arara comigo!). Combinamos que diríamos a ela que o horário era meia hora mais cedo para ela chegar a tempo. Numa daquelas viagens, fomos a Porto Alegre. Já foi meio engraçado o carro que mandaram para nos pegar no aeroporto, uma caminhonete preta, toda pintada escandalosamente com o nome Frenéticas.

Quem estava nos contratando era uma loja chamada Saco e Cuecão. Tudo era um exagero. Na frente da caminhonete, andava um carro com uma sirene. Eu queria morrer de vergonha.

Fomos direto ensaiar e, depois, para o hotel. Na hora do ensaio, tomamos um susto de cara com o local. Era um pequeno Maracanãzinho. Ainda não havíamos cantado em um lugar tão grande. Ensaiamos, e fiquei realmente preocupada. Era muito grande. Achei, honestamente, que fossem nos fazer passar pelo ridículo papel de não ter público suficiente para lotar o ginásio.

À noite, na porta do hotel, não nos deixaram entrar naquela caminhonete toda pintada, puseram os músicos nela e nos levaram numa Kombi. Pouco depois estávamos no meio de um congestionamento monstruoso — milhões de carros. Ninguém saía do lugar. Foi me dando um desespero, a hora do show se aproximando, e nós ali ainda. Com muito tempo de atraso, chegamos com nossas maletinhas para trocar de roupa e... Foi ali, naquele lugar, que eu percebi que todo aquele transtorno, todo aquele engarrafamento era por nossa causa. Quando a Kombi entrou para nós saltarmos perto dos vestiários, havia soldados com pastores alemães nos guardando. Entramos no camarim e eu tive que ir lá fora olhar, conferir aquela multidão gritando. Eu girava em torno de mim e via aquele mundo, aquela massa de gente. Então eu pensei em voz alta:

— Toda essa gente veio para me ver? Ver a Lidoka? A Regina, a Dudu, Edir e Leila?!!!! Não acredito!

O grupo Terço abriu o show, e estávamos nos apresentando no Gigantinho. Ali, entendemos a dimensão real do nosso sucesso. Foi inesquecível!

A explosão

Explodimos, arrebentamos e não tínhamos tempo de absorver, aproveitar. Todo aquele sucesso só era possível com trabalho, muito trabalho. Folga? Nem pensar. O coração explodia de alegria, mas sempre a caminho dos aeroportos, dos hotéis, dentro dos ônibus com nossas roupas suadas penduradas nas janelas tomando ar para o próximo show, geralmente em outro estado, tomando cafezinho ruim nos botecos das estradas, dando entrevistas para todos os jornais, revistas, rádios e televisões do Brasil.

Começamos a ganhar dinheiro, mas não tínhamos tempo de gastá-lo prazerosamente.

Como Regina, Lidoka e eu morávamos juntas, comprávamos tudo junto. Ah, quando compramos o som! Eu delirei. O som era aquele toca-discos com receiver, que tinha uma tampa de acrílico marrom. Eu sonhava com aquele som. Naquela época, minha caminha de viúva e a poderosa arara haviam sido trocadas por uma de casal, bacana, que minha irmã me deu de presente de aniversário junto com um armário, que ainda dividia com Lidoka.

Nossas roupinhas de espartilho, depois de muito show, foram substituídas. Outra vez, Célia Camareiro arrebentou no bom gosto, inteligência e criatividade. Nos vestimos de Aqualoucas. Eram uns macacõezinhos de malha, não muito curtos (na altura de uma bermuda) e decotados, de listras verticais e cores misturadas. No meu, predominava o vermelho. Usávamos uma touca de banho de mar, da cor da roupa, sandálias e um coração

Bolinho, nosso iluminador, com Lidoka no carro que era pintado dos lados com o nome do patrocinador na frente.

Cartaz do show em Porto Alegre.

Leila e Regina no hotel em Porto Alegre.

Regina, Lidoka e Leiloca brincando de se cobrir toda por causa do frio em Porto Alegre.

Dudu e Sandra se arrumando para o show em Porto Alegre.

na "xota". (Desculpem, mas, não sei dizer de outro jeito, falávamos tão comumente assim, que não encontro outra palavra.) O coração era preso por um elástico preto, que vestíamos como uma calcinha.

Ainda trabalhávamos no primeiro LP, *Frenéticas*, aquele em que aparecem os nossos rostos bem maquiados. Foto de Ivan Cardoso, o cineasta de *As sete vampiras*. Quase fiz este filme em 1980, quando uma apendicite aguda e uma cirurgia me tiraram do elenco. Inventamos um espelho de camarim. Tudo o que desejávamos acontecia.

Combinamos que no espelho colocaríamos fotos de pessoas importantes para cada uma de nós. No canto à esquerda, uma foto de família, Nelsinho Motta, Marília Pêra, Ricardo Graça Mello, meu sobrinho ainda adolescente (que ficou fora da foto), Joana Motta, filha mais velha de Nelsinho e Esperança Pêra Motta, minha sobrinha e afilhada. Ao lado, uma foto de Dudu com Luizinho, querido secretário de Ney Matogrosso, queridos vizinhos. Depois a foto da Joy, filha da Edir com o Zé Rodrix.

Só hoje, olhando a capa, descobri que entre as fotos da Joy e de Leny Dale, aparece a mão do Ivan Cardoso e sua máquina no clique. Nas outras fotos aparecem Charles Chaplin, paixão de Lidoka, assim como Miles Davis, embaixo à esquerda, paixão de Leiloca. Por fim, Ney Matogrosso no canto da capa, à direita.

Na contracapa aparecemos vestidas, com exceção de Lidoka, a roupinha do Dancin' Days. E, embaixo, uma foto de Ruban, sétima Frenética.

Como foi bom fazer aquele LP! Ninguém da gravadora se meteu na escolha do repertório e também em nada mais. Talvez hoje, tudo aquilo não desse certo, vai saber. O certo é que, naquele momento, éramos geniais, as melhores. Honestamente, eu sempre soube que seria passageiro. Acho que pelo fato de ter uma família que só faz arte, já havia compreendido que, nesse meio, as coisas vêm e vão. E as coisas estavam caindo direto no nosso colo e uma hora iam cair fora. Mas, antes disso, nós nos divertimos demais.

Foto maravilhosa de Regina Chaves.

O release

Precisávamos de um release, então resolvemos que nós mesmas faríamos. O subgrupo, como Leiloca nos chamava em casa, às gargalhadas, fez o release. Regina e Lidoka escreviam e eu colaborava com idéias. Tudo muito ingênuo, bobinho. Porém, tudo o que fazíamos dava certo. Começamos o texto revelando nome, signo, altura, cor de cabelo, local de nascimento e tudo o que viesse à cabeça. Colocamos dentro de uma pasta verde, essas de elástico e, por fora, colamos decalques antigos. Inventamos, por exemplo, alguns apelidos para algumas, Leiloca e Lidoka já eram apelidos. A Edir passou a chamar-se De Castro, Regina, Tia Rege ou Rege Frege.

Quando eu morava com Zezé Mota, ela me chamava de Sandrix, mas o que eu gostava mais era Sandrita Perão, dos cabarés à Presidência. No show de lançamento do primeiro LP, no teatro Tereza Rachel, Fernando Pinto, que nos dirigiu, inventou uma passagem em que distribuíamos cartão de visita ao público. A gravadora mandou imprimir uns pequenininhos, rosinhas, com o apelido de cada uma.

Era muito interessante ler nas entrevistas todas aquelas besteiras inventadas por nós serem levadas tão a sério.

Leila, Sandra, Dudu e Lidoka com a roupa de Aqualouca e os corações.

No dia em que fotografamos para a capa do primeiro LP.

EDIR SILVA DE CASTRO

Altura	- 1.57 m	Cintura	- 66 cm
Pêso	- 52 kg	Coxa	- 56 cm
Tornozelo	- 22 cm	Colarinho	- 34 cm
Quadriz	- 97 cm	Sapato	- 36
Busto	- 92 cm	Anelar esq.	- 6,1

SINAIS PARTICULARES

1. Mordida de vampiro no lado esq. do pescoço;
2. Braço esq. não dobra;
3. Paixão por boneca japonesa;
4. Freneticamente louca por morangos.

LIDOKA

- Signo Touro. Ascendente Aquário.

- Exímia bailarina. Formada pelo Colégio Dante Alighieri,em São Paulo, como professora primária, pouco conseguiu exercer tal profissão, devido exatamente à seus dotes artísticos manifestados 30'' após seu nascimento e bloqueados (palavras próprias) por sua tradicional família italiana 35'' após o dito nascimento. Logo em seguida, imediatamente após; o que fêz ela então????????????? De um tudo: partiu para a batalha aos 42'' após seu nascimento.

- Auxiliar de escritório, onde seu patrão, um senhor de muito respeito a despediu pelo simples fato de Lidoka deixar à mostra suas pernas já naturalmente delineadas (tal qual Cid Charisse)através da então famosa mini-saia.

SANDRA

- Faz-se necessário deixar claríssimo que Sandra Cristina trata-se de um forte temporão. Numa grande piração de Dinô e Mané (seus pais), 12 anos' after o nascimento da Maninha, nasceu quem?????????? Quem????????? ELA.

- Passou sua infância nos bastidores, na casa da tia Diná,e mesmo durante a gravidês de Dinô, SAndra Cristina já estava no palco onde veio trabalhar com sua própria mãe alguns anos mais tarde pelo advento da reabertura do Night' and Day no show " A PEQUENA NOTÁVEL".

- Sua estréia foi no "AQUI Ó", outra vez junto de sua mãe que ' nervosa por causa de um parafuso que Sandra Cristina carrega no pé até hoje, dava al

DULCILENE

- Pintou então o conjunto "AS SUBLIMES", quatro blacks da ' pesadíssima que iam à luta num bom samba.

- MAIS QUERO ASNO QUE ME CARREGUE DO QUE CAVALO QUE ME DERRUBE foi o último espetáculo de teatro que Dudu fêz.

- Porque aí o ponto foi cantado, as cabeças foram batidas , elas baixaram que baixaram e a Nêga foi uma das que recebeu com tudo a "FRENÉTICAS".

- Daí, só vendo, viu? Só vendo...........

REGINA

- Depois de um ano volta ao Rio como vedete de Carlos Machado no show "GRAÇA DO BONFIM" encenado no Golden Room do Copa.

- Com todo um sangue cigano que lhe corre nas veias, a ' tal da Chave-lhes arruma novamente suas malas e vai morar em Paris junto com os ' "Croquettes", fazendo iluminação, trabalhando como modelo e participando também num filme de Claude Lelouche "LE BON E LE MECHANT".

- Entre Roma e Paris ela ficou um ano. Saudosa do visual do Rio e principalmente por ter recebido fortíssimas mensagens de Iansã através de' raios e trovoadas, Regina sacou que o quente mesmo era ser FRENÉTICA.

LEILOCA

- Fêz dois anos de yoga, zen-budismo na PUC e também um curso' de meditação. Nessa época estava pirada numas de orientals; até ajudou a construir' com suas próprias mãos um templo no Sumaré do monge "ANURUDA".

- Outra forte piração: seu trabalho como secretária num banco, conseguindo a graça de aguentar o período de dois meses.

- Em 1971 pirou em pintura. Se mandou pra Buzios com telas,pinceis, tintas e altos visus. Em 1972 também teve a tão famosa fase de Arembepe, Mar' Grande e Salvador. Segundo ela, Mar Grande é uma terra abençoada porque tem uma ' transa fortíssima que é justo o tal de TRIÂNGULO ESOTÉRICO.

- Lennie Dale morava na mesma rua que Leiloca. Onde ela foi parar???????????????????? "DZI CROQUETTAS" em São Paulo.

As coincidências

A convivência já era grande quando começamos a prestar atenção em bobagens que coincidiam entre nós. Exemplos. Eram duas taurinas, duas virginianas e duas de signos opostos, uma canceriana e outra capricorniana.

Eram duas louras, duas mulatas e duas morenas. Três crespas e três lisas. Duas eram nascidas em dias que terminavam em 2, duas em 5 e duas em 7. Seis mulheres cheias de afinidades e completamente diferentes de todas as maneiras.

Duas negras totalmente diferentes. Uma linda, com seu corpo bem-feito, sorrisão, que dançava com pernas e braços. A outra, igualmente linda, muito magrinha, quieta, com sua voz rasgada maravilhosa. Não é que todo mundo confundia Dudu e Edir.

Eu sou morena, 1,80 m de altura e tenho uma voz grave, Regina é mais alta que as outras, mas bem mais baixa do que eu e é loura. No entanto, perguntavam a ela se era irmã da Marília Pêra e a mim se era casada com Chico Anysio.

E Lidoka e Leiloca parecidas só pelo som dos nomes: uma era loura, toda encaracolada e magérrima, enquanto a outra morena e gordinha. A nossa gordinha. Durante a existência das **FRENÉTICAS**, eu quis muito cantar e elas não quiseram:

Marcianita,
Branca ou negra.
Gorduchinha, magrinha,
Baixinha ou gigante serás amor...

Consenso

Nós inventamos uma filosofia para o grupo. Muito bonita na teoria, mas um inferno na prática. Tudo o que precisássemos resolver era discutido. Se as seis não estivessem de acordo, não rolava. Ou as seis ou nada. Cada uma de nós experimentou o desprazer de querer muito algo que cinco queriam, mas uma não, e portanto, não era realizado.

Ouvindo o LP do Milton Nascimento, eu ficava maluca com a música *Paula e Bebeto*. Como eu quis cantar essa música! Não convenci ninguém. Logo em seguida, Gal Costa gravou e foi um enorme sucesso. Também não quiseram cantar uma outra de Ari Barroso:

Vou navegando,
Vou temperando,
Pra baixo todo santo ajuda,
Pra cima a coisa toda muda...

Algumas vezes, as minhas opiniões foram contrárias, incomodando alguma delas. Nos ensaios para o show no teatro Tereza Rachel, tive uma briga feia com o diretor Fernando Pinto, querido amigo, compositor e carnavalesco. Fernando queria que nós cantássemos *Somewhere over the rainbow*.

Eu tinha absoluta certeza de que não era uma música para cantarmos naquele momento, e nenhuma das outras tentou me convencer do contrário. O fato é que o Fernando ficou uma fera comigo. Eu não sabia explicar mais do que dizia, era uma questão de gosto, intuição, sei lá. E no meio daquilo tudo ele me chamou de alienada. Eu, na minha ignorância, não sabia o significado da palavra "alienada". Fiquei quieta, não consegui me ofender e um tempo depois fui atrás da informação. Mas aí ficou tarde para tomar satisfação. A música não entrou, e continuo achando que foi o melhor. Um tempo depois já não existia clima entre nós e o show que ele dirigiu foi um sucesso absoluto.

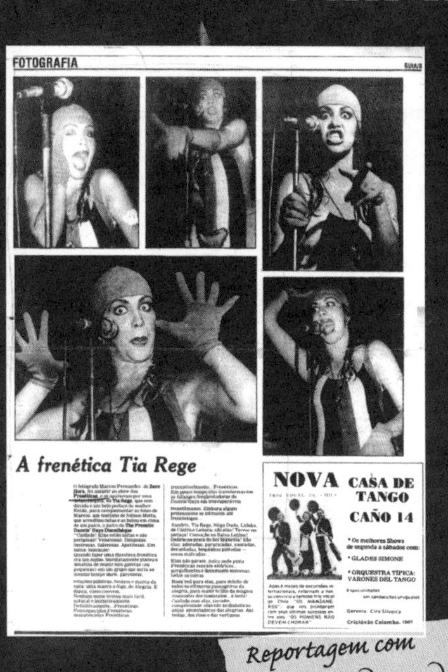

FOTOGRAFIA

A frenética Tia Rege

Reportagem com fotos de Sandra sendo chamada de Tia Rege.

Sandra cantando.

Leila cantando com seu boá.

Foto feita na casa da Edir.

Muita anfetamina e mandrix

Parecia que tudo despencava do céu em cima da gente. Graças a Deus, recebíamos tudo de maneira leve e bem-humorada. Tudo era muito bom, mesmo os momentos que poderiam ter se tornado perigosos foram abençoados e se transformaram em histórias engraçadas.

Nunca comprei cocaína, mas todos os dias ela chegava de presente ou simplesmente através de amigos que queriam a nossa companhia para cheirar, beber cerveja, fumar maços e maços de cigarros e se entreter com muita conversa absurda.

Como resolvíamos os problemas em uma cafungada! Como ficávamos geniais naquelas conversas que ninguém ouvia. Apenas esperávamos aflitos que o outro parasse de falar, para começarmos o nosso monólogo.

Uma noite, fiquei sabendo que um amigo, Ciro Barcellos, havia sido preso em Paris, algum golpe que ele caiu de bobo e dançou. Naquela noite, alguém me presenteou com um pouco de coca. Eu estava sozinha e cheirada. Tive um surto de solidariedade, fui tomada por aquela desesperadora vontade de dizer coisas únicas, que iriam marcar para sempre a vida dele. Eu tinha absoluta certeza de que minhas palavras chegariam aos presídios franceses, como a melhor coisa da vida dele. (Eu sempre gostei muito do Ciro.) A carta chegou sim, e ele me mandou de volta um desenho lindo de uns cavalos, meu animal correspondente no horóscopo chinês. Com certeza a minha carta não foi aquela explosão toda que eu imaginei, não o fez caminhar nas nuvens, mas chegou ao presídio francês cheia de amor.

Uma outra noite, as meninas não estavam em casa. Estava sozinha quando o Ney Matogrosso, meu vizinho, apareceu:

— Oi cumade? Olha só o que eu tenho!

Ele tinha três mandrix, comprimidos que faziam dormir e que tomávamos com bebidas alcoólicas e nos deixavam moles, soltos, excitados e com a sensação de rapidez de pensamento. Porém, a fala não acompanhava o raciocínio, ao contrário: *tudho iia vicanndoo muuuiiito diiffvísiiilll.*

Resolvemos tomar meio mandrix, para começar. Engrenamos uma conversa boa, normal e então ele falou:

— Vamos tomar um sorvete no restaurante Americana?

Ciro Barcelos, o caçulinha dos Dzi Croquetes.

Topei imediatamente. Ele pegou sua brasília branca, castigada pela maresia, e lá fomos os dois, dizendo coisas bonitas um para o outro. Momento de pura filosofia.

O Americana fica na Rua Rainha Elizabeth, na quadra entre a Nossa Senhora de Copacabana e a Raul Pompéia.

Paramos no sinal vermelho para cruzar a Nossa Senhora de Copacabana, ainda naquela nossa conversa que colocava nossos egos nas alturas. Conversamos muito ali parados.

— Mas eesttee zinal não abre?

Então, percebemos:

— Eeessttaamooss na conntraaa mãããooo!!!

Imediatamente após a nossa descoberta, parou um camburão da polícia e o policial já saltou armado e, se a memória não me falha, e aqui ela pode até falhar, vinha com um cachorro. O Ney muito rapidamente me tranqüilizou:

Regina e Sandra durante um pequeno solo instrumental. Olhe o estado como elas aguardavam para voltar a cantar.

— Deiiixaa que eeuu faalo com eelee.

E saltou. Fiquei dentro do carro desesperada, pois lembrei que eu estava com um esparadrapo no braço, eu havia feito exame de sangue naquele dia. Eu tentava arrancar aquilo do braço, disfarçando, com cara de quem não estava preocupada. Com a outra mão, comecei a mudar as estações do rádio, mas sem nenhum critério. Minha cabeça não ouvia nada. Era como se o guarda olhando para o band-aid no meu braço fosse nos prender como drogados. Então, de repente, do nada, um carro que passava a mil por ali freou bruscamente, com muito estardalhaço, deu uma ré fabulosa e de dentro saltou a Marcinha Mendes. Ela vinha de uma festa e estava bem alta. Nos viu com a polícia e parou para ajudar. Saltou do carro, com aquela carinha conhecida do Jornal Hoje, trocando as pernas, e resolveu chegar como se nada estivesse acontecendo, deu um beijo na boca do Ney, um na minha boca e outro na boca do guarda. Ficou aquela conversa ali na frente do carro. Não houve propina, o guarda não estava querendo prender ninguém. Ele disse alguma coisa, que eu sinceramente não ouvi, e depois de um tempo fomos liberados.

Em abril de 2007, encontrei o Ney no Leblon. Ao contar sobre meu livro ele perguntou às gargalhadas se eu estava contando as nossas histórias do flagrante na praia e do carro na contramão com o encontro com a Marcinha Mendes. Rimos muito! Lembramos e foi muito bom. Então, ele perguntou se eu sabia o que Marcinha havia dito a ele, enquanto eu tentava arrancar o band-aid do braço.

— Ela disse que já havia falado com o guarda, ali, rapidinho e prometeu que eu daria um beijo em sua boca.

Regina lembrou também que ficávamos doidas debruçadas na nossa janela com a mão no queixo, olhando a rua. E, ainda, que eu tinha um vestido de alça e, conforme o tempo passava ali na janela, a alça ia caindo de lado e o Ney chegava em casa do show e morria de rir da cena, as duas na janela, eu quase com o peito de fora.

As drogas tiveram seu momento intenso, lembro-me, às vezes, durante o show, do meu suor, que era intenso, cheirar a éter. O baseado era o mais inocente. Ele era para rir. Para os momentos em grupo. Fomos parados uma vez pela polícia na estrada por estarmos de pé, andando dentro do ônibus. Foi motivo de grande gargalhada de aflição, pois o baseado tinha sido apagado às pressas e o cheiro de maconha é inconfundível. Todas as janelas foram abertas, perfumes e desodorantes acionados imediatamente e cada um sentou-se imediatamente em sua cadeira, fazendo cara de paisagem.

O mandrix era o meu favorito, meu Deus, eu levava nas viagens dentro de vidros de outro remédio. Uma vez, durante um concurso de dança no Ibirapuera, com direito à gravação do Fantástico, estávamos muito loucas, (não todas, mas eu diria que algumas). Cantamos cheias de razão, era o poder da alegria, da descontração, e éramos as rainhas absolutas. Acho que ainda saímos comentando o quanto havia sido bom.

Então, no domingo seguinte, fomos assistir ao programa. Eu queria enfiar a minha cara num buraco, de vergonha. Éramos a desafinação em pessoa, as caras, uma bandeira, e o locutor terminou a matéria assim:

— Também, com tanta loucura só pode acontecer isso!

Muitas outras histórias aconteceram conosco. Como eu disse, graças a Deus, recebemos tudo de forma leve e bem-humorada e hoje o saldo é positivo.

Ney Matogrosso, o delicioso vizinho.

Playboy, Araci Balabanian e o elenco do *Brecht*

A boate Playboy, de Belo Horizonte, comprou nosso show por duas semanas. Não nos puseram em hotéis, alugaram duas casas próximas, na mesma rua. Numa ficávamos nós, as meninas, e na outra, os meninos. Foram duas semanas muito loucas.

O piso do palco da boate, onde nos apresentávamos, de repente, subia. Nós ficávamos lá em cima, cantando distante dos nossos músicos. No primeiro dia, eu e Regina tomamos um porre de Campari. Bebemos muito, e, na hora em que começamos a cantar e o palco a subir, um cara se agarrou nas minhas pernas e não soltava. Eu o chutava, as meninas me ajudavam e ele quase saiu do chão. O lugar era o ó do borogodó, e descobrimos que era um puteiro. Mas o show, apesar de o som ser horrível, como muitos que tivemos que usar por esse Brasil, foi muito bom, como todos os que nós fazíamos. Mesmo que fosse um lixo, o público nos queria de qualquer jeito.

Quem também estava lá nestas duas semanas era o elenco da peça *Brecht*: Araci Balabanian, Walmor Chagas, Lucélia Santos, Cláudio Marzo, Pedro Veras. Nos juntamos. Eles estavam excursionando pelo país e foram uma dádiva naquela Belo Horizonte. Aproximei-me muito de Araci, estava encantada com ela.

Ela sempre foi e ainda é uma doce lembrança da minha adolescência. Quando eu tinha 13 anos e era grande demais, cheia de espinhas, braços, pernas, e desajeitada, minha irmã querida tentava me arrumar. Uma vez em São Paulo me levou a um cabeleireiro e resolveu dar uma pequena clareada em minhas sobrancelhas, que eram pretas e grossas. Araci estava no salão. A conversa foi muito animada. Para os meus 13 anos, eu diria que foi espetacular, não me lembro de nada, só sei que esqueceram o descolorante em mim. Quando lembraram, eu era um Papai Noel. Minhas sobrancelhas ficaram brancas em contraste com minha pele morena e cabelos pretos.

Alguns anos mais tarde, me ligaram de última hora da TV Globo para fazer uma participação na novela *O Casarão*. Foi tudo muito rápido desde que mandaram me buscar num almoço na casa da minha irmã. Só tive um tempinho com o Daniel Filho, que dirigia a novela. Enfiei a roupa de enfermeira e descobri que estava cheia de placas vermelhas pelo corpo... de nervoso. Foi quando encontrei Araci, que fazia uma personagem importante. Alguns anos depois, fiz um compacto simples infantil, produzido por Marilda Pedroso, com Zezé Mota, minha companheira de aluguel da Rua Resedá, e lá estava Araci, fazendo a narradora. Eu era encantada pela Araci. Encontrá-la em BH foi uma delícia.

Não tivemos, graças a Deus, nenhum tempo para passear com o dono da boate, mas descobrimos pelos meninos, às gargalhadas, que ele, o cara, andava com *habeas-corpus* preventivo.

Coincidentemente, algumas semanas mais tarde, chegando em Recife, já no aeroporto, descobri por um cartaz que o pessoal do *Brecht* estava na cidade. Quando entrei no hotel, havia um recado da Araci dizendo que estava mandando um motorista me pegar para encontrá-la em Olinda. Eles também já sabiam da nossa chegada. Passamos dias no paraíso. Um passeio levou os dois elencos a um banco de areia, onde passamos o dia inteirinho, só saindo de lá correndo quando o mar voltou para o seu lugar.

Os fãs

Acho que o sucesso deixa todos mais atraentes, bonitos, sedutores. Ou talvez o sucesso simplesmente seja a sedução. O certo é que viramos uma espécie de loucura. Parecia que era só estalar os dedos, e qualquer um que desejássemos estaria aos nossos pés. É horrível, mas verdade. Se você não tem um pouquinho de estrutura, corre o risco de acreditar e acabar no ridículo papel da pessoa mais gostosa do mundo.

Durante os shows, o público se acotovelava na beira do palco. Eram muitos braços que chamavam. Beijos, línguas indecentes, vozes que cantavam juntas.

Uma vez, acordando em um hotel qualquer do país, ao abrir a porta do quarto pela manhã, vi um carinha dormindo no chão, esperando que eu acordasse. E havia, ainda, dois adolescentes, que, de vez em quando, encontrávamos em aviões. Eles iam assistir aos nossos shows fora do Rio.

No começo da carreira, fizemos um show na Marinha, no Rio de Janeiro. Ao final, sobrou um marinheiro que se apaixonou pela Lidoka, ficou louco por ela. O rapaz era muito bonito e de fã virou um namoradinho por pouco tempo. Ele chegava lá em casa vestido de marinheiro, trocava de roupa, namorava um pouco e punha outra vez seu traje, uniforme, que, confesso, deixava-o mais interessante.

Bem no começo da nossa carreira, apareceu um menino de São Paulo, o Kleber, e sua mãe. Ele tinha uns 12 anos e era muito gordo. Esse menino nos seguiu até o dia da sua morte, quase 20 anos depois, quando já não era menino. Mesmo depois que o grupo acabou, ele continuou fiel a cada uma de nós individualmente. Ele dizia que a família dele não tinha diálogo, a não ser quando o assunto eram as **FRENÉTICAS**.

Ele sempre foi impressionante. Tempos depois, apareceu magérrimo dizendo que emagreceu por nós, para nós. Chegou um tempo em que o grupo virou tiete do Kleber. Chegávamos em São Paulo e Edir ou Dudu ligavam para ir almoçar em sua casa. Eu nunca fui, mas soube que a casa era repleta de fotos nossas.

Quando, anos mais tarde, o grupo foi fazer show em Caracas, e eu não fui, pois estava prestes a parir, o Kleber viajou de São Paulo para o Rio, só para ir ao aeroporto se despedir. E ele viajava de ônibus, ralava como se fosse uma obrigação, um dever, um trabalho. Devo a ele hoje as gravações de especiais nossos, que ele mesmo gravava ou se acabava para conseguir uma cópia. Religiosamente, o aniversário de cada uma de nós era lembrado, assim como o aniversário dos nossos filhos que foram nascendo.

O show no teatro Tereza Rachel, dirigido por Fernando Pinto, foi um sucesso absoluto. Cambistas na porta. Vinha gente de todos os lugares, foi um momento de extrema energia, chegávamos ao teatro direto da praia, seguras, amadas, os músicos de shorts. Uma noite, apareceu um pai com sua pequena filha de uns 5 ou 6 anos e me chamou:

— Sandra, fala aqui com a minha filha.

E falou baixinho:

— Ela fez xixi nas calças de tão feliz que ficou durante o show.

É muito sério tudo o que se ouve. É uma responsabilidade enorme. E nós só estávamos ali cantando. Mas é muito mais do que isso.

No enterro de Ponciano, pai da Dudu, que rezava baixo ao lado do caixão, um homem desconhecido se aproximou discretamente. Como chegou de mansinho, ninguém suspeitou das suas intenções. Chegou bem pertinho do ouvido de Dudu e disse:

— Meus sentimentos.

— Muito obrigada.

— (Baixinho) Olha só. Eu tenho uma música que eu fiz, um sambinha que é a cara de vocês...(e começou a cantar baixinho).

Depois de passada a dor da perda, chegava a ser engraçado de tão patético. Mas o momento mais comovente, inesquecível, foi uma excursão exaustiva que começou em Manaus. Fizemos Belém e Teresina (ali o teatro cheirava a urina e cantamos quase tendo um barato por causa da amônia). Fomos para Natal e o restante da viagem foi todo feito de ônibus. Dezenove pessoas dentro do ônibus, dias e dias, por todo o interior do Rio Grande do Norte. A excursão acabaria na Bahia.

Na viagem para Caicó, no meio do caminho, num lugar chamado Currais Novos, o banheiro do ônibus estragou e precisamos improvisar. Não sei como é Currais Novos hoje, mas, naquele dia, era nada. Nada mesmo. Avistamos um casebre, uma casinha bem pobrinha e decidimos que precisávamos bater lá. O motorista estacionou o ônibus e todo mundo desceu. Batemos na porta e... de dentro, tocando em uma vitrolinha de pilha, a nossa voz, a nossa música. Eram três ou quatro adolescentes que não acreditaram no que estava acontecendo. Nem nós. Gritavam elas, gritei eu, foi uma comoção. Enquanto elas nos ouviam, um grupo tão famoso batendo na casa delas, pedindo pra fazer xixi. Dá pra imaginar?

Para mim, até hoje é tão forte que às vezes chego quase a duvidar, é quase divino.

Uma curiosidade: quase no fim dessa excursão, saímos de Caicó, com destino à Paraíba, onde pegaríamos um avião para Maceió. Não tinha teto. Fomos tiradas do ônibus e nos distribuíram em táxis para nos levarem até Recife na esperança de vôo. Sem chance. Resolveram suspender Maceió e voamos para Salvador, onde faríamos um show no dia seguinte.

O único dia que conseguimos uma folga foi este que passamos por quatro estados, Rio Grande do Norte, Paraíba, Pernambuco e, finalmente, Bahia.

Lembro-me perfeitamente de Lidoka comigo no quarto, pedimos camarão com catupiry. Eu não tinha um sopro de voz. Acho que Alagoas é o único estado brasileiro que não conheço.

Sandra cantando cheia de garra no Teatro Tereza Rachel.

Leila nas nuvens cantando em primeiro plano, seguida por Nega Dudu e as outras. Teatro Tereza Rachel.

Regina fechando a saia de Sandra coreograficamente marcado por Fernando Pinto no Teatro Tereza Rachel.

Lidoka praticando seus vôos no Teatro Tereza Rachel.

Todas no final do show do Teatro Tereza Rachel.

Sandra no começo de uma série de caretas que fizemos dentro de um ônibus em uma excursão.

Careta 1: Simone; careta 2: Regina; careta 3: Dudu; careta 4: Mário Avelar, nosso contador; careta 5: Marcos Lessa; careta 6: Lidoka.

Teatro Tereza Rachel, Sandra, Dudu, Lidoka, Leila,Regina eEdir, de roupinha de cobra.

Careta 7: Mimi Lessa; careta 8: Edir; careta 9: Edinho; careta 10: Pelé; careta 11: Leila e careta 12: Duda.

O troteiro

Vivemos um período muito longo de inferno. Havia um ser humano que parecia ter nascido para nos infernizar. Torturar é a palavra correta. Um torturador que se escondia do outro lado da nossa linha. (Depois descobri que não éramos as únicas.) Um ser que ligava o dia inteiro, literalmente. Ele ligava, a gente atendia, ele desligava. Ele ligava outra vez, sem interrupção. A pessoa, com certeza, tinha em casa um bom equipamento. Quando fazíamos qualquer programa de TV, o Chacrinha, por exemplo, assim que acabava o programa e chegávamos em casa, imediatamente, o telefone tocava e lá vinha a voz gravada do Chacrinha:

— E com vocês, as Frenéticas!

Qualquer programa que fazíamos, ele gravava e ligava para ouvirmos. De madrugada, não parava. Muitas vezes tínhamos que acordar muito cedo para viajar ou trabalhar, então ele pedia ao serviço de despertador que nos ligasse às três ou três e meia da madrugada. Estávamos dormindo, éramos acordadas por telefonistas dizendo:

— A ligação para o Japão que a senhora pediu?

Foi uma agonia. Teve um dia que eu liguei chorando para a polícia, que já naquela época não podia fazer nada. Aconselharam-me a trocar o número.

Um dia aconteceu uma coisa que hoje até é engraçada. A Simone estava lá em casa e o telefone não parava um minuto. Sei lá, depois da vigésima vez, ela agarrou o telefone como quem pega alguém pelo colarinho e gritou com aquela voz maravilhosa cheia de sotaque baiano:

— Seu filho-da-puta!!! Vai dar um câncer na sua pica!!!!

E bateu com o telefone.

Imediatamente tocou de novo e atendi. Era uma voz de mulher calma:

— Senhor troteiro, o telefone foi inventado por Graham Bell no ano tal e ele é um serviço de utilidade, que não deve ser usado para incomodar a vida dos outros. Atenciosamente, Sandra Bréa.

Em seguida, vinha a voz de Bethânia, poderosa e cheia premonições, gritando:

— IANSÃ VAI LHE CASTIGAR!

E, claro, por último:

— SEU FILHO-DA-PUTA!!! VAI DAR UM CÂNCER NA SUA PICA!!!

Ele gravava a pessoa alucinada e colocava para os outros ouvirem. O número do telefone foi mudado quatro vezes em um mês. Não havia como se esconder daquele infeliz. Uma vez, a companhia telefônica me pediu uma carta contando o que estava acontecendo para que eles mais uma vez mudassem o número. Pois ele me ligou e sussurrando disse:

— Eu li a sua carta!

Era assustador. Uma noite, cheguei em casa e estava sozinha quando o telefone tocou e ele disse baixinho:

— Gostei muito desta roupa assim, assim, que você está usando. Vou te estuprar...

Eu bati o telefone com força.

Uma tarde eu estava na janela, Simone vinha chegando com Regina. Então, eu vi sair da janela do prédio em frente, tipo sexto andar, um flash de fotografia. Eu fiquei maluca. Fiquei louca. Saí gritando (eu com meus 1,80 m de altura, gritando na rua), atravessei a rua e claro que o porteiro de lá não me deixou subir. Voltei uma fera para casa, tinha certeza de que havia descoberto o pilantra. Contei os andares, deduzi que, por ser de frente, era 601, procurei no catálogo e aí pirei. Ligava sem parar, a vingança, até que, em uma das ligações, atendeu uma mulher educada e disse:

— Sandra, eu sou sua vizinha, e era a minha filha de 15 anos que estava tirando uma foto da Simone. Desculpe, ela não vai fazer mais.

Só então me acalmei.

Tempos mais tarde, quando Regina não morava mais com a gente, Lidoka e eu resolvemos comprar a sensação do momento, uma secretária eletrônica. Acredite, o animal ligava até acabar a fita. Aquele ser veio ao mundo só para maltratar as Frenéticas. Acredito que tenha durado mais de um ano. Quando a brincadeira já estava quase se normalizando, ele resolveu azucrinar a minha mãe. Dizia coisas horríveis, mas graças a Deus não durou muito.

Uma tarde eu estava em casa, debruçada na janela. Fiquei ali, horas e horas, distraída. Então Regina veio me visitar. Foi para a janela comigo. Assim que pôs a mão no queixo, deu um grito:

— O que é aquilo, Sandra?

— O quê?

— Aquilo escrito no asfalto?

Eu estava horas ali e não enxerguei, enorme, escrito com tinta branca: **SANDRA, TE AMO!** Claro, tive certeza de que era o troteiro. Fiquei apavorada, mas depois descobri que se tratava de uma fã muito apaixonada. E fotografei para lembrar quando a memória resolvesse esquecer.

Aqueles trotes me renderam uma letra, que ficou guardada por muitos anos e, mais tarde, Ana Flavia, uma compositora de São Paulo, amiga minha, musicou e gravou.

FIGURA

Escuta aqui, ô figura
Esquece o meu nome
Por que a tortura pelo telefone?
Passa trote a cada segundo
A cada minuto, o dia inteiro
Me tira da cama e até do chuveiro
Fala bobagens, fica calado
Tarado!
Escuta aqui, ô figura
Esquece o meu nome
Por que a tortura pelo telefone?

A foto foi tirada da janela de Carlos Góis. Escreveram no asfalto com tinta branca: Sandra, te amo!

Amantes românticos

Nossos músicos eram os "nossos meninos". Eram nossos. Durante um período muito grande, fomos só nós seis e eles quatro, mais o Duda como empresário. Ríamos de tudo, éramos íntimos. De cara, eu fiquei muito próxima de Marcos Lessa, o baixista. Conversávamos bastante, ele me falava de Joana, sua filha pequena. Sentávamos juntos no avião, no ônibus. Sempre estávamos juntos. Viramos amigos. Ele sempre foi um cavalheiro. Aliás, todos eles eram deliciosos. O grande problema é que todos eram casados.

O Ruban, na época, Rubinho, era casado com Teka. Marcos Lessa com Selma, Mimi Lessa com Cássia e Edinho com Gina. Teka era a única que ficou amiguinha nossa. E com razão, o Rubinho era realmente só nosso amiguinho, não rolou mais do que uma grande amizade e profissionalismo. Já com os outros, não posso dizer o mesmo. Marquinhos e eu nos mantivemos quietos e em ebulição por vários meses, até que no final do ano de 1977, fomos fazer um show na boate Papagaio em São Paulo e estávamos no tal do hotel Hores Maipu. Ficávamos três em cada quarto, Regina e Lidoka dormindo no quarto e eu na sala. Acho que Marquinhos e eu só paramos de conversar durante o show. Fomos jantar e não agüentamos ficar longe. Ele me levou até a porta do meu quarto e ficamos no corredor, sem parar de falar. Então, tudo começou ali mesmo, no corredor. Fomos sendo jogados para dentro da sala, onde tínhamos que falar baixo, para não acordar as meninas. Foi emocionante. A partir daquela madrugada, passamos a ser um casal. Só durante as viagens.

Como vivíamos viajando, fomos um casal por um tempo longo. Era excitante, durante os shows, quando aqueles olhares masculinos das multidões nos comiam, nos desejavam, eu o olhava tocando o seu baixo, e ele me olhando, com olhos de quem conhecia bem o que aqueles olhos desejavam. Também tenho uma boa imaginação!

Bem, um tempo depois daquela noite no quarto do hotel, eu estava grávida e aflita.

Era o aniversário da minha irmã, janeiro de 1978, na casa onde ela morava no Joá. Quando a festa terminou e nos jogamos na piscina, eu respirei fundo, e, baixinho, apavorada, disse a ela.

– MANINHA, EU ESTOU GRÁVIDA.

Até hoje, lembro o rosto dela. Ela estava rindo de alguma coisa. E eu não fiz nenhuma preparação, assim, sem motivo algum, do nada, eu respirei fundo e falei. Ela, no mesmo impulso que ouviu, falou:

– VOCÊ VAI TIRAR? QUER DIZER, O QUE VOCÊ VAI FAZER? MEU DEUS, VOCÊ SÓ TEM 22 ANOS...

Ela sempre foi como uma mãe para mim. Mas não queria impor a sua opinião, principalmente num assunto como aquele. O assunto aborto nunca havia sido discutido em casa. Resolvemos deixar a conversa para o dia seguinte.

Eu optei pelo aborto, decisão difícil, até porque sempre sonhei com a maternidade. Como é que eu pude errar daquele jeito? Nunca me dei com anticoncepcional. Não se falava em camisinha. Eu fazia tabela. Mas, na verdade, aquela noite foi sem controle. Fui a um lugar em Copacabana, superlimpo. E tenho a boa lembrança do anestesista, bastante delicado.

É horrível fazer aborto, principalmente quando você sonha em ser mãe.

Foi razoavelmente rápido. O pior é o médico muito gentilmente te perguntar, antes de aplicar anestesia, se é realmente isso que você quer fazer. Lembro perfeitamente a dor que senti ao acordar.

Nosso romance durou bastante, mas Marquinhos era estranho. Comecei a ficar muito mal quando chegávamos ao Rio e ele sumia. Claro! A mulher dele começou a desconfiar, ou melhor, ela soube. Não sei como. Claro que ele começou a ter problemas. Eu virei o monstro. Marquinhos é irmão de Mimi, nosso guitarrista, e os dois eram primos de Edinho, nosso baterista. Os três eram gaúchos, casados com três gaúchas danadas.

Durante os shows, na música *A felicidade bate à sua porta*, no momento em que a Dudu cantava, *Que o berço será mais confortável, o sonho será interminável...*, a Lidoka abraçava o Mimi e balançava como num berço.

Um dia, a Cássia, que era a esposa dele na época, a pegou num canto e disse com uma voz grave e com aquele sotaque gaúcho.

— Pára de fazer bercinho com o meu marido, tá?

No natal de 1978, nós fizemos um "amigo oculto" em casa com vários amigos e toda a nossa equipe. Todos foram, menos o Marquinhos. Eu fiquei mal, bebi, bebi muito, reclamei, chorei. Então, um amigo veio me consolar. Quando a festa acabou, ele me levou para dar uma volta de carro. Fomos à praia da Barra, eu me queixei do Marquinhos e ele ouviu tudo, quieto, me acalmou. Então voltamos para casa. Eu não tinha o menor interesse por esse amigo, mesmo. Em casa, ele perguntou se eu queria uma massagem e eu disse que sim. Dancei. E foi ótimo. Teria sido só uma noite ótima, se, no começo do ano de 1979, eu não me descobrisse grávida de novo. Quis morrer. Um descuido, totalmente irresponsável. Eu, que sonhava tanto com a maternidade, grávida de um descuido de uma noite de rejeição, regada a álcool. Na época, só a Lidoka soube, não tive coragem de contar aos muito íntimos e ela foi comigo fazer aquele tenebroso aborto. A equipe médica foi a mesma, só a clínica havia se mudado para Botafogo. A clientela havia aumentado.

Grávida de um colega com quem eu não tinha nada! Então, alguém me ensinou a fazer a tabela corretamente. Dez dias depois e dez dias antes da menstruação, pode. O dez do meio é que não. Ah! Agora entendi!

Edinho, Leila e Dudu na frente e, atrás, Ruban e Regina.

Ruban, todo prosa,
cheio de talento.

Depois de um show em BH.
Sandra, Ruban, Marquinhos,
Lidoka e muita juventude!

Duda e Sandra
com carinho.

Edinho na frente, atrás,
Sandra e Marquinhos e o
coração aos pulos.

O Chuchu

Como é que eu posso explicar o Chuchu sem parecer racista por vários motivos. Ela era alta, muito alta. Ela era negra, um tição. Magra, muito magra, um corpo bonito, africano, aquela bunda alta, bem-feita. E dava tanta pinta, que ninguém sabia que seu nome era Magno da Costa Silva. A bicha Chuchu.

Não lembro como veio parar na minha vida, o momento exato. Talvez no Dancin ou na televisão. Ele dançava discoteca e era muito engraçado. O seu cabelo de negro era bem curto e ele descoloria formando uns desenhos. Primeiro, fez uma grande estrela de lado. Quando cansou, fez uma meia lua, também de lado. Aquilo virou uma marca.

Chuchu começou a aparecer muito e a nos divertir. Ele fazia uma mímica perfeita de quem tinha um cabelo enorme. Mordendo a pontinha da unha, ele provocava o som igual ao de um grampo. Jogava a cabeça de um lado para o outro e prendia grampo. Ele participou dançando em alguns especiais nossos.

Como a nossa vida virou de cabeça pro ar, Chuchu virou o meu secretário. Ele pagava minhas contas, e quando o show era no Rio, lá estava ele, carregando minhas coisas, matando minha sede pelas coxias e me ajudando nos camarins. Houve uma época que virou uma febre de secretários. Bineco de cara trabalhou com a Lidoka, junto com Chuchu, depois foi trabalhar com a Dudu.

No teatro Tereza Rachel, Luizinho, que trabalhava com o Ney Matogrosso, veio fazer seu bico com a Regina e um dia, de repente, chegou Leiloca com o Amim Kader. Só Edir não aderiu.

Chuchu foi importante em vários momentos da minha vida. Ele foi embora para a Itália dançar e ficou fora por muitos anos. No dia da sua volta, me ligou exatamente no momento em que eu estava em casa, sozinha, passando mal, a primeira crise violenta, das muitas que eu ainda teria, de uma grande depressão que começou com uma convulsão que tive aos seis meses de gravidez e só acabou quando Amora já tinha um ano e meio. Chegou na hora certa para me acudir.

Anos mais tarde, quando Amora, aos 10 anos, fazia várias atividades, Chuchu a levava de um lado para o outro. Ele era de um humor espetacular. Eu sabia que ele gostava muito de mim. A gente sente. E foi engraçado até o fim, quando apareceu lá em casa muito magro e doente, numa época em que a Aids não tinha jeito, e me disse assim:

— Bicha, eu comi uma banana podre!

Chuchu, Chuchuzinho querido, e sua estrela na cabeça.

Chuchu em foto que enviou à Sandra da Itália, onde viveu por um tempo.

As Frenéticas: estouro na venda de discos, sucesso nas paradas e uma boa alternativa para a MPB

MUITO LOUCAS

Revista Veja - 8.2.78

FRENÉTICAS

Abalam o Rio de Janeiro com a temporada que estão realizando no Teatro Tereza Rachel.

Teatro superlotado diariamente, críticas entusiastas, elas explodem nesse primeiro show em teatro que fica em cartaz até 26 de fevereiro.

Vamos divulgar esse estrondoso sucesso das meninas para que todo o Brasil participe dêle e possamos atingir a marca dos 300 mil discos vendidos.

Reportagem com fotos do show do Teatro Tereza Rachel.

Sandra e Lidoka cantando Tomorrow is another day, no Teatro Tereza Rachel.

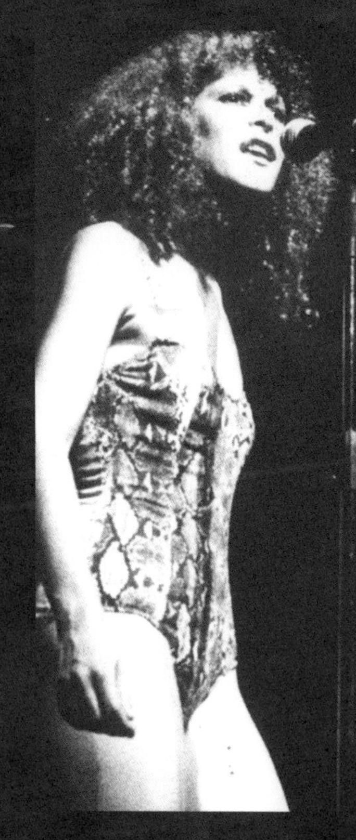

Lidoka e Sandra, cheias de razão. Teatro Tereza Rachel.

Honey moon

Eu conheço a Scarlet Moon de Chevalier há muitos anos. Eu com 16, na casa da minha irmã, e ela muito jovem, aos 20, inteligente, rápida, engraçada e mãe, naquela época, só da Gabriela. Uma época em que eu era completamente deslumbrada, começava a fazer teatro e descobrir pessoas interessantes. Ainda muito tímida, mas prestando atenção em tudo. Porém, só algum tempo depois, no auge das Frenéticas nos aproximamos mesmo. Scarlet foi presa por causa de uma confusão num restaurante no Leblon. Um chileno, durante uma blitz no restaurante, jogou cocaína e balança na sua bolsa. E ela dançou. Naquele episódio, Scarlet já tinha mais dois filhos: o Christóvam e a Theodora, ainda bebê.

Minha irmã estava muito aflita com a prisão da Scarlet, acho que já fazia uns dois ou três meses que ela havia sido presa, e então me perguntou se eu gostaria de ir junto fazer uma visita, no presídio da Rua Frei Caneca. Acho que era um fim de semana, pois as crianças estavam lá. Minha irmã chegou carregada de coisinhas gostosas como queijos e vinho... **VINHO!??** Fomos barradas na porta, claro. Barradas não, o vinho foi barrado e nós passamos a tarde com ela. Gabriela e Christóvam brincavam pelas celas.

A minha lembrança é de muita comoção. A Scarlet, com a sua inteligência e carisma, havia conquistado as mulheres que dividiam a sua cela. Impressionantemente, ela estava bem, confiante. O advogado estava trabalhando e não havia dúvidas de que logo, logo, sairia de lá. Naquela tarde, ela conseguiu nos fazer rir, nos apresentou às outras mulheres presas, nos fez ouvir algumas histórias bem tristes e impressionantes. Depois disso tudo, ter que dizer tchau e deixá-la trancada na cadeia era demais.

Um tempo depois, eu voltei acompanhada de Sandra Gadelha. Fomos visitá-la, sem vinhos, e por incrível que pareça, a tarde foi também especial. Se eu não estou completamente maluca, lembro-me dela contando que o Mariel Mariscot estava em uma cela que dava fundos para a sua. E que junto com ele também estava um cachorro que latia muito. Coisas do Brasil...

Claro, como esperávamos, ela saiu um tempo depois. Que alegria eu senti!

Estava perto do carnaval. Minha irmã comprou pela primeira vez três ingressos na arquibancada e lá fomos nós para a avenida assistir ao desfile das escolas de samba do Rio. O lugar não podia ser pior. De repente, avistamos embaixo Daniel Filho e sei lá mais quem, que nos fez sinal para que pulássemos. Situação mais ridícula, nós três, Marília Pêra, consagrada, Scarlet e eu, enormes, pulando da arquibancada para a avenida. Às gargalhadas.

A partir daquele carnaval, Scarlet e eu ficamos muito unidas. Tão unidas que ela me convidou para ser sua madrinha de batismo, pois nunca havia sido batizada. Foi um momento encantador tê-la ao meu lado mesmo por um tempo curto. Nós nos apaixonamos uma pela outra, quer dizer, eu me apaixonei por ela. Eu estava encantada pela sua elegância diante de tudo aquilo que ela havia passado. Fiquei louca da vida, pois pela primeira vez, vivi a experiência de ouvir pessoas me dizendo:

— Você não devia andar com ela. Ela foi presa.

Frase de novelão de rádio, **PELO AMOR DE DEUS!**

Naquele período eu já estava morando sozinha na mesma Rua Carlos Góis 55/101 e vivíamos tão encantadas uma pela outra, que ela quase veio dividir o apartamento comigo. Um dia aconteceu algo extraordinário. Acordei de uma noite em que dormi só, Scarlet tocou a campainha, eu abri a porta. Ela me olhou e disse:

— O que foi que aconteceu com a sua orelha?

Instintivamente, coloquei a mão na orelha e já senti que o brinco de ouro e coral não estava lá. Corri para o espelho e... **AHHHH!** Minha orelha esquerda estava sem o brinco e rasgada. A orelha direita rasgada até em baixo, porém o brinco ainda estava lá. O outro brinco, nunca mais vi na vida. Liguei apavorada para meu amigo cirurgião plástico, Luiz Sergio Toledo, em São Paulo, que me indicou um colega carioca. Conclusão: passei uma semana com esparadrapo cirúrgico, meio que pra juntar a pele antes de costurar. Eu, que sempre fui louca por brinco, só furei a orelha no dia em que fiz 21 anos, estava com as duas orelhas rasgadas e depois costuradas. Não teve erro, quando elas ficaram bem cicatrizadas, furei outra vez.

Scarlet dizia coisas que eu achava interessante. Sobre as pessoas vitoriosas, por exemplo. Sobre o quanto a pessoa vitoriosa ficava interessante. Por isso, os vencedores vivem sempre rodeados de gente. Ensinamentos que na época eram descobertas para mim. Ela namorava o Antônio Calmon, que estava para fazer o filme *O bom marido*, e me indicou para um papel que, acho, ele a havia convidado. O filme tinha Paulo César Peréio, Maria Lúcia Dahl e Nuno Leal Maia que era meu marido na história. Foram intensos os dias de filmagem. Por indicação minha, a equipe do filme se hospedou no mesmo hotel na Rua Frei Caneca em São Paulo em que nós Frenéticas costumávamos ficar. Eu filmava todos os dias e, nos finais de semana, as meninas chegavam para os nossos shows. No filme, o Calmon me pôs cantando para o Nuno, um solo meu em Frenéticas, *Quem é?*, de camisola preta transparente. Gargalhei muito durante as filmagens com Peréio. Fazíamos versões pornográficas de letras de músicas conhecidas.

Apesar da grande paixão que eu tive por Scarlet, nunca, nunca aconteceu absolutamente nada entre nós. Que bom, não era mesmo para acontecer nada. Era paixão de amiga.

SCARLET MOON DE CHEVALIER, o nome é lindo, é a cara dela.

Virginiana como eu. Fomos importantes uma para a outra em um momento afetivo bacana. Deus queira que ela compartilhe das minhas lembranças.

Mas eu não virei sua madrinha. De qualquer forma, Scarlet, Deus te abençoe!

Sandra e Scarlet Moon de Chevalier, felizes, felizes, felizes da vida.

Sandra Pêra, Scarlet Moon, Sandra Gadelha e muita gargalhada.

A mobilete

Um dia, a Lidoka chegou em casa com uma mobilete. Fiquei completamente alucinada. Nós já ganhávamos dinheiro, mas, hoje pensando naquela época, não sei por que o sonho de comprar um carro era ainda infantil, pobre e distante. Imediatamente comprei uma também. O preço era totalmente possível para os meus temores de acabar com o dinheiro. Quando parei no posto de gasolina pela primeira vez, não acreditei. Eu tinha um **VEÍCULO!** Subia naquela mobilete com os meus 1,80 m de altura, como quem subia numa possante de não sei quantas cilindradas. Queria correr. A primeira volta que dei na Lagoa, foi com o coração na boca, de medo, de excitação.

Um dia, no meio do trânsito, cheia de razão, um homem parou ao meu lado no sinal vermelho e soltou:

— Por que você não compra uma moto para a sua altura? Você é muito grande para a mobilete!

Nem sei o que respondi, e ele não estava sendo sarcástico, era real a sua questão. Fiquei arrasada. Me senti uma girafa andado de velocípede.

Mas pensei:

— Minha mobilete querida!

E me senti feliz.

Lidoka, naquele período da vida, apaixonou-se pelo Ricardo, meu sobrinho, então com 17 anos. Segundo ela, foi sua primeira grande paixão aos 28 anos. Minha irmã perguntava:

— Mas, Lidoka, o Ricardo?

Marília estava preocupada com a Lidoka. Como se apaixonar pelo Ricardo? Um adolescente que atendia por vários apelidos, entre eles, Dêmo, Pequeno Demônio, Mofilo. Ricardo, como meu sobrinho sete anos mais novo do que eu, não saía lá de casa. Ele, adolescente, deu trabalho! Ele foi doido! De vez em quando, tocava percussão em nossos shows no Rio. Foi a Porto Alegre uma vez.

Então Lidoka deu a mobilete de presente a ele. Eu sabia que não ia dar certo. Namorar alguém muito novinho e dar bicicleta de presente é virar um pouco mãe.

Mas a minha mobilete ainda durou um tempo. Tempo suficiente para quase quebrar o Marcos Lessa todo. Estávamos ensaiando na WEA, no Jardim Botânico, e, no final, ofereci uma carona. Veio ele, o baixo e mais um monte de pacotes. E eu, toda prosa, carregando o eterno namorado na garupa, correndo, me sentindo, o ás. Achei bacana, um momento, não parar no sinal. Cheia de segurança. Não vi o buraco enorme pelo qual passei por cima. Não conseguia frear. Fui obrigada a parar a bichinha com o pé. Acabou a sola da sandália.

Quando parei aliviada, olhei para trás e lá estava o Marquinhos estatelado no chão, todo arranhado, pés, pernas e braços ensangüentados. A camiseta toda rasgada. Mas, o baixo estava impecável. Ele se arrebentou todo, mas o baixo ele conseguiu manter nas mãos com os braços para cima. Voltei para socorrê-lo. Ele não quis mais subir no meu veículo. Tive que parar um fusca e pedir socorro. E dirigi como um batedor na frente até o Miguel Couto. Coitado, levou pontos, fez curativos e tive que emprestar uma camiseta minha para ele voltar para casa.

Esta é minha última lembrança da mobilete. Não lembro o que foi feito dela, talvez tenha sido roubada. Mas, ainda hoje, lembro da exata emoção que me causou a pequena mobilete.

Ricardo Graça Mello sempre junto da tia Sandra e mascote das Frenéticas.

As confusões

Passamos uns apertos bem sérios, principalmente quando éramos somente nós, os músicos e o Duda, como empresário. Ele era muito jovem e nós, muitas mulheres que falavam muito. Tudo era grande com a gente. Apertos do tipo chegar para fazer o show e dos seis microfones só um estar funcionando. Era um sofrimento. O público não quer saber de problema técnico. O certo a se fazer numa hora dessas é não fazer o show. (Vão dizer: mas não viram isso no ensaio?) Na maioria das vezes, chegávamos em lugares distantes em cima da hora de o show começar. Tudo escrito em contrato, mas algumas pessoas acham uma frescura o artista precisar de seis microfones. Com dois não tá bom? Algumas vezes fizemos por nos sentirmos obrigadas e por ignorarmos nossos direitos.

Fomos fazer um show em Bangu. Como era no Rio, Ricardo, meu sobrinho, e Sandra Gadelha foram junto. Chuchu também estava e, especialmente naquele dia, nos divertiu bastante. O local não era grande, talvez comportasse bem umas cinco mil pessoas. Tinham umas dez mil e apenas oito policiais faziam a segurança do local.

Um pouco depois da primeira música, começou uma briga feia na platéia. Começamos a dizer gracinhas pelo microfone, tipo mensagens de paz. E o povo se engalfinhando. Geralmente, na hora de acalmar a platéia, entre nós acontecia aquele equívoco, falávamos ao mesmo tempo coisas importantes, tendo a certeza de que tínhamos este poder. **AH! AH! AH!**

Aquele povo tinha ido ao show para brigar.

Tentamos mais uma música. De repente, uma garrafa de Coca-cola me acertou a barriga. Não machucou, mas eu fiquei atordoada, as lágrimas brotaram nos meus olhos. Procurei o olhar do Duda, na coxia, mas a expressão dele era de perplexidade. Ele também não sabia o que fazer. Eu chorava e cantava. Quando olhei para as meninas, vi que a Regina e a Leiloca tinham saído indignadas do palco. Dudu, Edir e Lidoka tentavam, em vão, continuar a cantar naquele inferno. Foi aí que vi muito rapidamente o antebraço de uma mulher se partir no meio daquela multidão enfurecida. Os oito guardinhas tentavam inutilmente contê-los. Então, saí também de cena. As três, logo depois, tiveram que sair. A platéia gritava por nossa volta. Avisamos que só voltaríamos se a segurança fosse reforçada. Os contratantes não queriam saber. Da coxia, mandavam que voltássemos. Virou uma grande discussão. Eles atiçaram o público avisando que nós não queríamos mais fazer o show. Fomos levadas para um lugar bem grande, uma espécie de camarim, e nos deixaram ali, não sem antes nos ameaçarem de deixar o público entrar. As ameaças não pararam ali: se não voltássemos, não nos dariam segurança. O tempo foi passando. Regina resolveu desmaiar. Foi um corre-corre. Ficamos nervosas, ela demorou a voltar. Só que os empresários não estavam nem aí. Passavam pelo camarim, viam que ela estava desmaiada e gritavam palavrões, sugeriam que fizéssemos barbaridades para ela acordar. Não existia ainda telefone celular. Então, Leila lembrou-se de Sandra Gadelha. Ninguém a conhecia. Regina acordou e também se lembrou de dona Helena, uma camareira que tinha trabalhado no teatro com ela, comigo e com minha irmã, e que morava vizinha ao clube. Sandra Gadelha saiu sem levantar suspeita e conseguiu chegar, sabe Deus como, na casa da dona Helena. De lá, ligou para o Nelsinho Motta, que telefonou para o clube e os ameaçou. Caso não nos libertassem, com toda a segurança, ele avisaria a imprensa, as tevês etc., etc. Saímos com escolta, sirene e tudo o mais a que tínhamos direito.

Uma semana depois, no aeroporto, chegando de algum show, peguei um táxi e, no trajeto, o motorista disse:

— Você conhece esse grupo, As Frenéticas?

— (Curiosa) Conheço, por quê?

— Elas estavam fazendo um show em Bangu semana passada, e como elas não cantaram a fita do playback enrolou e elas não puderam continuar o show.

Quase pulei na jugular do homem.

— Não foi nada disso!

— Foi sim, sabe aquele jornalista, fulano de tal, ele estava lá e viu.

— Olha aqui, meu senhor, eu sou uma das Frenéticas, e não foi nada disso! (E contei o que aconteceu).

Depois eu soube que o jornalista, fulano de tal (que Deus o tenha), havia criado um grupo chamado As Fantásticas.

Ah! Entendi.

Num outro show no Rio, mais ou menos ao ar livre, numa noite que chovia, cantamos levando choques. Muito choques. Choques nas mãos e na boca. Mas todos nos olhavam como se fôssemos frescas, quando reclamávamos.

Em outra ocasião, tínhamos um show para fazer em Uberaba. No aeroporto Santos Dumont, descobrimos que o avião era quase de brinquedo de tão pequeno. Soubemos que o aeroporto de Uberaba, na época, não recebia aviões grandes. O aviãozinho possuía doze lugares e nós éramos doze pessoas com malas, malinhas, baixo, guitarra, bateria, piano, colares, cocares, miçangas e tangas.

O comandante, durante o vôo, só precisava virar pra trás para dizer:

— Se alguém quiser tomar um cafezinho, é só pegar a garrafa térmica aí em cima.

O bichinho subiu e o tempo não estava bom. À medida que nos afastávamos do Rio, o tempo piorava consideravelmente. Eu estava ao lado do Marquinhos, com as unhas atravessando a pele da sua mão, a viagem era curta mas não acabava. Começamos a dar voltas e voltas, galopávamos, saltávamos muito. Uma das meninas começou a enjoar e eu queria descer de qualquer jeito. Claro que um tempo depois, com a graça de Deus, aterrissamos. No mesmo dia do show, em Uberaba, haveria um grande jogo que nos roubou grande parte do público, (grande parte é ótimo), mas foi o que nos disseram assim que chegamos. Era um ginásio enorme e, na platéia, pouquíssimas pessoas.

Tínhamos que encarar. Como era ruim trabalhar para pouca gente. Estávamos mal-acostumadas com dez, cinco mil pessoas no mínimo, mas... Foi um show bem ruinzinho. Quando acabamos, voltamos para o camarim e, como íamos dormir na cidade, resolvemos fazer uma pequena reunião ali mesmo. Comecei:

— Só um instante que eu vou pegar um cigarro.

A minha bolsa havia desaparecido com tudo. Fiquei desesperada. Procurei como louca. Nada. Voei para o segurança que havia ficado na porta do nosso camarim tomando conta.

— Quem entrou aqui?

— Não sei!

— Mas roubaram a minha bolsa! (histérica)

— Não sei não!

— Mas você está fantasiado de quê? (doida)

Desespero inútil. Me restou a carteira de identidade que havia ficado com o Duda para o embarque. Fiquei danada da vida, pois me levaram tudo, bilhetinhos, documentos, e uma cartela inteirinha de Mandrix, que eu havia posto dentro de um outro vidro de remédio.

Ainda ficamos sabendo, não sei por quem, que um homem havia entrado no nosso camarim para cheirar as nossas calcinhas. Pode?

A reunião não aconteceu, acho que íamos tratar da nossa infra-estrutura. Jamais esquecerei Uberaba.

Um tempinho depois, quando muitos nos disputavam e Marcos Lázaro nos contratou, ganhamos a companhia do Pelé. O querido e grande Pelé que trabalhava para o Marcos Lázaro e passou a ser o responsável por nós durante as viagens.

Passamos a trabalhar em triplo. O percentual de Marcos Lázaro como empresário não era baixo, mas não tínhamos mais que tomar decisões desagradáveis. Num show em Mogi das Cruzes, estávamos prontinhas, esperando para entrar em cena, quando chega Pelé e manda:

— Meninas, nós vamos embora!

— Por quê?

— Eles não cumpriram nada do que combinamos. Os microfones são horríveis. Vamos embora!

Sem conversa, as meninas obedeciam. Que alívio alguém para ficar antipático no nosso lugar. O Duda continuou conosco como nosso secretário. Marcos Lázaro levava 30% do cachê. Pagávamos músicos, tudo mais e dividíamos o restante, não por seis Frenéticas, mas por sete, contando o Duda. Financeiramente, o Duda era a sétima Frenética, mas a vida toda, até hoje quando o encontramos, Ruban é a verdadeira sétima.

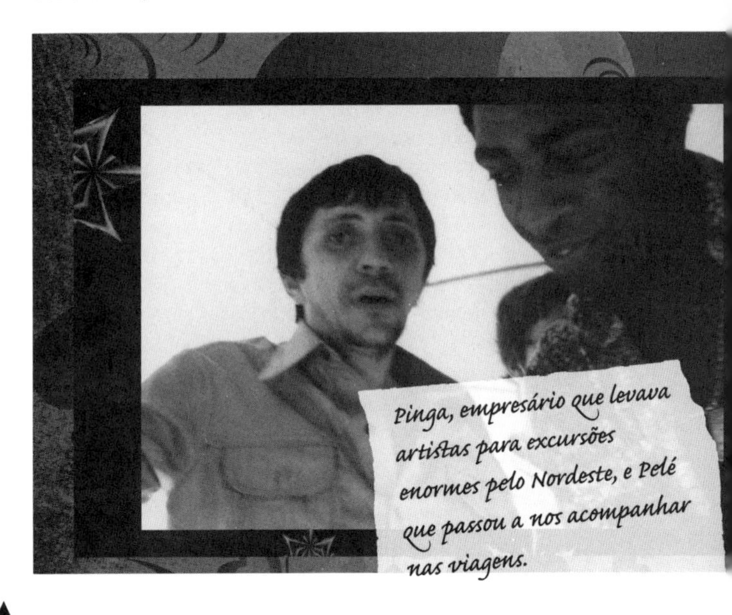

Pinga, empresário que levava artistas para excursões enormes pelo Nordeste, e Pelé que passou a nos acompanhar nas viagens.

Show feito em uma boate aberta temporariamente dentro do Anhembi, em São Paulo.

O Disco de Ouro

Vendemos mais de trezentas mil cópias do primeiro LP. Éramos as meninas de ouro, realmente. A gravadora nos levou para uma espécie de hotel-fazenda maravilhoso, acho que era Itu (ou Embu?) e produziu uma festa para a entrega do Disco de Ouro. Compramos roupas. Compareci com um vestido de couro branco. Estávamos esfuziantes. Quando chegamos, um dos vendedores nos recebeu feliz:

— Vocês são o meu ganha-pão.

Antes de receber o Disco de Ouro, passamos pelo quarto onde estava hospedado o presidente da WEA, André Midani. Estávamos felizes, bebemos um pouco e ficamos sabendo que a gravadora estava querendo produzir um disco solo com a Dudu. Deveríamos ter ficado felizes, não fosse a ameaça que contaminou a todas, já um pouco altas pela bebida.

Lembro-me de Lidoka, tentando acender a lareira do quarto sem conseguir e empesteando o quarto de tanta fumaça. Disco, carreira solo? Como? Foi dando uma raiva daquela entidade chamada **GRAVADORA**.

A noite de entrega do nosso Disco de Ouro se transformou num momento ameaçador e triste. Momento totalmente errado para aquela comunicação. Talvez Dudu conseguisse fazer uma carreira paralela, mas nós, cheias de compromissos, achávamos que não.

Não éramos um grupo substituível. Nenhuma de nós era substituível. Mesmo. Cada uma tinha uma cara representativa. A Nega não conseguiria levar uma vida em grupo e outra solo ao mesmo tempo. Sabíamos que uma das duas dançaria, e tínhamos certeza de que a gravadora imaginava ser simples trocar uma mulher por outra. Éramos também ainda imaturas para segurar um convite feito só para uma de nós.

Na parede da minha casa, tenho a foto daquele dia. Estamos todas bonitas disfarçando mal, com um sorriso, o clima tenso. Lembro como se fosse hoje, mesmo estando bem alcoolizada.

O certo é que eles abandonaram o projeto da Dudu. Hoje, tenho certeza de que eles estavam certos. Só deveriam esperar um pouquinho. Dudu nasceu com uma voz de deusa. Conheço pouquíssimas pessoas que cantam como ela. Ela tinha que estar numa lista das nossas grandes divas. Acho que o Brasil é um pouco surdo.

Caia na gandaia: o segundo LP

Ao contrário do que foi a escolha do nosso primeiro LP, em que nós decidimos todo o repertório, o segundo foi cercado de episódios inacreditáveis. As reuniões eram longuíssimas, cansativas. Fazíamos votações. Recebemos um milhão de fitas, de todas as partes, de milhões de pessoas que queriam ouvir (e ver!) suas músicas cantadas por nós. Mazola, diretor artístico da gravadora, tinha peso dois. Eu nunca havia ouvido isso. Confesso que já não era tão divertido como no começo. Mas conseguimos ir em frente. A gravadora indicou a Luli e a Lucin (na época Lucinha) para nos ajudarem nos vocais. Trabalho bacana, como não havíamos feito no primeiro disco. Elas dividiam as nossas vozes e nos harmonizavam lindamente.

Elas formavam uma dupla muito talentosa de compositoras e arranjadoras vocais. E experimentavam um casamento muito interessante com o Luiz Fernando, que era fotógrafo. Os três viviam uma história de amor que deixava a todos impressionados. Luiz Fernando nos fotografou e cada uma recebeu uma fita cassete, sua foto na capa e nossas vozes para estudarmos em casa.

Certa tarde, em casa com a Lidoka, recebi a visita de Gonzaga. Tímido, querendo nos mostrar uma música nova:

— Acho que eu dei sorte para vocês e vocês para mim. Vim mostrar esta música nova.

Sentou-se nas almofadas (estávamos esperando um sofá que mandamos fazer), sem violão, sem nada, começou a cantarolar baixo, muito baixo:

Frenéticas e Liminha recebendo o Disco de Ouro, só que na própria gravadora.

Leila e Dudu, no mesmo dia.

Capa do segundo LP, Caia na gandaia.

Dez entre dez brasileiros preferem feijão
Esse sabor bem Brasil
Verdadeiro fator de união da família
Esse sabor de aventura
Famoso pretão maravilha
Faz mais feliz, a mamãe, o papai, filhinho e a filha
Dez entre dez brasileiros elegem feijão
Puro com pão, com arroz, com farinha
Ou com macarrão
E nessas horas esquecem dos seus preconceitos
Gritam que esse crioulo
É um velho amigo do peito
Feijão tem gosto de festa
É melhor e mal não faz
Ontem, hoje, sempre
Feijão, feijão, feijão
O preto que satisfaz

Genial! Foi um encontro emocionante, engraçado e com um clima muito sutil, de olhos nos olhos. Para a música, Liminha chamou Rogério Duprat que fez um arranjo genial, transformando a canção numa conga, divertidíssima. E nós, naquele clima teatral, fizemos uma feira-livre. É só ouvir com atenção os intervalos, que ouvirá as nossas vozes como feirantes. Esta música foi tema da novela *Feijão Maravilha*. E a Globo, segundo informações da época, ganhou algum prêmio nos Estados Unidos com o clipe que fizemos para o *Fantástico*.

O nome da música não é Feijão, mas *O preto que satisfaz*.

Tentando repetir a dose do *Prazer em conhecer. Somos as tais Frenéticas*, Ronan Soares nos enviou outra letra engraçada, mas esta não vingou, *A lesma lerda*. Rubinho mais uma vez colocou suas mãos, seu precioso ouvido e arrasou.

Eu sou da idade do espaço meu bem
Você é da idade da pedra
Nasci pra ser um beija-flor, meu amor
E você é sempre a mesma lerda
Se você não aprende a voar meu amor
Eu vou me mandar com você eu não fico
Porque eu gosto de estar pelo ar sem parar
Com uma flor no olhar
E um açúcar no bico
E um açúcar no bico
Me sinto no espaço a voar
Você pelo chão devagar, devagar, devagar
Eu sou da idade do espaço meu bem
Você é da idade da pedra
Eu sou um passarinho amarrado no ar
E você é uma lesma amarrada na pedra
É uma lesma amarrada na pedra
É sempre a mesma lerda

Queríamos outra música do Wagner Ribeiro. Ficamos com *Crisi Darling:*

Crisi darling, crisi darling
That is the most, great crasy crisi
In the world
É crise no ar (Atchim, cof cof)
Intelectual. Au, au
É crise moral. É sexual

Nelson Aires transformou a simplicidade que Wagner Ribeiro tinha ao compor suas músicas em uma Big band.

Fernando Pinto, que havia nos dirigido no teatro Tereza Rachel, nos trouxe uma letra sua em parceria com Flaviola, Flávio de Lira:

O QUE NÃO MATA ENGORDA

Se tudo que reluz é ouro
Se tudo que balança cai
Manga verde prende o ventre
Goiaba inchada também
Mas, não se esquente
Pois ameixa preta solta tudo, meu bem
Nunca se sabe o gosto que tem
Se não passar a língua por perto
É certo que jiló amarga pra chuchu
Mas já vi quem gostasse de pimenta com muçu
Conheci quem comesse escama de pirarucu
O gosto é relativo nessa imensa escuridão
O que é impossível nessa louca imensidão
Vem depois da noite o dia
Da tempestade a bonança
Quem corre, corre cansa.
Mas com pique e esperança
Quem sabe chega lá
Se felicidade é brincadeira de criança
É fazer de conta, viver que nem sonhar
Mesmo sabendo da barra
Amar só por amar só por amar
Se tudo o que não mata engorda
Se nem tudo o que entra sai
Se nem tudo o que é dito é fato

Chato é carrapato
E quem paga o pato é o cabrito
Se nem todo fato é dito
Bom mesmo é ter desejo
E comer goiabada com queijo

É uma pena que, na maioria das vezes, de um trabalho musical só se divulguem poucas canções. Gilberto Gil nos enviou, no dia do aniversário da Lidoka e através dela, *Gema Clara*. Era uma resposta à *Perigosa*, um outro lado menos carnal, mais denso. Não aconteceu, não rolou. Acho sinceramente que a nossa gravação não ficou boa. Uma pena mesmo. Pois é uma letra delicada. Delicadezas profundas de Gilberto Gil. Acho que, na época, também ninguém queria saber de Frenéticas cantando formosuras profundas.

Primeiro fui dura, virei fera
Pantera, Tigresa, raça pura
Tomara que agora, cê me queira
Formiga, frutinha, formosura
Primeiro foi necessário lhe convencer
Da força, da mulher, da paixão
Agora, pelo contrário vim lhe trazer
Paz e sossego pro coração
Primeiro fiz você ficar louco
Agora, vou lhe dar muita calma
Loucura fui amor para o corpo
Agora, serei luz para a alma
O corpo gema o sol
Me deu pra mim lhe dar
Um diadema de ouro de Oxum
A alma clara mansa
A luz vem do luar
Na noite Odara sem medo algum

Nelsinho adorava brincar com temas e desenvolvê-los em letras. Assim foi com *A noite da lua cheia*, que Ruban musicou. Regina ficou com a abertura, aliás, uma característica nossa, falávamos muito nos intervalos das músicas. Falávamos o que desse na telha, sem censura. Regina inventou uma introdução como se fosse um começo de diário. No intervalo da música, quando parávamos de cantar e ficavam só os instrumentos, Leila inventou o seu texto. Ali na hora. Cada uma deu uma data para o tal diário. Datas importantes para cada uma delas. Começo de romance de uma, e 28 de junho, aniversário de Raul Seixas, que Leiloca namorou um tempo.

(Regina)
Ahh! Que horas são?
13 horas. 9 de janeiro.
Querido diário, hoje foi um dia muito especial,
Conheci uma pessoa que me fascinou. Numa linda noite de lua cheia, ele me tomou docemente pelas mãos e saímos sob o luar.
Meu coração quase não suportou quando vi que ele tinha preparado uma festa só para mim. Bah!
A mais linda festa que já vi. Só que...

Quando eu acordei eu não sabia de nada
De onde vim, aonde fui, onde estava
Eu só me lembro que era bom e eu gostava
Eu só me lembro... Não me lembro de nada
Qual foi a mão que me pegou pelo braço?
Qual foi a boca que me fez ficar louca?
O que é que eu fiz até cair de cansaço?
Onde é que foi que eu deixei minha roupa
Só sei dizer que quando a luz apagou
Alguma de repente mudou
No seu olhar, na sua boca, no seu corpo em você

(Leila)
Tudo aconteceu em pleno 28 de junho.
Não agüentava mais te procurar pelo morro do Estácio etc. e tal. Até que eu senti, que era o caso de ir até à NASA.
Lá chegando, perguntei:
Escuuuuta, não tem nenhuma mensagem telepática pra mim aí não? Quando eu olhei, meu amor, você estava com os dentes cravados no meu pescoço
Aliás, os dentes mais brilhantes e cristalinos que já vi em todas as minhas vidas.

Eu nunca mais vou me esquecer de você
Eu nunca mais vou me esquecer desta noite
Meu lobisomem, por favor, não me esqueça
É lua cheia, por favor, apareça

Erasmo nos mandou a música *Macho*, e eu tive o prazer de ganhar o solo.

(Todas)
Macho, macho, macho, machão
Ser somente um homem não lhe traz satisfação
Macho, macho, macho, machão
Usa a força bruta pra mostrar quem tem razão

SANDRA PÊRA — 24 anos, Virgem

— Já fiz muito ponta em teatro ao lado de minha irmã (Marília Pêra) em espetáculos de sucesso. Tudo que pintava era uma pra ganhar um tutu. Nunca gostei de pedir dinheiro à minha mãe.

DULCILENE — 27 anos, Câncer

— Eu morava na Penha, trabalhava numa creche e fazia teatro à noite, para poder sustentar a família. Hoje, não estou rica, mas já pude vir morar em Botafogo.

LIDOKA — 28 anos, Touro

— Vim de São Paulo morar no Rio, com a cara e a coragem. No início passei até fome. Depois, comecei a fazer malhas de lã para balé, e sapatilhas de couro para jazz. Com o dinheiro das vendas me aguentava.

AS FRENÉTI

Reportagem com as seis Frenéticas agarradinhas.

Mazolla, nosso diretor artístico, que tinha peso dois na escolha de repertório.

Frenéticas

caia na gandaia

Cartaz de um show.

Cartaz para divulgar o LP Caia na gandaia.

Foto tirada na gravadora WEA Frenéticas, sempre fazendo gracinhas.

(Sandra)
Elogio é mixaria
Se me chamas de rainha
Me desculpe mas não quero
Não quero e não vou
Reinar na cozinha.

(Todas)
Seguindo tão profundo
Sua própria natureza
Sentimento não tem vez
E o amor, e o amor, e o amor, (Meu amor)?
Perde a beleza
Se perde na frieza
Só porque você é macho, machão

Não levo nada a sério, uma graça de música de Guilherme Lamounier. Especialmente esta ganhou vozes que não esqueço até hoje. Uma quantidade bonita de vozes que Luli e Lucina criaram.

Oh! Oh! Eu vou levando a vida
Não sei se termina
Amanhã ou em 80 anos
Oh! Oh! Sei que é cedo ainda
Não cheguei aos 30
Mas já passei dos 25 anos
Oh! Oh! Gosto de alegria
E da fantasia
No olhar ingênuo das crianças
Oh! Oh! Não leve nada a sério
Nem a você mesmo
Esquece o corpo velho e sai brincando
Seja uma criança no olhar em qualquer lugar
Aonde você for.

Quando gravamos a canção, eu era a única do grupo que não havia feito 25 anos. Durante os shows eu brincava com elas, quando cantávamos:

Mas, já passei dos 25 anos. Eu apontava pra mim e dizia: Eu não!

No dia em que gravamos esta música, uma amiga da Leiloca foi assistir à gravação e levou sua filha pequena, Jane, de 4 ou 5 anos. Pedimos à criança que participasse da gravação.

Uni duni tê salamê minguê...

Vesúvio, de Eduardo Dusek, caiu como uma luva em nossas mãos. O Eduardo e suas composições tão teatro de revista, a nossa cara. Foi outra que tivemos a oportunidade de brincar com os vocais. Leila começava com uma voz lá em cima, bem aguda.

Não vou contar só pra vocês
Tudo o que me aconteceu
Tô de saída pra beber
Quem sabe de mim sou eu

Depois entrava Regina e sua voz rouca.

Meu coração é um dilúvio
No sexo eu sou um Vesúvio

(Todas)
Quem se molha comigo não fica mal
Quem seca demais quer temporal
Por isso agora eu quero um...

(Leila)
Táxi que me pegue, que me leve
arrastando sem pagar até Copacabana

(Edir)
Eu quero um homem
Que não marque do meu lado
Que se vista de pecado
Sem pirar nessa de programa

(Regina)
Eu quero money
Que nos tire dessa sina
Pois é só com grana em cima
Que compensa ser famosa

(Todas)
É impossível admitir e continuar charmosa
Vou me molhar com a lua
Lá na praia com alguém
Onde tem palmeira nua
E água morna pro meu bem
Nas minhas cadeiras
O que é que tem?
Tem, tem, tem, tem, tem
Tem reggae, rumba, maxixe, rock e samba também.
Sai da praia garoto e enrola a nota que eu quero ver

BIS
Não vá me procurar, não vá me procurar
Não vá me procurar
Fui pro Amazonas, tô em São Paulo,
Vou pra Bahia
Cha, cha, bum, cha, cha, cha, bum...
E Rio de Janeiro também.

Uma noite em São Paulo, Nelsinho me ligou feliz, excitado. A TV Globo começaria uma novela cujo tema seria o Dancin' Days, uma história que giraria em torno da famosa discoteca, que já não existia mais, mas que estava quente na memória dos cariocas e seus visitantes. Nos queriam cantando e pediram que Nelsinho se encarregasse do tema. Ele me ligou da casa do Joá, em que morava com minha irmã e minha sobrinha afilhada, Esperança. Estava com o Ruban, precisavam inventar naquela noite uma música para a novela. Lembro que pouquíssimo tempo depois (pela minha memória, é como se tivessem passados 40 minutos, no máximo), o telefone tocou e era Nelsinho muito feliz, cantando a música que acabara de compor.

Tivemos que parar com o LP e partimos para a gravação da música para a novela. Tudo a mil por hora e muita gente envolvida. Era um tal de grava com os melhores músicos, leva para os Estados Unidos para mixar, põe isso e põe aquilo. Enfim, a novela estreou e a música explodiu como um barril de pólvora. O disco da novela começou a vender absurdamente, e o nosso LP, ainda não estava pronto.

Precisávamos de roupas novas. Impasse. Lidoka, eu e Leila queríamos a Celinha Camareiro, que já havia dado certo. Regina, Edir e Dudu, o Fernando Pinto, que também havia dado supercerto no show do Tereza Rachel. Conclusão, resolvemos criar um tema e deixar que cada uma escolhesse o seu figurinista. O tema foi Belle Époque. O resultado foi maravilhoso.

Se o nosso LP não tivesse demorado tanto para sair, teríamos arrebentado nas vendas e talvez outro Disco de Ouro. Mas, o que vendia era a música *Dancin's Days* e foi ela quem fez o disco da novela arrebentar nas vendas.

Cartaz de lançamento do LP Caia na gandaia.

Sandra, muito teatral, ao lado de Edir.

Abra suas asas
Solte suas feras
Caia na gandaia
Entre nessa festa
E leve com você
Seu sonho mais louco
Eu quero ver seu corpo
Lindo, leve e solto
A gente às vezes
Sente, sofre, dança
Sem querer dançar
Na nossa festa vale tudo
Vale ser alguém como eu
Como você
Abra suas asas
Solte suas feras
Caia na gandaia
Entre nessa festa
E leve com você
Seu sonho mais louco
Eu quero ver seu corpo
Lindo, leve e solto
A gente às vezes
Sente, sofre, dança
Sem querer dançar
Na nossa festa vale tudo
Vale ser alguém como eu
Como você
Dance bem
Dance mal
Dance sem parar
Dance bem
Dance até
Sem saber dançar
Dance bem
Dance mal
Dance sem parar
Dance bem
Dance até
Sem saber dançar
Abra suas asas
Solte suas feras
Caia na gandaia
Entre nessa festa
E leve com você
Seu sonho mais louco
Eu quero ver seu corpo
Lindo, leve e solto
A gente às vezes
Sente, sofre, dança
Sem querer dançar
Na nossa festa vale tudo
Vale ser alguém como eu
Como você
A gente às vezes
Sente, sofre, dança
Sem querer dançar
Na nossa festa vale tudo
Vale ser alguém como eu
Como você
Dance bem
Dance mal
Dance sem parar
Dance bem
Dance até
Sem saber dançar
Dance bem
Dance mal
Dance sem parar
Dance bem
Dance até
Sem saber dançar

O mistério da dor

(Sandra Pêra)
Que mistério é esse
Que envolve a gente?
Quando sobe o pano
Não há dor de dente?

E aquela moleza
Daqueles dias?
Fica com certeza
Lá pelas coxias

Se o filho em casa
Fica doente
Nunca se atrasa
Quando a luz acende

O adeus sofrido
Quando o amor se vai
Dá pra ser sentido
Quando o pano cai

Que mistério é esse
Que o sangue esquenta?
Quando a ação começa
A dor se aposenta.

Iniciei um tratamento de canal, daqueles bons, com direito a agulhas e agulhas. Só que no dia seguinte, eu tinha uma viagem de fim de semana. Entramos no avião para Curitiba e... o dente... começou a... doer, devagar, sorrateiramente. O Ruban tinha Saridon. Não conseguia esquecer que tinha dente. À medida que as horas passavam, a dor não passava e aumentava muito. Eu não tinha o telefone do raio do dentista. Acho que até a hora do show eu me chamava Sandra Saridon. Doía a cabeça, a alma, mas eu tinha que entrar em cena. Entrei. A dor simplesmente não existiu no palco. Um milagre! Passageiro, mas um milagre.

O show terminou, e lá veio ela de volta, tinindo, urrando, grandiosa. Passei a noite inteira tomando Saridon.

Não fazia efeito algum, não que o remédio fosse ruim, mas, porque o problema era no dente, no tanto que ele havia sido cutucado para o diabo do tratamento de canal. Mas como a dor era muito grande, me restava tomar o remédio, para ter no que acreditar. Eu fiquei drogada, com Saridon.

No dia seguinte (pensa que voltamos para casa?), tínhamos que dar um pulinho em São Paulo para fazer o programa do Silvio Santos. Mais um avião e eu deitada no ombro da Regina, chorando, chorando. Não agüentava parar na frente do espelho para me maquiar. Combinei com elas que colocaria uns óculos escuros e passaria um batom. O programa começou, mas éramos a atração do final. Chorei muito no ombro da Regina. A dor era tanta que o rosto do Silvio Santos este dia ficou para sempre guardado em mim. Lembro-me do seu cabelo caju, do seu rosto. Mas, quando começamos a cantar, a dor sumiu.

Quando saímos do SBT, eu estava desesperada para entrar em qualquer avião, logo eu que morro de medo de avião. Não tinha vôo naquele momento e ainda tivemos que esperar. Quando finalmente cheguei em casa, liguei para o dentista chorando. Disse muitos palavrões, contra o dente, é claro, não podia xingar o dentista. Então ele falou:

— Sandra, pega uma agulha e um espelho. Esquente a ponta da agulha. Olhando no espelho, vai com a agulha quente e arranca a massinha que está tapando o dente.

E eu, chorando, obedeci. Como um grande milagre, ao retirar aquela droga de massinha, o dente sangrou muito e imediatamente parou de doer. Acho que as viagens de avião fizeram pressão, causando a hemorragia e a dor.

Mas, é impressionante, como no palco não havia dor.

Não há dor física, não há dor de amor, não há saudade. Naquele momento em que você está realmente entregue, a dor não existe.

Profissão **MARAVILHOSA!**

Lidoka, Sandra e muita cumplicidade.

A volta do irmão do Henfil

Numa das milhares de viagens que fizemos a São Paulo, Regina me pediu que eu não voltasse para o Rio junto com as outras, como fazíamos às segundas-feiras ao sair do hotel. Pediu que eu fosse com ela ao oculista, pois tinha que pingar um tal colírio e precisava de companhia. Fiquei. Quando fomos para o aeroporto, embarcamos num daqueles aviões Electra, com hélice.

Já entrei nervosa (sempre entro nervosa). Pedi um Dramine e um Campari, uma bebida que eu engulo um copo, dois, de uma vez só e que me ajuda a sofrer um pouquinho menos. O bichinho subiu. Sempre sento no corredor, tenho aquela estúpida sensação de que se houver algum problema, vai dar pra correr. Estávamos bem em cima da asa, do lado direito. Eu no corredor, Regina no meio e, na janela, um alemão que nada sabia de português. Eu já estava quase alegrinha quando o avião deu uma sacudidela. Outra. Um barulho diferente. (Meus ouvidos ficam apuradíssimos em avião.)

— On, on, puf, puf, puf.

— (Já com a voz embargada) Regina, que barulho é esse?

— Calma bicha. Fica calma, não é nada.

Então, ela abriu discretamente a cortina, olhou, fechou de novo e me disse com a voz mais serena que conseguiu:

— Bicha, o que não tem remédio...

Eu meti a mão na cortina e vi o que eu jamais poderia ter visto. A primeira hélice que estava do nosso lado ia parando aos poucos, tentava voltar a rodar, inutilmente.

— On, on, puf, puf, puf.

Eu não podia acreditar naquilo. Fui acometida por um estado de pânico, acompanhado daquela burrice aérea:

— Eu quero descer! Eu quero descer!

A coitada da Regina, culpada por ser a responsável por eu estar ali, e, nervosa também, pediu que o homem da janela me desse a mão, enquanto ela ia chamar alguém. (Eu poderia começar um escândalo ali dentro.) O homem, claro não entendia português. Ela sem demora pôs a minha mão na mão dele e foi para a cabine atrás de socorro.

Naqueles instantes de total terror, um homem de poucos cabelos pretos e olhos muito claros estava no banco de trás. Ele tentava sorrir e ria discretamente de mim.

A comissária chegou com Regina e fui levada para a cabine, onde o comandante avisou que, apesar da falta de perigo, estávamos retornando para São Paulo. Eu não conseguia controlar os músculos do meu corpo, de tanto medo. Percebia minha coxa pular sozinha. Calafrios percorriam o meu corpo. Então, a comissária, delicadamente me falou:

— Olha pra trás. Todos os passageiros não estão lendo jornal?

Eu olhei, e todos tinham seus jornais abertos.

— Se você for lá olhar, os jornais estarão de cabeça para baixo. Todos têm medo, só que controlam. Nós já estamos voltando. E, se pararem todas as hélices deste avião, ele plaina.

Pelo amor de Deus! Não contem comigo para estar num avião que precise planar.

Voltamos a São Paulo e Regina, bonitinha, me dizia que, se eu quisesse, voltaríamos de ônibus. Acreditando na máxima que um raio não cai duas vezes etc., enchi a cara de bebida no aeroporto e voltamos de avião. Quando já estávamos no Rio de Janeiro, na pista, perto das escadas fora do avião (eu muito embriagada), o homem magrinho de olhos bem claros estava atrás de mim. Começamos a conversar sobre o ocorrido, então ele me falou:

— E eu que estou voltando hoje do exílio! Fiz uma escala em São Paulo antes de vir para o Rio.

— Você foi exilado?

— Fui. Já pensou se o avião cai justo hoje?

— Como é o seu nome?

— Você não me conhece. Mas, talvez, conheça o meu irmão. Eu sou irmão do Henfil.

É claro que a alcoolizada imediatamente surpresa cantou:

— *... a volta do irmão do Henfil...*

Chegamos muito bem, obrigada!

Eu gosto tanto dessa história! Nunca mais estive com ele, Betinho. É uma história tão importante que às vezes parece irreal.

P.S.: Vivi ainda, ao longo da vida, momentos ridículos dentro de aviões. É um medo inexplicável. Quando

Ricardo Graça Mello que às vezes viajava com o grupo.

No aeroporto de Brasília, César e Rivera Chaves, sobrinho e irmã de Regina, abraçados a Dudu, e ao lado Sandra e Ruban.

Regina e seu charme.

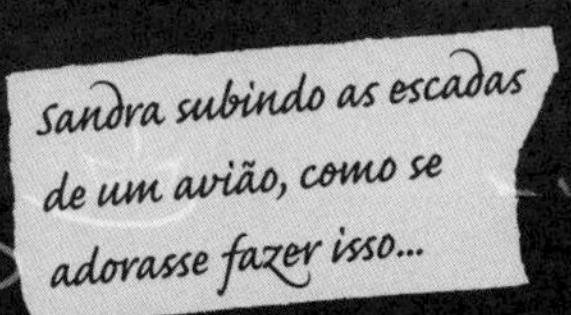

Sandra subindo as escadas de um avião, como se adorasse fazer isso...

Ruban e Edir bonitinhos por aí a fora.

estou no chão ou vejo um avião subindo ou descendo, tenho certeza que sou um índio. Meu coração vem à boca.

Regina Chaves, companheira que me distraiu tantas vezes nos vôos, dizendo frases inesquecíveis para me acalmar, como:

— Presta atenção, bicha, quando o avião faz a curva, é que já estamos chegando.

Parece incrível, mas estas coisinhas me tiravam a tensão. Pois é, a Regina hoje em dia morre de medo de avião. Diz ela que fui eu quem passou esse medo para ela.

E, durante a minha gravidez, um dia, o Gonzaga me disse que ter tanto medo talvez não fosse bom para o neném. Na época consegui disfarçar um pouco o pânico, mas até hoje, eu ainda sento no corredor.

Marcos Lázaro

Então, uma noite tínhamos um jantar com Marcos Lázaro. Eu não conseguia prestar atenção em nada. Alguém marcou aquele jantar e então estávamos trabalhando com ele. Tudo muito correto. Serviço de primeira. Hotéis de primeira e também os ônibus que passamos a utilizar dentro dos estados eram de primeira. E o trabalho triplicou. Fazíamos três, quatro shows por noite. Nosso cachê subiu, de cara. O percentual que pagávamos também, 30%. Chegamos a ter a agenda fechada para o ano todo. Claro que o dinheiro fechado para o ano seguinte era o preço do momento, então, passávamos o ano todo ganhando o mesmo dinheiro. Não era pouquinho. Mas, não era o justo. Só percebemos isso muito tempo depois. Trabalhávamos sem parar. Ninguém dá trégua e é sempre igual. Pega avião, chega, ensaia, vai para o hotel, se arruma, faz o show, acaba de madrugada, acorda cedo, sai do hotel, pega o avião e cai fora. Isso quando não era no fim do mundo onde chegávamos direto para o show. Muitas vezes trocamos de roupa nos ônibus, dentro de banheiros inacreditáveis. Já conseguimos a façanha de fazer maquiagem em cacos de espelhos. Certa vez em São Paulo, fizemos um show durante um almoço chique. Saímos de lá ventadas, maiôs pendurados nas janelas do ônibus e fomos para não lembro onde, para outro show. Dali viajamos a Santos. Cantamos na madrugada. De manhã, tivemos que deixar o hotel dormindo, já que as diárias vencem ao meio-dia.

Trabalhamos muito com Marcos Lázaro, sempre com o grande Pelé, o seu homem de confiança e enorme competência, e o nosso Duda.

Marcos Lázaro fechou nosso contrato de um ano com a TV Globo. Eles queriam que nós fizéssemos um programa semanal. Achamos que ficaríamos queimadas, com a cara no ar toda semana. Então propuseram um programa mensal. Também recusamos. Tínhamos uma agenda tão medonha, que um programa, mesmo sendo mensal, nos mataria. Finalmente ficou acertado um especial de fim de ano. Passamos o ano recebendo um dinheiro mensal para um especial de fim de ano.

Tínhamos muito orgulho desse nosso contrato. Sei lá quem foi que nos disse que era um contrato igual ao do Roberto Carlos. Com certeza, financeiramente não era, talvez o fato de recebermos o ano todo para trabalharmos somente no fim nos equiparasse a ele.

Claro que não ficamos sem trabalhar na emissora durante o ano. Fizemos muitos *Globo de Ouro, Fantástico, Os Trapalhões,* e onde mais coubéssemos. O *Fantástico* nos chamou para fazer um clipe com a música, *O Preto que satisfaz.* Era o começo do cromaqui. Ficou lindo, havia um balé conosco, um homem gigante e vários objetos de cozinha. A Leila aparecia remando dentro de uma caixa de fósforos, uma outra em cima de um saleiro, outra sentada em um paliteiro e por aí foi. Tudo era possível com o cromaqui, tanto que a Globo ganhou um prêmio nos Estados Unidos com o clipe.

Estava para estrear a novela *Feijão Maravilha,* óbvio que nossa música foi o tema. Pediram que o nosso clipe fosse a abertura da novela. Não deixamos. Não queríamos ficar queimadas. Que bobagem! Eles pegaram seis mulatas, repetiram todos os truques e gestos que fizemos no clipe e aquilo virou a abertura da novela. Até hoje as pessoas comentam esta abertura como se nós a tivéssemos feito. E não ficamos desgastadas de maneira alguma.

Trabalhamos até a exaustão naquele especial de fim de ano, mas valeu a pena. Nelsinho criou a história. Três espiões, os atores Wilson Grey, Átila Yório e Renato Restier, queriam raptar as **FRENÉTICAS**. Durante a nossa fuga, recebíamos convidados superespeciais que enfeitavam cada música. O repertório era dos dois LPs. Mais uma vez Fernando Pinto assinou o figurino.

O especial entrou ao ar às onze da noite do dia 31 de dezembro de 1978 e terminou à meia-noite. Exatamente na noite de réveillon. A última música do programa foi *O preto que satisfaz*, cantada ao som das explosões de fogos de artifício, enquanto estourávamos champanhe, juntinho com a vida real dos espectadores. Manfredo Colassanti, com seus 80 anos, fez o papel de ano velho. Lindo! Chico Anysio, Ney Latorraca, Zacarias (dos Trapalhões), Carlos Leite, Victor Zambito, Carlos Kurt, Jandir Mota, Nelson Aires e sua Banda foram só alguns dos nossos convidados. Tião Macalé fechou o programa aparecendo dentro de um carrinho de bebê com uma chupeta. Era o ano novo. Foram marcantes as gravações. Durante a música *Dancin' Days* pode-se ver o Chuchu, dançando loucamente.

Gravamos *Não leve nada a sério* no Tívoli Parque, na Lagoa. Houve uma seleção de meninas que fariam cada uma de nós em miniatura. Mexeu muito conosco aquelas menininhas nervosas, que não tiravam os olhos de nós. Cada uma delas grudou na sua correspondente. Anos mais tarde, eu me encontrei com aquela que me representou na rua. Já era uma mulher. Um dos meus primeiros contatos com a maturidade.

No dia da gravação do Especial, Edir levou Joy, sua filha com Zé Rodrix, com dois anos, vestidinha de mulher maravilha. Afinal, ela deveria ser a nossa representante mirim legal. Edir, na época, era a única mãe. Hoje, quando assisto ao programa e vejo a Jojoy tão pequeninha... E a Jojoy já é mãe...

Fãs na janela do ônibus mostrando a lingüinha...

Num hotel em Manaus, quando encontramos na piscina Waldik Soriano. Edinho, Edir, Lidoka, Waldik, Sandra, Marquinhos, Mimi, Pinga e, abaixados, Mario Avelar e Pelé.

Sandra de madrugada em um hotel em Caicó. Este clique é de Marcos Lessa.

O grupo vestido para o especial de fim de ano da Globo, para a música Gema Clara que acabou sendo retirada do especial.

Lidoka mandando beijinhos, em Pelotas. Logo atrás, feliz da vida, Dinorah Marzullo, mãe de Sandra.

Sandra.

Judy Spencer que iluminou a vida das Frenéticas por um tempo.

Lidoka totalmente mergulhada em uma piscina.

Sandra, Lídia, Neném Mol, ex Dzi Croquetas que estava assistindo ao show em BH, e Leiloca.

Lidoka e Sandra em um restaurante no Nordeste.

Sandra na mesma madrugada num hotel em Caicó mostrando sua pinta nas costas. Clique de Marcos Lessa.

Leiloca com Joy no colo (filha de Edir e Zé Rodrix) ao lado de Regina, no morro do Pão de Açúcar.

ESTES SÃO OS MELHORES DA MÚSICA POPULAR BRASILEIRA

Mais de 15 mil leitores e 31 especialistas decidiram que eles mereceram o primeiro Prêmio Playboy de Música Popular Brasileira

CHICO BUARQUE, Frenéticas, Cartola e Roberto Carlos finalmente juntos? Sim, eles estão aqui reunidos para receber a consagração de 15 mil leitores e 31 especialistas, que os elegeram os melhores da música popular brasileira no transcorrer do ano de 1977.

Caricaturas dos melhores da MPB da revista Playboy.

O trem da alegria

Duda achou que já tínhamos estrutura para montar um escritório, uma firma. Já tinha idéia até para o nome: *O trem da alegria*, que lindo! O escritório se instalou num ponto caríssimo, Visconde de Pirajá, 550, Ipanema. Não sei explicar nada, era um assunto que nunca entendi. Simplesmente confiava que as meninas, principalmente Regina, Lidoka e Edir um pouco, entendessem por mim. Quanta ignorância! Tínhamos um escritório, um contador, e reuniões, em que a minha cabeça voava. Quando veio a proposta do escritório, veio também uma leve ameaça, como se fosse uma preocupação de Marcos Lázaro, de que não seria bom que o largássemos, que ter um escritório poderia ser prejudicial, que nós só deveríamos nos preocupar com a música... Não o ouvimos. Deveríamos, mas não o fizemos.

De cara deu tudo certo. O que eu lembro é que fazíamos um show que custava cem dinheiros, por exemplo. Pagávamos músicos, enfim, todos os custos referentes ao show e o restante dividíamos por nós seis e o Duda. Não tenho lembrança de ter um dinheiro constantemente retirado de cada show para ser guardado.

Acho que isso só acontecia na época de pagar aluguel, contador etc. Não sei se o Marcos Lázaro tinha razão ou se ele fez acontecer. O certo é que os nossos shows começaram a ficar escassos, e um tempinho depois o Duda se apaixonou e não quis mais trabalhar conosco. Foi tudo muito rápido. Logo em seguida, claro, chegou o imposto de renda e nos vimos perdidas. Não tínhamos dinheiro em caixa. *O trem da alegria* virou um desespero. Não sei explicar direito, mas sobrou-nos apenas uma ação, um papel, que eu troquei por dinheiro para pagarmos o imposto. Estávamos literalmente sozinhas. Parecia uma praga!

Um pouco antes disso, Leila nos disse durante um ensaio:

— Gente, tem um negócio da China pra gente. Um prédio no Humaitá, de varandões, quase finalizando a obra. Pode dar de entrada quanto puder e o restante em parcelas.

Eu e Dudu ficamos loucas: **PROPRIETÁRIAS!**

Dudu correu e fechou o negócio da China. Eu, conversando com Beta Leporage, uma grande amiga, recuei. O pai dela não me deixou fazer o tal negócio. Mas Dudu e Leila fizeram e se encalacraram. A Nega mandou até fazer armários e melhorias no apartamento. Encurtando a história, pedimos adiantamento à gravadora para que elas não perdessem o apartamento. E para encurtar a lembrança ruim, elas perderam tudo. Nem sei direito. Foi um momento horroroso de desespero para elas e também para nós. Ficamos devendo à gravadora.

Com a saída do Duda, entrou a Valéria, que tentou ajudar, depois a Zelinda e outras tentativas. Por último veio a Poponha, uma senhora que era advogada e que havia trabalhado com a Simone. Não sei de onde ela tirou esta palavra, mas chamava todo mundo de Poponha, por isso o apelido. Ela realmente tentou nos ajudar, e foi ela quem finalmente fechou a nossa firma. Um alívio... mas nem tanto, porque o pior ainda estava por vir...

Entrevistas

As Frenéticas eram o tempo todo solicitadas para entrevistas. Mas nada como na época de lançamento do disco, período de massacre, em que o artista é levado em todas as rádios, televisões, revistas e jornais. Você descobre programas que nunca sonhou existirem. Apresentadores famosíssimos que você desconhece. Enfim, o público recebe o artista na veia, querendo ou não. De manhã, de tarde, de noite e de madrugada.

Quando lançamos o segundo LP, não foi diferente: perambulamos pelos meios de comunicação do Rio e de São Paulo também. Certo dia, no Rio, a gravadora nos pôs numa sala para receber jornalistas desde cedo até o início da noite. Tudo foi muito engraçado, com momentos bem divertidos, porém, às sete da noite estávamos arrebentadas de tanto falar e fazer gracinhas e comentar cada música.

Nessa hora chegou Ronaldo Bôscoli, muito simpático e cheiroso. Era o último jornalista do dia. A mesa era bem grande. Talvez retangular. Ele se sentou numa ponta, perto da porta de entrada da sala. À direita, perto dele, Edir, depois Regina e Dudu. À esquerda dele, Leila e Lidoka. Eu estava na outra ponta da mesa. Sentados, rimos todos um pouco e ele mandou:

— Vocês já tiveram alguma experiência homossexual?

Eu fui a última a responder, por isso me lembro bem da nossa disposição diante da mesa. A primeira a responder foi Edir. Cada uma que respondia explicava os motivos que elas tinham para não terem tido relações homossexuais. Enquanto elas falavam, minha cabeça deu muitos nós. Nós bem apertados eu diria.

— Meu Deus, como é que eu vou responder a essa pergunta? Não preciso falar a verdade. Mas eu vou mentir? E quem me conhece? Por que esconder? Mas, pra que abrir? O que é que interessa aos outros se eu tive ou não uma relação bi? Ou tri? Ou bá? Ou cá? Mas se eu acho normal? Pra que essa pergunta agora?!

E "a pergunta" se aproximava de mim.

— Meu Deus, que problema. Eu sou uma pessoa coerente. Ai Sandra, que bobagem! Você é Frenética! As Frenéticas são tão doidas. Faço parte de um grupo que mudou todo um panorama, um comportamento. Que tolice! Caguei! Eu nunca minto!

— E você, Sandra, já teve alguma relação homossexual?

— (Num fôlego só) Já, já tive. Não sou radical. Não tenho preferências. Eu me apaixono e pronto e...

Conforme as palavras brotavam da minha boca, os olhos das meninas iam se arregalando. Elas não acreditaram e eu não interrompia as palavras que saíam. Bôscoli foi muito elegante e, em seguida, a entrevista terminou e o dia exaustivo também terminou para nós. Quando ele saiu, elas caíram em cima de mim.

— Você está louca? Esta é uma revista que vai pra consultório médico. Nós temos um grande público infantil. Como é que você não pensou?

— Mas e as pessoas que me conhecem? Vão me chamar de mentirosa! E agora eu já falei! Desculpa gente...

Saí de lá meio passada, pensando meio tardiamente que éramos um grupo. Que talvez não precisasse justificar nada, era só dizer não. Mas o que mais me pesava era que eu passaria por mentirosa principalmente junto a pessoas muito queridas. Resolvi que ia assumir, caso virasse uma polêmica. Que eu deveria ficar em paz.

À noite, em casa, o telefone tocou. Era o Nelsinho. Alguma das meninas deve ter ligado e pedido para que ele interferisse, pois não tinha como ele saber assim tão rápido. Ele, sempre muito delicado comigo:

— Sandra, talvez não seja uma boa hora para essa declaração. Ligue para o Ronaldo em meu nome. Fale com ele tudo o que você quiser, mas fale que sou eu quem está pedindo para ele não publicar a sua resposta. Diga que é um pedido de amigo.

E me deu o telefone dele.

E agora? Que vergonha! Eu pensava. Ligar pra casa do Ronaldo Bôscoli, não tenho nenhuma intimidade com ele. Como não tenho intimidade com ele? Olha a pergunta que ele me fez. E a resposta que dei!

Liguei. E falei exatamente o que Nelsinho me pediu. Não deixando de dizer antes que eu não retirava uma só palavra da minha resposta. O mais engraçado daquilo tudo é que eu estava em paz. Talvez naquele momento, tenha sido bom acontecer do jeito que aconteceu.

Acho que as relações bi ou homossexuais masculinas são mais bem digeridas do que as femininas. O certo é que o temido Ronaldo Bôscoli, ou foi com a minha cara, ou gostava muito do Nelsinho ou as duas coisas, pois ele silenciou total o assunto.

Nelsinho Motta, Ronaldo Bôscoli e Marília Pêra.

Dudu, Sandra e muitas pernas.

Regina, Lídia, Edir e Sandra — Nós somos as Cantoras do Rádio....

Uma bênção às gostosas

Estávamos num vôo para Ilhéus onde um ônibus nos levaria à Itabuna. Foi um vôo em que não tive medo algum. Estava calma. Gracias! Soube assim que pousamos que algo acontecera no avião. Também não me aprofundei no assunto. Naquele vôo, além de toda a nossa equipe, que era enorme, vinha também Agnaldo Timóteo, que ia fazer um show beneficente para um padre. Ele também estava no nosso ônibus e se hospedou no mesmo hotel. Talvez o padre tenha pegado uma carona no nosso show para levar o Agnaldo.

O quarto em que me hospedei, geralmente com a Lidoka, era vizinho ao de Agnaldo. E juro por Deus, não é piadinha, eu o ouvia cantando alto, não sei se no chuveiro, mas bem alto:

— *Mamãe, mamãe, mamãe/Ela é a rainha do lar.*

Fui passear à tarde com Dudu pela cidade. Andamos, compramos (sempre comprávamos algo). As ex-pobrezinhas, agora ganhavam dinheiro, que alegria! Dudu, que nasceu numa família de mulheres pobres em Vila Nova do Itambi, com vozes graves e bonitas, e recém-saída da casa da irmã Ciléia, na Vila da Penha, também podia comprar. Nós duas, que vendemos cigarro mais caro no Dancin'Days pra ganhar um a mais, agora fazendo compras em vários estados do Brasil. Progresso!

Ao voltar das compras, quando entramos no saguão do hotel, o padre aguardava Agnaldo Timóteo para o show. A cena a que nós assistimos foi maravilhosa e digo sem desrespeito. Foi exatamente assim:

Em pé na recepção do hotel, o padre, muito, muito magrinho. Era muito parecido com meu querido amigo, o ator maravilhoso André Valli, o eterno Visconde, do seriado *Sítio do Picapau Amarelo*. Estava na recepção, de batina branca, aguardando o Agnaldo, pois cantaria também no show naquela tarde. Quando entramos no saguão ele se levantou e veio em nossa direção, muito feliz. Alguém tinha exagerado no pancake ao maquiar o padre, com uma cor mais escura do que a pele do santo homem. O tal maquiador desceu a maquiagem pelo pescoço, para disfarçar, deixando o colarinho da batina branca todo sujo. O padre parou na nossa frente, com a mãozinha na cintura, dançando, e começou a cantar:

– Sei que eu sou bonita e gostosa.
E sei que você me olha e me quer...

Que bom que vocês estão aqui em Itabuna! Apareçam amanhã na minha paróquia para que eu possa abençoá-las...

Foi linda a cena. Queríamos rir da situação, pois ele nos imitava dançando. Era uma pinta só, aquele padre com o pescoço sujo de pancake. Era um religioso à vontade, um admirador nosso, brincando e querendo nos abençoar. Não rimos, mas sorrimos muito para ele. Sua bênção, padre Magno!

Leila em pé no ônibus de Ilhéus para Itabuna, Ruban ao fundo e mais atrás Agnaldo Timóteo.

Dudu em frente ao aeroporto.

Bandeirinhas

Conhecer o Brasil trabalhando, não pode haver nada melhor apesar de, no nosso caso, ter sido sempre uma correria. Certa vez estávamos em Salvador, na piscina do hotel. Nem todas, porque a Dudu trocava tudo por dormir. Aquela dormia bem. Se alguém não a chamasse, ia embora. Topei ficar na piscina do hotel sozinha para dar uma entrevista. Talvez tenham nos dividido, acho que duas foram para televisão, não lembro bem, só sei que eu estava só nesta entrevista. Chegou uma mocinha bem simpática, baiana, bem soltinha, e antes de começar a entrevista contou:

— Oi Sandra, tudo bem? Sabe que quando eu vou para o Rio, me hospedo no prédio em que você mora?

— Na Carlos Góis?

— É, na Carlos Góis. Morria de rir. Sempre que eu estava lá, subia um cheiro de maconha lá de baixo.

— Ah, ah, ah. É? Não sabia. (Sem saber o que dizer.)

Acho que tinha um certo folclore naquela história. Afinal, a tal amiga era vizinha das Frenéticas, imagina o que não se falava por aí. Mas os vizinhos daquele prédio foram espetaculares.

Barraquinhos

Daqueles seis seres loucos, vinham, às vezes, barracos dignos de irmãos, mesmo. Quem menos fazia barraco eram Edir e Dudu. Regina, eu e Leila éramos mais impetuosas. Lidoka e Leila discutiam muito. Leila e eu também discutíamos. Por bobagens. Implicâncias de quem convive vinte e quatro horas por dia, o ano inteiro. Muitas vezes eu me irritava com Leila por ela, de repente, me dizer:

— Olha aqui, minha filha...

Detesto que me chamem de minha filha, assim, no meio da frase, num momento de alteração. Eu rebatia, de imediato:

— Minha filha, é ótimo! Escuta aqui...

E isso acontecia seguidamente, na frente de qualquer pessoa. Nossas brigas, na verdade, não eram sérias. Às vezes, as cenas aconteciam na televisão, com os camareiros, maquiadores, gente que não sabia que tudo aquilo passava. Muitas vezes, me arrependi de ter sido dura, principalmente com a Leila. Lembro direitinho os olhos dela magoados comigo.

Com a Edir, todas eram impacientes por seu tempo ser um pouco diferente do nosso. Ela era mais velha. Às vezes tentava, com educação, falar no meio de uma gritaria e nenhuma de nós lhe dava ouvidos. Lembro o seu dedinho levantado, pedindo para falar. Ninguém ligava. Quando ela finalmente conseguia fazer com que parássemos de berrar, ficava meio nervosa, demorava a for-

Frenéticas espremidas em algum palco minúsculo.

mular o raciocínio. E, aí, ninguém dava trégua e ela perdia a vez de novo. Tínhamos uma pressa, um desespero ou o hábito tão proclamado pela imprensa: tínhamos que ser irreverentes!

Uma sexta-feira fomos a Porto Alegre fazer um show. Voltaríamos no sábado para o Rio e no domingo tínhamos que viajar a Florianópolis. Uma amiga de Regina, Lidoka e Leila, que havia sido Dzi Croqueta, a atriz Lu Grimaldi, nos convidou para ficarmos em sua pousada Fatto a mano (em italiano, feito à mão), que ela tinha montado com o marido em Gramado, para que não tivéssemos que ir ao Rio e voltar para o Sul em tão curto tempo. Adoramos. Ficamos com um bilhete Rio—Florianópolis—Rio nas mãos.

E fomos para aquela coisa linda que é Gramado. A pousada não podia ser mais maravilhosa! Já na chegada foi aquela falta de educação. Como a pousada estava sem hóspedes, nos deixaram escolher o quarto, de duas em duas. Saíram todas correndo para pegar o seu. Edir, por algum motivo não foi a Gramado. O Ruban foi. Depois da correria sobrou um quartinho em cima. Muito bom! Coisa de sonho. Fiquei com Lídia. Show! Fomos tratadas como princesas. Eles faziam pão na pousada. E, à noite, várias pessoas bacanas apareceram e cantamos sem parar. Havia um cantor e compositor muito bom que se parecia muito com o Milton Nascimento e nos mostrou suas músicas. Noite deliciosa. Acordei cedo, com o barulho de uma bandeja sendo arremessada. Sentei na cama com Lidoka. Assustadas, saímos para ver o que estava acontecendo. Leila e Regina haviam tido uma discussão por causa de banheiro. Regina estava para entrar no banho e ofereceu o banheiro antes de entrar, pois demoraria. Perguntou à Leila se não queria entrar. Leila disse que não. Mas, pouco depois que Regina entrou, Leila bateu na porta, queria entrar. Quando Regina saiu, começaram a discutir e parece que Leila jogou os cabelos com ar de deboche, deixando Regina furiosa, que pegou um pedaço de mamão papaia e jogou em cima da Leila. Esta, suja de mamão, pegou a bandeja e... Foi aí que eu acordei.

Hoje, olhando para trás, é tudo muito engraçado, muito infantil, mas ainda assim consigo achar bonitinho. Éramos íntimas, éramos irmãs. E a música, nossa mãe. O sucesso, nosso pai. (Ou padrasto?).

Como Regina, Lídia e eu morávamos juntas, tínhamos uma grande proximidade. Claro! Mesmo quando Regina já não dividia o apartamento conosco, continuamos juntas. E até hoje. Por isso, Leila nos chamava de subgrupo. Sempre com um tom de brincadeira. Uma pitadinha de ciúme, eu achava.

Foi uma briga tola, que fez com que Lídia saísse de casa e (que bom!) comprasse seu apartamento. Estávamos chegando depois de uma noitada no Morro da Urca, Pão de Açúcar, onde funcionou durante anos o Noites Cariocas. Ricardo, meu sobrinho, que Lidoka namorava, era menor de idade além de ser uma peste. Ela sugeriu que ele fosse até a nossa casa antes de voltar a pé para a casa da minha mãe, onde estava morando. Passava das três e eu achava que ele deveria ir direto para minha mãe. Discutimos no táxi: a tia e a namorada. Ele mesmo não sabia o que queria. A discussão ficou meio acalorada, mas sem baixaria. No dia seguinte, Lidoka procurou um corretor e rapidamente achou um apartamento em Ipanema. Fez o negócio e mudou. Quer dizer, quando ela saiu, já estávamos ótimas. Passamos, sem estresse, pelo momento de divisão de bens.

— Fica com a estante que é mais cara e você leva a mesa e a secretária eletrônica. (A bendita secretária que o filho-da-puta do troteiro nos fez comprar...) Foi assim que, pela primeira vez, morei sozinha.

Tivemos, Lidoka e eu, durante os primeiros seis anos que passamos juntas, mil picuinhas totalmente normais. E mesmo depois, quando já não estávamos mais juntas, algumas brigas, umas mais sérias outras não. Tudo sempre passará. Cada uma das Frenéticas, para mim, é eterna. Não somos tão próximas hoje, como éramos, claro. Mas sou tia da Joy, do Igor, do Cícero e do Rodrigo. Leila não teve filhos, mas, tem seus cachorros amados, o do momento chama-se Júpiter, o planeta da alegria. E cada uma delas é tia da Amora.

Trabalhar em grupo é um exercício dificílimo. É também maravilhoso como aprendizado. É preciso dividir, é preciso segurar as suas certezas. É preciso aprender! Exercitar a humildade não é ser humilde, senão você desaparece dentro do grupo. Exercitar a humildade é aprender a ouvir quando o seu desejo é falar. Abrir mão de uma idéia que você acha genial. E, muitas vezes, perde-se realmente uma idéia genial em prol de outra idéia errada.

Eu não sonhei em ser frenética para sempre. Os sonhos não param, graças a Deus. Mas trabalhar em um grupo que deu certo, ou não, durante um tempo, provoca mudanças profundas em nosso comportamento.

Jojoy, primeira filha das Frenéticas, filha de Edir e Zé Rodrix.

Rodrigo, o menino elegante da mãe Dudu.

Amora, a boneca linda da mamãe Sandra.

Cícero Chaves sorrindo muito, filho de Regina e Chico Anysio.

Igor, muito louro, filho de Lidoka e Pety, o Menino do Rio.

Júpiter, coisa linda, o cão, o filho, o amor de Leila.

A cigana filha-da-puta

Fomos fazer um show em Feira de Santana, Bahia. Na estrada paramos para comer. Um boteco qualquer nota de beira de estrada. Andávamos de lá para cá, quando apareceram umas ciganas. Como de hábito, queriam ler nossos destinos. Todos se livraram muito bem delas, menos eu. Era uma mulherzinha magra, pobre, protegida por seus trajes de cigana.

— Deixa eu ler a sua mão?

— Não quero não, obrigada.

— Deixa eu ler o seu destino?

— Não, obrigada. Eu não quero.

— Mas vai ser bom. Deixa eu ver a sua sorte?

— Não, eu já disse que não quero.

Conforme eu andava pelo lugar, a mulher vinha como um carrapato, insistente:

— Deixa eu te dizer o que vai acontecer...

— Por favor, eu não quero...

— Então, deixa eu só benzer o seu dinheiro?

— Não!

— Pega o seu dinheiro e deixa eu rezar ele.

E, para ver se ela me largava, peguei o que hoje seria R$ 1,00 e disse:

— Pronto, taí. Benze!

— Não, esse não. Tem que ser um dinheiro maior, para ele ser transformado em mais.

Eu estupidamente peguei uma nota, que talvez hoje valesse uns R$ 100, e entreguei a ela, que imediatamente dobrou o dinheiro e, acintosamente, o enfiou dentro do seio e saiu de perto de mim. Não saiu do bar. Só saiu de perto de mim. Fui atrás dela como um touro furioso:

— A senhora devolve o meu dinheiro.

Ela não dizia palavra. Só olhava na minha cara, como se não entendesse a minha língua. Comecei a gritar com ela. Fui até o dono do local e dei queixa. Ele me olhou com uma cara de quem estava me achando estranha. Reclamando de ter sido assaltada? Afinal de contas, eu mesma havia entregue o dinheiro nas mãos daquela cigana filha-da-puta. Gritei com ele também.

— São todos cúmplices! O senhor permite que esta ladra... Blá, blá, blá...

Nosso ônibus tinha que partir. Eu estava quase espumando com a vigarice, o cinismo e a minha estupidez. Então, quando finalmente o ônibus andou, fiquei sabendo que o Mimi, nosso guitarrista, também tinha caído no golpe de outra cigana. O golpe da bênção do dinheiro. Que ignorância! O fato de saber que não fui a única bobona me acalmou um pouco.

Setembro de 1978, minhas férias inesquecíveis

Era começo de setembro e eu estava prestes a completar 24 anos. O romance Sandra & Marquinhos era restrito às viagens de trabalho. Impossível ser de outra maneira, já que ele tinha um casamento e queria estar nele, claro. Eu sentia sua falta, mas não saberia administrar um casamento naquele momento. Aliás, tinha pavor da idéia. Formulei em meus pensamentos uma frase pronta: *Casamento mata a saudade*, profunda, quase bonita e acreditei nela durante muitos anos. A primeira vez que alguém me retrucou foi Narinha, mulher do Erasmo Carlos, a do coqueiro verde, numa excursão que fizemos pelo Sul, pelo projeto *Seis e meia*, três anos mais tarde. Um dia, numa conversa filosófica, soltei minha frase, e ela reagiu:

— Casamento, até mata a saudade sim, mas tantas coisas bonitas são construídas juntas.

Só isso. Acho que foi a primeira pessoa que ouvi falando algo positivo sobre o casamento. Era começo de setembro e Marquinhos também faria aniversário naquele mês. Pela primeira vez na minha vida, eu sairia de férias, pagando passagem e hotel, por quinze dias.

Estávamos muito próximas de Gal Costa, que estava fazendo show em Recife. Regina, Lidoka e eu voamos ao encontro dela. Eu sabia que Marquinhos não poderia ir

Marcos Lessa arrasando com seu baixo.

Regina, Gal Costa, Lídia e Sandra, férias inesquecíveis em Salvador, em 1978.

Guto, irmão de Gal, e Sandra, em Salvador, férias no hotel do Porto da Barra.

junto. Nosso romance já não estava bombando. Mesmo assim o convidei, como presente de aniversário. Não, não dá. Foi a resposta lamentada por ambos.

Lá fomos nós três felizes, para Recife. Maria Pia, que trabalhava com Gal, nos arranjou um quarto no mesmo hotel. Foram dias espetaculares. Regina precisou ir à Paraíba e ficou de nos encontrar depois, em Salvador. O show de Gal, se não me falha a memória, foi em um teatro chamado Princesa Isabel. Com a minha Olimpic fotografei a viagem, inclusive alguns registros da apresentação de Gal. No domingo, último dia do show, encontrei Gonzaga na porta do teatro, onde ele iria estrear na semana seguinte e tinha ido conhecer o espaço. Não estava só. Uma moça bem bonita, de nome Vitória, o acompanhava. Depois do show, saímos todos para jantar. Ele, com sua Vitória e eu com minhas amigas, Lídia e Gal. Não havia nenhum sinal de sexualidade no ar. Porém, o clima era forte e meu coração sabia disso. Ele não foi deselegante com sua acompanhante e durante todo o jantar, a conversa foi simples, simples demais para o que estava acontecendo silenciosamente. Foi tão intenso, que não parávamos de falar amenidades. Lá pelas tantas eu disse:

— Eu adoro aquelas flores, as sempre-vivas...

— Nossa que coincidência! Eu sou louco por sempre-vivas!

— Qual é o seu signo?

— Sou Virgem. Faço aniversário agora, dia 22 de setembro.

— Olha só que coincidência! Eu também sou virgem! Sou do dia 17 de setembro. Vou fazer 24 e você?

— Vou fazer 33.

Naquela noite, ele me contou que sua filha, Fernanda, havia nascido há alguns dias e que também já tinha um menino, Daniel, de três anos. E falamos mais. Nossos olhares eram muito atentos, não se desgrudavam.

A grande verdade é que mais ninguém tomou parte daquela conversa. O tempo ficou suspenso naquele restaurante. Mais pra frente da conversa, não sei por que eu disse:

— Você conhece amora, já comeu?

— Adoro! É minha fruta preferida.

— Quando eu era pequena, fiquei muito tempo na casa da minha tia Dinah, no bairro da Piedade, para meus pais poderem viajar a trabalho. Um dia descobri uma amoreira no fundo do quintal. A identificação com o nome da fruta, sua beleza e sabor foi imediata. E quando a saudade da minha mãe era muito grande, eu subia na árvore e me empapuçava de amoras.

Gonzaga disse que também era louco por amoras e me propôs um pacto:

— No Rio, você me manda **SEMPRE-VIVAS** e eu te mando **AMORAS**?

— Combinado!

E a noite terminou ali. Que pena. Estava tão bom!

Nossa viagem prosseguiu. De Recife fomos para Salvador. Hospedamo-nos naquele hotel do Porto da Barra e passávamos o dia na areia. Lembro as pancadas de chuva que não tiravam ninguém da praia. Dez minutos e o sol voltava.

O casal Gilberto Gil e Drão estava morando fora do Brasil, então fomos até a porta da casa deles e fotografamos no portão, Lídia, Gal, eu e Regina que veio nos encontrar, para mandar a foto para Drão. O futuro foi plantado durante as minhas férias inesquecíveis!

Gal Costa cantando no teatro em Recife. Clique de Sandra.

O pé

Perto do fim do ano, estávamos em uma pequena excursão pelo Nordeste, para variar. Paramos uns dias em Salvador e seguiríamos viajando. No dia da partida de Salvador, Drão, já de volta à Bahia, nos convidou para almoçar em sua casa. Saímos do hotel já com as malas, porque depois do almoço sairíamos dali direto para o aeroporto. Pegamos um táxi, Lidoka, Bolinho, nosso iluminador, e eu. Pusemos a mala dele no banco da frente e as nossas foram para o porta-malas.

Percebi que o motorista falava baixinho. Fiquei de olho nele. Nossa conversa continuava animada e a conversa dele, com ninguém, aumentava de volume. Ele começou a discutir com o vidro da frente. Fui ficando meio aflita, mas não comentei com os outros que estavam distraídos. Eu sempre tenho uma visão meio exagerada das coisas. Presto atenção a coisas que ninguém liga. O certo é que o homem foi levantando a voz e em um dado momento ele entrou em uma rua cheia de curvas, estreita e como se tudo isso não bastasse, mão dupla. Resultado? Claro que batemos de frente com outro carro. Batemos com força. O nosso orador nem sequer pôs o pé no freio. Ele continuou acelerado até o fim. Resultado? A mala do Bolinho, que estava no banco da frente, rasgou de ponta a ponta. Graças a Deus, foi a mala. A Lídia bateu com o rosto na cabeça do motorista, mas sem conseqüências. O Bolinho também não se machucou. Em compensação, eu machuquei o mesmo tornozelo, que dez anos antes, em um acidente de carro, aos 15 anos de idade, tive que colocar um parafuso de platina. Escolhi a dedo o pé pra machucar de novo. Eu tinha uma aliancinha na mão direita (não era de romance algum), e o dedo que também machuquei começou a inchar.

A batida foi muito rápida. E o nosso avião partia dali em poucas horas.

Aguardavam-nos na casa da Drão. Resolvemos deixar pra lá, já que ninguém estava muito machucado. Outro táxi nos levou dali. Eu não conseguia pôr o pé no chão. O mesmo tornozelo, era demais! Almoçamos correndo e fomos para o aeroporto encontrar os outros. Cheguei mancando. Simone, querida Simone, estava conosco outra vez neste vôo. Foi ela, alta como eu e solidária que me pegou no colo. (Olha que cena!) Me pôs e me tirou do avião. Em Fortaleza, alguém da produção local me aguardava para ser levada direto para o hospital. Enquanto todos foram para hotel, ensaio e etc., eu era engessada. Nada mais poderia ser feito ali. Tiveram que serrar a aliança. Só pedi que colocassem um saltinho no gesso, e à noite lá estava eu, dando piruetas no salto. O restante desta excursão foi todo no gesso.

Um sofrimento, uma viagem pelas praias do Nordeste e eu sem poder entrar na água. Os músicos colaboraram muito. Eu cobria a perna com saco plástico e eles me carregavam e me jogavam na água, deixando só a perna de fora. Coisa mais ridícula. Mas era bom!

No Rio, procurei o doutor Miguel, ortopedista. Foi quando descobri que aquele parafuso que eu carregava há dez anos, já era para ter sido retirado. Como ninguém me avisara? Achei que era pra sempre. Marcamos a cirurgia para o dia tal, uma semana antes do carnaval. Ele tiraria o parafuso e no lugar daquela cicatriz feia que eu tinha, ele não daria pontos, apenas colaria. Uma pequena plástica que deixaria um fiapo, que o tempo faria desaparecer. Lindo. Marcamos na ABBR. Seria tão simples que eu nem dormiria no hospital. Minha grande irmã me acompanhou. Que sorte! Fui caminhando até a sala de cirurgia. Fui colocada na maca e começaram a me aplicar aos poucos as anestesias. Na porta da ante-sala de cirurgia, havia um vidro, e minha irmã pôs o rosto ali e ficou tomando

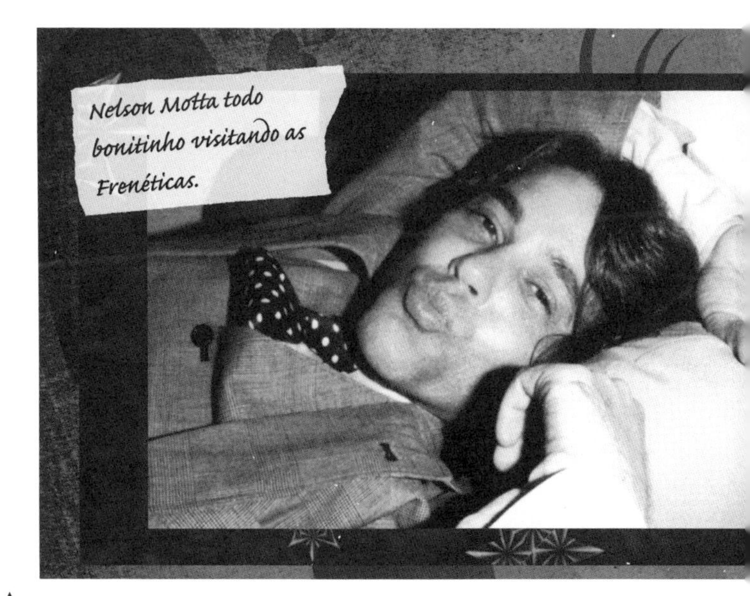
Nelson Motta todo bonitinho visitando as Frenéticas.

conta. A enfermeira tirou o gesso e começou a esfregar a cicatriz com uma escova extremamente dura, e com muita força. Sua intenção era limpar, desinfetar o local. Além de ser um local completamente sensível, eu estava muito nervosa tentando me controlar. E estava doendo. Eu pedia que ela fosse mais devagar. Ela não me ouvia, era como se eu não estivesse ali, e meus apelos fossem bobagens. Então, como se fosse um anjo, maninha, começou a socar aquele vidro grosso. Quando a mulher se virou pra ver o que era, ela dizia em voz alta e muito bem explicada, como se a mulher tivesse que ler seus lábios:

— ESPERA ELA DORMIR PRIMEIRO. NÃO ESTÁ VENDO QUE ESTÁ DOENDO?

A mulher, imediatamente parou com a força. Sorriu feliz para a Marília Pêra e eu adormeci com a segurança do amor.

No fim do dia, operada e bem acordada, fui levada por minha irmã, para a casa dela, no Joá. Ela foi para o teatro, eu fiquei com Nelsinho. Já quase no fim da noite, Nelsinho deitou na rede, que ficava na varanda, e eu do lado de dentro, deitada vendo TV.

De repente, duas casas abaixo da varanda onde Nelsinho estava deitado, de onde vinha um som de pagode, começou um tiroteio. Muitos tiros. Nelsinho dormindo estava, dormindo continuou. Esperança, minha sobrinha, com três para quatro anos dormia em seu quarto. Eu, com a perna enfaixada, operada, chamava por Nelsinho:

— Nelsinho! Nelsinho! Pelo amor de Deus, acorda!

— Hum? Que foi?

— Tiro, Nelsinho, sai daí! Vem pra dentro!

Os tiros aumentaram em números, muitos.

Eu levantei e pulei como um canguru para todos os lados. Eu queria fechar a porta, estava morta de medo, mas não podia fechar e largá-lo lá fora.

— Vem pra dentro, Nelsinho! (Chorosa.)

— Bobagem, não é aqui.

E ele não se mexia. E lá ficou. E os tiros realmente pararam. Ele tem um anjo da guarda que é fabuloso e muito solidário.

Uma semana depois, era carnaval, eu estava de bengala. Não havia combinado nada com ninguém, mas acendeu um fogo dentro de mim e da Lidoka, e no último momento, sem programação, chamamos um rádiotáxi à noite e fomos para Búzios. Chovia muito. No caminho, o táxi atolou, me pediram a bengala, para examinarem a profundidade da lama. A borracha da bengala desapareceu lá embaixo.

Foi um carnaval quente. Até namorar eu namorei.

Fiz a maior burrice da minha vida. Aquele sol! Aquele mar! As loucuras! Um homem interessante! E eu queria porque queria entrar no mar. Liguei para o doutor Miguel e perguntei se poderia molhar a perna, ainda com pontos e cheia de gazes. Ele falou que não era o ideal, mas que se eu...

Não dei atenção aos conselhos, só ouvi aquele, mas que se eu...

Traduzi aquilo como positivo, entrei no mar e imediatamente me arrependi. Vi que não teria o que fazer com aquela gaze molhada com água do mar sobre uma cicatriz recente. Fazer curativo como? Em Búzios? Em pleno carnaval?

Tentei acreditar que tudo daria certo. Voltamos ao Rio no fim do carnaval e emendamos para Porto Alegre. Lá fizemos dois shows num só dia. Entre um e outro, tive que ir a um hospital, pois o pé ficou todo inflamado. Doía muito. Eles tinham que espremer e não dava sequer para tocar nele. Resultado: a plástica que tinha sido feita, foi por água abaixo, literalmente. Com o passar do tempo e aí sim, cuidados, o pé ficou finalmente bem. Sempre acaba tudo bem. Mas a cicatriz está lá. Não ligo. Ela é uma das provas da minha história.

Sandra com o pé quebrado em Fortaleza com o apoio da equipe.

Soltas na vida

Este foi o nome que nosso LP ganhou de forma especial, por sugestão de Simone. Ela acabara de gravar o LP *Pedaço*, e a música de trabalho dela era *Sob Medida*, de Chico Buarque. Ela cantava:

Sou bandida, sou solta na vida.
E sob medida pros carinhos seus...

Ali estava o nome do nosso trabalho. Éramos livres, leves e soltas. Hoje, olhando para trás, estávamos começando a ficar soltas em outros aspectos também. Mas, só começando. O público ainda não sabia.

Chico Buarque, com sua esplêndida *Ópera do Malandro*, nos convidou para a gravação do LP. A mesma gravação foi para os dois discos, o da *Ópera* e o nosso: *Ai se eles me pegam agora.*

Ai se mamãe me pega agora
De anágua ou de combinação
Será que ela me leva embora ou não?
Será que vai ficar sentida?
Será que vai me dar razão?
Chorar sua vida vivida em vão
Será que faz mil caras feias?
Será que vai passar carão?
Será que calça as minhas meias
E sai deslizando pelo salão?
Eu quero que mamãe me veja
Pintando a boca em coração
Será que vai morrer de inveja ou não?
Ai se papai me pega agora
Abrindo o último botão
Será que ele me leva embora ou não?
Será que fica enfurecido?
Será que vai me dar razão?
Chorar o seu tempo vivido em vão
Será que ele me trata a tapas
Ou me sapeca um pescoção?
Ou abra um cabaré na Lapa?
E aí me contrata como atração?
Será que me põe de castigo?
Será que ele me estende a mão?
Será que o pai dança comigo ou não?

Esta foi uma música que caminhou e ficou conhecida como *Ópera do Malandro*, apesar de termos cantado bastante em shows. Animado, Chico nos enviou outra música, que para mim, até hoje está inédita. Ninguém conhece. Além de gostar muito dela, é uma delícia de cantar. Há vocais legais, brincadeiras. Em um momento da música, faço discurso como só político faz. Tínhamos um tom de total brincadeira no estúdio, que Liminha acompanhava com muito talento. Há um momento de *Mambordel,* em um intervalo musical, que ele inventou uma sentada de qualquer jeito nas teclas do piano. Só ouvindo.

Capa do terceiro LP Soltas na vida, criação de Celia Camarero.

O rei pediu quartel
Foi proclamada a República
Neste bordel
Eu vou virar artista
Ficar famosa, falar francês
Autografar com as unhas
Eu vou, nas costas do meu freguês
Eu cobro meia entrada
Da estudantada que não tem vez
Aqui no meu teatro
Grupo de quatro paga por três

O rei pediu quartel

Faço qualquer negócio
Passo recibo, aceito cartão
Faço facilitado
Financiado e sem correção
Ao povo nossas carícias
Ao povo nossas querências
Ao povo nossas delícias
E nossas doenças

Ângela Rô Rô, a pedidos, nos deu *Agito e uso*, e feliz da vida, ganhei o solo. A música é ela, no auge do auge. Forte, inteligente e atrevida.

Sou uma moça sem recato
Desacato a autoridade e me dou mal
Sou o que resta da cidade
Respirando liberdade por igual
Viro, reviro, quebro e tusso
Apronto até ficar bem russo
Meu medo é minha coragem
De viver além da margem, e não parar
De dar bandeira a vida inteira
Segurando o meu cabresto, sem frear
O mundo bola tão pequena
Que dá pena mais um filho, eu esperar
E o jeito que eu conduzo a vida
Não é tido como forma popular
Mesmo sabendo que é abuso
Antes de ir agito e uso

Nelsinho fez uma versão de *Baby Face* pensando na voz de Regina Chaves, conhecida internamente por Tia Rege, com sua voz grave e rouca.

Baby Face
Onde é que foi que se meteu, meteu?
Onde é que foi que se escondeu que deu?
Baby Face, diga logo pra Titia meu bem?
Baby Face
Ai quem me dera ter um baby teu!
Ai quem me dera te beber, ninar
No nana, matrimonio yo no puedo te dar
Baby Face
Um belo dia, um belo beijo e a luz se fez
Ai que bombom mais bom!
"Ai, ai, que tentação".
Meu Baby Face, meu tesouro!

Era um tesouro cantado bem devagar e harmonizado com lindas vozes, para dar a impressão que se cantava "tesão". Ainda vivíamos um momento em que usar de segundas intenções era mais impactante do que ser óbvio e rasgado.

De Luli e Lucina, gravamos a hilária, cheia de primeira, segundas e terceiras intenções: *É que nessa encarnação eu nasci manga*.

Você quer me consumir, eu deixo
Você quer me mastigar, eu gosto
Se você quer me comer
Eu dou, eu dou, eu dou um pedacinho pra você
É que nesta encarnação eu nasci manga
Manga madura, lá no fundo do quintal
Sou manga pendurada nesse galho
Se você não me comer eu apodreço e caio

Há de se imaginar os sons e barbaridades que deixamos gravadas.

Aliás, se alguém resolver pegar a maioria de nossas faixas, encontrará muitas frases ditas por nós, disfarçadas com o som. Do LP, talvez *Manga* seja das poucas que foram executadas.

Para manter a maré de sorte, segundo ele, Gonzaga nos trouxe a espetacular *Marcha do povo doido*. Fomos convidadas por ele para participar do seu LP, junto com a dupla Luiz Antônio e Rolando, cantando a mesma *Marcha do povo doido*, só que com um arranjo completamente diferente do nosso.

No dia da gravação, meu coração saltava pela boca, mas como boa virginiana, ninguém soube disso, só os muito amigos. E todos muito profissionais. Cantávamos todos juntos e o tom escolhido era um absurdo de alto. E num momento em que a música subia muito, só Dudu e Luiz Antônio cantavam. A letra é uma maravilha desperdiçada.

> ***Confesso!***
> ***Matei a Dana de Tefé***
> ***E outros mais se ocê quiser***
> ***Eu sou qualquer do Zé Mane***
> ***Da vida, dos Santos, da Silva***
> ***Confesso***
> ***A culpa pela carestia***
> ***E pela crise de energia***
> ***Eu sou o dono da Opep***
> ***Ou peps, ou pop, ou coca***
> ***Confesso***
> ***E confessar me alivia***
> ***Vê se também não me anistia***
> ***Me manda logo pra cadeia***
> ***Garanta***
> ***Um pouco a minha poupança***
> ***Pois tando em cana a minha pança***
> ***Vai ver um pouco de aveia, ou feijão com areia***

Recebemos no estúdio a Banda do Corpo de Bombeiro para gravar esta faixa. Invenção espetacular de Liminha.

A canção *Sonho molhado* foi arranjada pelo próprio Gilberto Gil. Assim como a música, o arranjo era extremamente sensual; aliás, tudo o que chegava a nossas mãos vinha recheado de muita sensualidade ou muita comédia. Tudo tinha uma pitada de safadeza. Mas, nada que chocasse ninguém.

Gravamos *Vou fazer você ficar louco dentro de mim*, e todas as criancinhas cantavam juntas, e seus pais faziam coro com suas avós. Tudo também muito ingênuo.

Esterlita, mãe da Dudu, uma linda senhora, senhora mesmo, que possuía, como várias mulheres da família, uma voz maravilhosa, grave e suave. Durante os afazeres domésticos, enquanto varria uma casa, cantava com aquela voz de senhora, afinada e num tom agudo, em falsete:

> ***Sei que eu sou bonita e hum, hum.***
> ***E sei que você me olha e hum, hum.***
> ***E um pouco depois:***
> ***Eu vou fazer você ficar louco, muito louco, hum,***
> ***Hum, hum, hum...***

Dudu nos matava de tanto rir quando a imitava.

Sonho molhado, uma gravação pouco conhecida conosco, ficou popular com Gilberto Gil. Os dois arranjos não ficaram tão diferentes um do outro.

As seis estão soltas na vida, mas mantêm cada vez mais os pés no chão!

Nenhum deles, entretanto, conseguiu ofuscar o brilho delas. A receita bem dosada de Nelson Motta foi na certa jogada fora. Por outro lado, este privilégio de contaminar crianças e adultos numa explosão de alegria é coisa de bem poucos artistas. Vocês já repararam que não há quem consiga ficar indiferente ao apelo de *Caia na Gandaia*, só para citar uma das músicas que o grupo tornou sucesso? Dulcilene, a nega Dudu, que tem uma voz de fazer inveja a muita gente, parece ter uma explicação: "Isto é porque as pessoas se identificam muito com a gente. Quando cantamos, deixamos margem para cada um tirar as conclusões. Não temos preocupação em atingir esta ou aquela pessoa. Cantamos aquilo que gostamos". Na verdade, elas não só cantam o que gostam, como também fazem o que gostam. A gorduchinha Leiloca, que é ligadíssima numa astrologia, parou no momento de estudar as ciências ocultas, dizendo estar mais a fim de transar o corpo. Reserva sempre alguma hora diariamente para fazer ginástica, além de correr todos dias pela praia.

Já Sandra, a mais alta e a mais nova do grupo, vinda de uma família de artistas, diz que o seu negócio é viver: "Adoro a vida, me sinto jovem e tem momentos que me sinto uma autêntica frenética, faço sapateado, ando de bicicleta, tenho sempre uma enorme disposição". A irmã caçula de Marília Pera, divertindo-se em destacar um jogo de cartas da revista *Luluzinha*: "E, como você vê, adoro trabalhos manuais. Em compensação, sou péssima dona-de-casa. Me amarro mesmo é em criança, e acho muito bom ter um público grande, de qualquer idade, gostando da gente".

Nada frenética parece ser Edir, que já fez *Hair* e viajou com uma companhia de dança pelos EUA e pela Europa. Aos 33 anos, a Del Castro, como também é chamada, tem uma aparência tranqüila, a fala mansa. Mas que ninguém se iluda com isto. Ela sabe também, em poucas palavras, mostrar muita determinação: "Ser frenética no palco pode ser uma decorrência da minha vida, que é muito gostosa. Tenho minha casa, uma filhinha de 5 anos, minhas plantas. Fiz até um cursinho de jardinagem para entendê-as melhor, e, sobretudo, adoro fotografar".

Dudu, a única das seis que ainda mora com os pais, é talvez a de maior experiência de palco. Foi *crooner*, atriz e estrela de musicais, integrando-se depois ao grupo no Dancin' Days, nascendo então as Frenéticas. Quem vê toda aquela movimentação de Dudu no palco tem uma surpresa ao ouvir dela, num largo sorriso, que "não sou uma pessoa frenética, sou caseira e muito romântica".

Regina também, por sua vez, não esconde seu lado antifrenético. Gosta de ficar em casa, de lavar louça, de viajar e só de vez em quando assistir a algum show. Já fez um pouco de tudo, desde que largou os pais e os dezesseis irmãos para ser a única a seguir a carreira artística.

A intimidade das Frenéticas é, por certo, muito mais do que isto. Na verdade, mesmo tendo idéias e experiências diversas, o que conta mesmo para elas é o espírito de grupo, a tal ponto de uma participar freqüentemente da vida da outra. Este convívio mútuo faz com que, para a alegria da gente, seja sempre afastada a idéia da dissolução do sexteto.

Ruth Costa

44 — Caricia

Caricia — 45

Reportagem de lançamento do terceiro LP.

Faz muito tempo que eu não tomo chuva
Faz muito tempo que eu não sei o que é me deixar molhar.
Bem molhadim, molhadim de chuva
Faz muito tempo que eu não sei o que é pegar um toró
De tá na chuva quando a chuva cair
De não correr pra me abrigar me cobrir
De ser assim uma limpeza total
De estar na rua e ser um banho
Na rua
E ser um banho
De ser igual quando a gente vai dormir
Que a gente sente alguém acariciar
Depois que passa um furacão de prazer
Ficar molhada e ser um sonho
Molhado
E ser um sonho

A música, a letra, tudo combinava com Frenéticas, menos a época. Já não éramos a novidade que queriam. Já não importava a música ser boa ou não. Mas não sabíamos disso ainda, gravávamos cheias de alegria e sensualidade. É só ouvir a gravação.

Nelsinho trouxe duas letras, *Perigosíssima* e *Pára de parar*. A primeira, ele passou para Rita Lee e Roberto de Carvalho. Era uma brincadeira com guerrilheiras, estávamos próximos do final de ditadura. Coincidentemente, Rita lançou a música *Guerrilheiro do Amor*. Era o mesmo assunto e foi a música que ela trabalhou de cara. Perdemos.

Eu já não agüento esperar
Revolucionar com você
Vou bombardear seu coração
Quero me explodir na sua mão
Agora eu vou confessar
É, eu conto tudo, tudo
E nem precisa me bater, meu bem
E nem me dar na cara, cara
Sua loucura para mim
Não é tortura
(Que fissura)
Vai ser pura gostosura
Ditadura do prazer
Ê i ê i ê i ê

Pára de parar, Nelsinho deu ao Ruban e ficou bem bacana. Já vi alguns grupos novos cantando esta música, de maneira bem diferente. Inclusive o grupo Chicas, de que minha filha faz parte, com sua irmã, Fernanda Gonzaga, Paula Leal e Isadora Medella. Nossa gravação ficou de um jeito muito difícil de cantar nos shows. Era um tom altíssimo que a Dudu solava. Além de ser muito alta, era repetitiva. Como já tínhamos um repertório grande, simplesmente, paramos de cantá-la.

Nem vem me chamar de meu bem
Nem diz que eu sou teu mal
Eu não sei de mim
Eu não sou assim
Quero dizer, sim
Só não sei dizer
Não quero mais chorar
Não quero nem sorrir
Quero é gargalhar
Quero enlouquecer
Tudo o que eu quiser
Como eu puder
Pára de bater
Pára de sangrar
Pára de morrer
Pára de parar

Por último, Arnaud Rodrigues nos mostrou várias músicas. Ouvimos verdadeiras pérolas e nos entusiasmamos por *Ouça bem,* dele em parceria com Renato Piau. Era uma mistura de Brasil com a música do mundo. Outra vez, cometemos outro erro. Depois dela, não conseguíamos cantar mais nada. Ela nos matava de cansaço. A cada frase da letra havia um bis. E o ritmo? Ao mesmo tempo, não era consistente o suficiente para ser a última música, fechar um show. E havia uma maluquice, pelo menos da minha parte. Não conseguia cantar quieta. Simplesmente cantar, como fazia magistralmente a Dudu. Eu pulava, andava, eram braços, pernas, muita interpretação. Quase um transe. A maioria de nós era assim. Ficou impossível cantar a música. A abandonamos também.

Ouça bem
Tem tamborim no soul
Tem cuíca nesse rock and roll
Quem repica é o repenicador
Yaya dança com Yoyô
Até Zé curte o som do Joe
Até Paulo canto o som do Paul
Quem me explica esse agogô

No velho blues
Meu agogô...
No velho blues
Ouça bem...

O refrão era repetido um milhão de vezes, até se transformar em um carnaval desesperador.

Célia Camareiro, nossa figurinista que deu certo, sugeriu para a capa do nosso terceiro LP uma montagem à moda antiga. Uma foto em preto-e-branco, que ela coloriria depois. Ela inventou um personagem para cada uma e confeccionou os figurinos. Edir uma linda *pin-up*: na cabeça, um chapéu totalmente original, um LP de vinil colocado estrategicamente de lado e cobrindo de forma elegante parte do seu rosto. O vestido era tomara-que-caia vermelho, bem justo, de bolas brancas, e um cinto preto. Ela aparece em primeiro plano deitada.

Para Regina, um vestido de debutante, branco, rodado. Nos cabelos, um laço de fita, e luvas, também brancas. Na capa do LP, ela aparece na frente de um enorme bolo de aniversário. O figurino de Dudu era inspirado em sua musa, Billie Holiday. Um vestido amarelo, decotado e franzido nas costas, e microfone na mão.

Lidoka, dona de um corpo bonito, deixou-o à mostra, escondido atrás de uma meia arrastão preta, inteira, inclusive nos braços. Por baixo, um biquíni e um sutiã pretos e minúsculos. E, por cima, preso ao sutiã, um microvestido totalmente transparente, preto e bordado. Lindo! Ao lado dela, no canto esquerdo da capa, quase imperceptível, o cachorrinho de minha mãe, um poodle toy, chamado Bip. (Um ser tão amado por minha mãe, que poderia ter sido meu irmão.)

Leila, no centro da capa, é a Miss Terra, de maiô, capa, coroa e cedro. Fez pose de emocionada.

E, por fim, eu como a personagem *Música*. A idéia era um figurino meio anos 1950: saia rodada azul, com claves de sol e notas musicais. Na mão, um violão. Tudo muito bonito, não tivesse eu parado de fumar uns meses antes e ganhado alguns quilos desagradáveis. Me senti horrorosa naquela roupa. Depois que a capa ficou pronta, transformei a saia em calça que chegava até debaixo do joelho. Como se isso fosse me emagrecer! Detestei a roupa e outras coisas mais, pois não estava feliz naquele período. A vida me parecia meio sem graça.

Mas Célia Camareiro arrasou. Ela recortou nossas fotos, coloriu à mão, nos posicionou de forma inteligente e usou atrás a imagem da Baía da Guanabara. O encarte foi todo escrito à mão, com aquela letra que os adolescentes usam em seus cadernos.

Nada foi feito por este LP. Claro, percorremos todas as televisões e rádios para entrevistas. Mas é assim: ou o mercado está aberto para o artista, ou não está. Algumas janelinhas começaram a se fechar. Nada que o público percebesse. Mas nós, sim. E parece vir como uma avalanche. É sintomático. Quando te querem, tudo em você se abre, até o físico. Tudo vira sucesso. Mas quando o mercado começa a olhar para outro lado, quando os sorrisos já não são tão arreganhados, claro que você percebe. Eu percebia. E muito aos poucos, a música já não toca muito, os shows diminuem. É assim e pronto. E se você não sabe desde o início que é desse jeito, acaba se sentindo traído. Um sentimento sem qualquer sentido já que, no fim das contas, tudo não passa de um grande mercado. Começaram a nos tirar das prateleiras. E foi nesse período que ficamos com o pepino do escritório: O trem da alegria virou um bonde sem condutor.

Parece que o mundo combina:
— Vamos acabar com essas alegres?
Mesmo assim, foi difícil acabar com o nosso humor.

Participações

Participamos de vários trabalhos, como convidadas.

A) Belchior foi um dos primeiros a nos chamar em seu LP *Todos os sentidos*. Nossa participação foi na faixa *Corpos Terrestres*. Dizíamos frases em latim. Era bonito e engraçado, como ele disse no encarte junto à letra da música. Reescrito dos textos bíblicos de Sir Hasirim, decoramos e dizíamos frases como:

Osculetur me ósculo oris sui
Ideo adolescentulllae dilexerunt te
Nigra sum sed formosa
Nolite me considerare quod fusca sim
Quia decoloravit me sol

A minha frase:

Indica mihi, quem diligit anima mea.
Ube pascas, ube cubes in meridie.

O mais interessante é que sabíamos bem mais ou menos o que estávamos dizendo. Quer dizer, sabíamos, mas decorar aquilo era tão complicado, que, na hora de dizer, estávamos tão preocupadas em não errar, que não raciocinávamos muito, porém, nunca deixávamos de interpretar. E as entonações é que ficaram engraçadas.

B) *A Marcha da Tietagem*, Gilberto Gil compôs para o LP do Trio Elétrico e claro que nos chamou; afinal de contas, entre as gírias que trouxemos, sem dúvida, tiete foi das mais duradouras. Outra das brincadeiras que divulgamos foi "Te contei, não?". Virou nome de novela, em que, aliás, minha mãe trabalhava como atriz.

Na verdade, um jeito de falar bem característico, que acabamos divulgando, nasceu com os meninos dos Dzi Croquetes, grupo de atores bailarinos, que foi um grande sucesso no começo dos anos 1970, liderados por Leny Dale e Wagner Ribeiro, nos papéis de pai e mãe e suas filhas maravilhosas, Cláudio Tovar, Cláudio Gaya, Carlinhos Machado, Ciro Barcellos, Paulete, Rogério de Polli, Reginaldo de Polli, Baiá Tonelli, Benedito Lacerda, Roberto de Rodrigues e Eloy.

Leila, Lidoka e Regina haviam sido Dzi Croquetas, e Regina morou muito tempo com eles. Era um jeito de falar que se alastrou. Tiete, por exemplo, foi uma colega de trabalho que a atriz Duse Nacarati tinha chamada Dona Tiete de tal. Dona Tiete era a própria tiete. Duse comentava tanto sobre as características de Dona Tiete, que o nome acabou virando um adjetivo. Duse também participou das Dzi Croquetas.

A MARCHA DA TIETAGEM

Você sabe o que é tiete?
Tiete é uma espécie de admirador
Atrás de um bocadinho só do seu amor
A fim de estar pertinho só do seu calor
Hoje eu sou sua tiete
As suas ordens, ao seu inteiro dispor
De imediato aonde você for eu vou
No ato, no ato, pro mato, pro motel
De moto ou de metrô
Ti, ti, ti, ti, ti como é bom tietar
Seu amor inatingível
Ti, ti, ti, ti, ti e se você deixar
Eu farei todo o possível
Pra alcançar o nível do seu paladar

C) *Ai se eles me pegam agora*. Na *Ópera de Malandro* (1978).

D) *A marcha do povo doido*. Do LP de Gonzaguinha (1979).

E) Então alguém nos disse que tinha um filho do toureiro Dominguim e da atriz italiana Lucia Bosé que era cantor e queria se lançar no Brasil. Ele queria dividir uma faixa de uma música conosco. Os acertos foram muito rápidos. Mandaram a música pronta, com a voz dele já gravada. Tudo certo e, finalmente, chegou o homem. Ufa! Miguel Bosé. Uma beleza estonteante. Ninguém era mais bonito do aquele homem, pelo amor de Deus! Ele era uma bênção. O corpo, o rosto. Ele era perfeito. E nos contava que todos os homens de sua família eram toureiros, menos ele.

Fizemos alguns programas de televisão e lembro perfeitamente o que a sua presença causava: à medida que ele passava, homens e mulheres paravam para olhá-lo. A música, propriamente dita, era um lixo, uma bobagem, não tinha como acontecer nada com aquilo. Mas, aquele homem quase nos derreteu. Andávamos ao seu lado normalmente. Ninguém dava bandeira, ninguém

GONZAGUINHA:

Citando o livro "Porcos Com Asas" de dois adolescentes italianos (Marco L. Radice e Lidia Ravera), Gonzaguinha fala sobre o erotismo e a pornografia. Ele fala ainda de seu novo show - Coisa Mais Maior de Grande - Pessoa (também título de seu novo LP) - que vem cumprindo excelente temporada pelo Brasil.

Coisa Mais Maior de Grande - Pessoa.

De volta a São Paulo, Luiz Gonzaga do Nascimento Jr. (o Gonzaguinha) apresentou-se à platéia do Tuca o seu novo show - Coisa Mais Maior de Grande - Pessoa - baseado no seu último disco, com o mesmo título. Um espetáculo que ele classifica como "coisa muito simples, nada de espetacular em cenários, uma bonita iluminação. Uma coisa baseada na pessoa, dividido em três partes, onde eu digo o que tenho vontade de falar. E que já vem caminhando de outros estados. Um show onde tem havido uma participação muito bonita das pessoas, nos lugares por onde tenho-me apresentado".

Na verdade este jovem de 36 anos, fora do palco, é uma pessoa calma, de voz pausada, mostrando-se certo daquilo que quer e pretende realizar. É um artista que, embora mais div[...] do após o MAU - Movimento A[...] tico Universitário -, teve um com[...] brilhante em 1966, quando fez músi[...] para teatro. Participou do 1º e 2º F[...] tival Universitário na extinta Televisã[...] Tupi. Em 1969 começou a gravar [...] um ano após (1970), teve sua carrei[...] ativada, já como integrante d[...] MAU.

Em 1973 Luiz Gonzaga do Nascimento Jr. fez seu primeiro LP - Gonzaguinha. E desde esta data não parou mais. Já está no seu 9º LP e, como compositor, teve suas músicas gravadas por inúmeros colegas, sempre chegando em posições de destaque, quer em vendagem, bem como em execução radiofônica.

Gonzaguinha é um artista que não se sente atraído por leitura erótica explícita: "eu não me sinto atraído por este tipo de revista, pois acho que cada um tem o direito de ler o que lhe interessa. Às vezes me sinto atraído por um bom texto que a gente encontra nessas revistas".

Para ele o erotismo revestido de sentimento é um projeto aceitável, e o mesmo desprovido de sentimentos, é um projeto que certamente levará o indivíduo à uma existência fria. Conclusão que ele [...]

Reportagem com Gonzaga com a foto da participação de Frenéticas no especial Grandes Nomes, e abaixo Gonzaguinha e Gonzagão.

Todos os Sentidos
Belchior

Capa do LP de Belchior, Todos os sentidos, com participação das Frenéticas falando em latim.

Frenéticas fantasiadas de pintinho, para o especial A Arca de Noé 2. Da esquerda: Sandra; mais em cima, Regina; no alto, Lidoka gravidíssima; Dudu; descendo, Leila; e, à direita, Edir.

dava em cima; aliás, quase o desprezávamos, tamanha a comoção que ele causava.

Miguel Bosé e sua música *Tutti-frutti,* da qual só me lembro de um refrãozinho: *Ei pirulito, vem cá refrescar.*

F) Erasmo nos chamou para o seu LP *Erasmo convida.* Deixou que escolhêssemos a música que queríamos gravar. Escolhemos a deliciosa *Se você pensa.* Fiquei muito orgulhosa em receber aquele convite, afinal faríamos um trabalho ao lado do querido Tremendão. Convite feliz, música feliz. E que nos rendeu alguns frutos abençoados, como a convivência com o casal Erasmo e Narinha, tempos depois, quando saímos em uma excursão pelo Sul do Brasil.

O lançamento do LP foi na casa de show Mistura Fina, no Rio de Janeiro. Eu já estava grávida e não sabia.

Chegamos na hora que pediram que chegássemos, éramos pontuais. Sentamos numa mesa estratégica e nos divertimos muito. Naquela noite conheci o Rei, Roberto Carlos, que também chegou cedo, mas não queria entrar. Soubemos que ele ficou dando voltas para fazer hora, até chegar mais gente. Mandávamos torpedos para as mesas, sem que as pessoas soubessem que éramos nós. Só bobagem. Mandamos um para Narinha:

— Em frente ao coqueiro verde, esperei uma eternidade, já fumei um cigarro e meio e você não chegou, porra!

O garçom levava nossos bilhetes. Bebíamos e ríamos. Então, o Rei chegou trazendo em seu cavalo uma garrafa de vodca. Sentou-se em nossa mesa e compartilhamos a garrafa de vodca dele. Fora o que já havíamos bebido antes de ele chegar. Passamos do limite. Fui pra casa com o motorista do Rei, emprestado gentilmente. Acho que foi o primeiro sintoma de gravidez que tive, de tanto que bebi. Meu Deus! Será que alguém se lembra de tanta coisa como eu? Será que o Rei tem boa memória? Isto aconteceu em 1980!

G) Participamos, por dois anos seguidos, tanto dos LPs quanto dos especiais da TV Globo, *Arca de Noé 1* e *Arca de Noé 2,* de Toquinho e Vinícius. No primeiro LP, a música *Aula de piano* contava a história de uma menininha que fazia safadezas com seu professor de piano e canto, enquanto a mãe dormia depois do almoço. Gravei esta música para o especial, com uns quatro meses de barriga, em 1980.

No segundo disco, nossa música era *O pintinho.* Uma graça. Pedia que o pintinho voltasse para o ovo, para que ele não corresse risco. Na gravação da música para o especial da TV Globo, quem estava grávida era a Lidoka. Era 1981.

H) Para gravar o programa *Grandes Nomes* para a TV Globo, Luiz Gonzaga do Nascimento Jr., Gonzaguinha, nos chamou para cantar *O preto que satisfaz, O saco cheio do Noé* e *Bié, Bié Brasil.* Cada uma de nós se apresentou como uma grande estrela internacional das antigas. Regina, de Marlene Dietrich. Dudu, de Billie. Leila, de Liza Minelli. Lidoka, de Esther Williams. Edir, de Marilyn Monroe e, eu, de Rita Hayworth. Eu havia dado a luz há um mês quando gravamos. Foi uma situação, mas já não havia segredo. Ângela, a esposa do Gonzaga, estava na platéia com amigos e filhos. E eu lá cantando, recém-parida. O meu mundo fervia e minha vida estava mudando! Mas isso só aconteceu mais tarde.

Ele me mandou um recado

Um dia, estávamos ensaiando na WEA e Leila chegou com um recado pra mim:

— Perão, encontrei Gonzaguinha ontem, e ele mandou dizer a você que está esperando o que vocês combinaram em Recife.

Meu Deus! Nós combinamos que eu lhe mandaria sempre-vivas e ele me mandaria amoras. Ele se lembrou! E eu achando que ele não se lembraria, esqueci. Meu coração bateu muito forte. Sinceramente, não levei a sério o combinado, não que eu não quisesse, mas porque achei que ele não levaria. Não conseguia pensar em mais nada. E Leila, quando me deu o recado, já sabia o que me causaria. Afinal, éramos irmãs. Sabíamos tudo uma da outra, mesmo quando não sabíamos realmente.

A música foi saindo rapidamente da minha cabeça, o ensaio pra mim acabara. Eu só tinha um pensamento: Onde vou achar sempre-vivas a esta hora da noite?

Minha ansiedade não agüentaria esperar pelo dia seguinte. Saí do ensaio e lembrei que tinha um raminho, em um vasinho em casa, e sempre tenho uns cartões guardados. Ao mesmo tempo, alertava a mim mesma: Calma, Sandra! Não há nada entre vocês! Apenas um combinado carinhoso. Ele disse aquele dia que tem mais amigas mulheres do que homens. Não confunda as coisas. E ele é casado.

Fingi para mim que tudo não passava de... (nem sabia como definir). Fiz um bilhete absolutamente contido e gentil. Algo que poderia ser mais ou menos assim:

— Aí vão as sempre-vivas. Um abraço da amiga Sandra.

Com certeza foi um abraço que eu mandei. Enviei pelo correio e tchau.

Não recebi resposta, telefonema, nada. Abrandei o fogo e toquei a vida.

Um dia, não sei quanto tempo depois, fomos fazer um programa de televisão. Lembro que era na TV Tupi do Rio, e ele estava lá. As meninas piscavam, me cutucavam como adolescentes. Então, ele veio até mim.

— Não consigo achar amoras!

— Você está me devendo. Assim que recebi o seu recado pela Leila, mandei as sempre-vivas. Você recebeu?

— Recebi e adorei.

Então, com uma voz um pouco mais baixa, mas de forma natural, ele me disse (e eu quase morri):

— Você está muito bonita.

— (Sem graça, mas gostando.) Obrigada!

— Sabe o que eu gosto muito em você? É que você é muito recatada!

Eu devo ter rido. Hoje, quando me lembro, rio. Recatada? Nunca alguém havia me chamado de recatada. Nunca mais alguém chamou. Não sei de onde ele tirou aquela frase. Mas ele conseguiu ser mais uma vez especial. Nos despedimos no final do programa apenas com um abraço e um beijo disfarçados de amigos. Na saída ainda soltei:

— Eu quero as minhas amoras! Você está me devendo.

— Quando chegar a época, eu mando.

Ainda tivemos outros encontros parecidos com este, antes de...

Claudio Gaya

O LP *Soltas na Vida* não arrebentou. Ainda fazíamos shows, mas não como antes. Estávamos naquele momento em que várias pessoas tentavam organizar nossa carreira, mas desistiam do trabalho em pouco tempo. Pessoas que vinham atrás de trabalho com as famosas Frenéticas e, quando se viam diante da realidade, percebiam que as coisas não estavam indo de vento em popa. Muita gente bacana passou por nós, como a Valéria, a Carmela, a Zelinda, a Poponha; todas tentavam administrar a nossa agenda, mas estavam indo embora cada vez mais rápido. Quem apareceu naquela época de vacas meio magras foi Claudinho Gaya, excelente ator e bailarino amigo nosso, assim como todos os outros ex-Dzi Croquetes. Tentamos fazer com Claudinho um lançamento do LP com um show. E conseguimos. Claudinho, assim como Fernando Pinto, fez um trabalho divertido conosco. Inventando textos e roteirizando de forma muito bacana. Mas não saímos de Madureira. A gravadora perdia o interesse nas pequenas.

Cláudio Gaya, maquiado de Dzi Croquete. Dirigiu show das Frenéticas em Madureira.

Os Dzi Croquetes: Baiard, Roberto de Rodrigues, Carlinhos Machado, Paulette, Lenny Dale, Eloy, Ciro Barcelos, Rogério, Bené, Cláudio Gaya e Reginaldo. Faltam aqui Cláudio Tovar e Wagner Ribeiro.

Os Dzi, os quatro embaixo: Roberto, Gaya, Rogério e Lotinha. Os três no centro: Wagner Ribeiro, Tovar e Ciro. Em cima: Bené, Reginaldo, Baiard e Eloy.

Antônio Guerreiro (ou quase)

Elda Priami, que era produtora de moda do caderno *Ela* do jornal *O Globo*, nos apresentou a Antônio Guerreiro, que fez umas fotos muito bonitas e diferentes do que estávamos acostumadas. Eram fotos dos nossos rostos, com os ombros e os seios quase nus. Quase. Algo diferente nas fotos é Lidoka, que é aquele carneirinho louro que aparece com os cabelos escovados. Outra pessoa. Aliás, todas nós víramos outras pessoas. As fotos do Guerreiro são bem bonitas. Mas, pensando hoje, nossa imagem ali ficou acintosamente sensual e séria. Éramos nós, mas sem aquele nosso tom de humor tão característico. Depois de tudo o que cantamos, falamos, vestimos, nós não tínhamos que apelar para nada. Mas também não era uma grande apelação; tudo era *quase*. Nada nos faria explodir naquele momento.

A estúpida

Uma das pessoas que trabalhou conosco tinha um jovem namorado. Nós o conhecíamos só como namorado dela; ele não trabalhava conosco.

Uma tarde, saí de casa passando entre Ataulfo de Paiva e Afrânio de Melo Franco e vi uma confusão com polícia. Olhei só de curiosidade. Dei de cara com o jovem namorado de nossa empresária, que gesticulava, explicava. Pensei: — Meu Deus, o fulano, namorado da fulana, está em apuros. Vou lá ver.

Atravessei a rua.

— Fulano! O que é que está havendo?

— Estou indo para o aeroporto levar as passagens da cantora tal, que viajará agora à tarde, e a minha moto está sem a placa. Ela caiu uns dias atrás e eu não tive tempo de colocar. E deixei os meus documentos em casa.

Ou seja, o cara estava todo cagado, mas como eu o conhecia me meti:

— Oi, seu guarda, muito prazer. Eu sou Sandra Pêra, sou das Frenéticas.

— Que prazer!

— Ele é meu amigo, eu conheço a esposa dele, ela trabalha conosco.

— Mas o seu amigo não pode andar em uma moto sem placa e sem documentos.

— Claro! Não tem como resolver se ele passar em casa e trazer os documentos?

— Ele mora aqui perto?

— Moro, eu vou lá pegar...

— Nós vamos juntos. (E rapidamente.) Obrigada, viu? Muito prazer.

— (Ele, branco, de olho arregalado, fala entredentes pra mim.) Eu estou com um problema.

— Que problema? O cara está te liberando, vai te acompanhar até em casa pra mostrar o documento.

— Aqui dentro do banco da moto estou cheio de cocaína...

Minha pressão caiu ladeira abaixo. Eu não deixei que ele acabasse de falar. Só me faltava aquilo. Como é que o cara sai de casa cheio de pó em cima de uma moto sem placa e sem documento? Eu já tinha feito a minha boa ação do dia. Dei um beijo nele. Dei um tchau para o seu guarda e continuei o meu trajeto.

Frenéticas e uma fonte enorme de juventude!

Sandra, quando não tinha idéia de onde a brincadeira chegaria.

As mães

Não poderia escrever tanto e não falar delas. Todas elas viveram Frenéticas. Todas ganharam televisões, anéis, centrífugas e se orgulharam das filhas. Dona Gentil Chaves presenciou só o comecinho. Foi a primeira a se retirar de cena, naquele dia em que estávamos indo para Fortaleza. Mãe idosa de Regina, que era a filha caçula de dez irmãos, ela acabou sendo cuidada pela irmã mais velha, a Nanan, verdadeira mãe, sem nunca ter tido seus filhos.

Esterlita foi a segunda que partiu. Mas assistiu bastante à filha encantando a todos com sua voz. Esterlita, engraçada e bonita. Dudu se parece com ela.

Era 1992, fazíamos alguns poucos shows depois que acabamos pela primeira vez. Estávamos indo para um em Niterói. Não tínhamos carro, então Regina, Lidoka e eu chamamos um táxi e pegamos a Nega num ponto de ônibus na Leopoldina. Naquele dia, Dudu entrou no taxi estranha dizendo que esquecera a saia do show em casa. Não acreditamos! Pedimos ao motorista que nos levasse, rápido, ao Grajaú, onde ela morava. Ela desceu, entrou na casa, e ficamos no táxi. Resolvi sair para fumar um cigarro. A tia do marido dela, que estava varrendo o portão, chegou pra mim e disse:

— Chato isso que aconteceu, não é?

— Mas o que foi que aconteceu?

— Ela não contou que a mãe dela morreu?

Eu fiquei completamente tonta. Morreu e ela não nos falou? Chamei Regina e Lidoka, e quando a Dudu chegou com sua saia e entrou no táxi falamos com ela. Não houve jeito. Ela estava decidida. Por mais que soubéssemos que precisávamos daquele dinheiro, daquele trabalho, sabíamos que era uma dor enorme, mesmo estando todos preparados para aquele desfecho. Esterlita vinha doentinha há muito tempo. Mesmo sabendo que o show sem a voz da Nega não seria o mesmo, correríamos o risco. Não adiantou. Foi um show engasgado, triste.

No fim da noite, fomos todas para o São João Batista e a velamos. O mistério da dor!

Elody, mãe de Leila, a mil, bonitinha, toda arrumadinha. Leila tem o seu sorriso, seu jeito. Talvez pareça com o pai, que só vi em fotos, mas o jeito é da Elody. Elas eram íntimas, discutiam às vezes, mas se gostavam muito.

Quando fazíamos shows pelo Rio e voltávamos pra casa, às vezes ela vinha conosco. Certa vez, viajamos uma ou duas horas dentro de um ônibus. Tínhamos também como visita o Clodovil, que estava no Rio. Rimos muito. Ruban era a nossa delícia.

Durante este trajeto, Elodir cantava no ônibus, estava feliz. E achei bem engraçado, quando fomos nos vestir no camarim, Elody anunciou:

— Também trouxe uma roupa para trocar, vou para a platéia dançar.

E foi. E dançou e dançou e dançou.

Ela foi a terceira a se retirar e, por enquanto, a última. Eu já não estava tão próxima de Leila neste momento, mas, cada uma destas mulheres sempre nos aproximará.

Dona Paulina, mãe de Edir. Quieta como Edir. Simples avó. Dona de casa. Aquela mãezinha, quando atende ao telefone, antes de passar a ligação para filha, sempre diz:

— Tá tudo bem, filhinha? E como é que está a neném? (Mesmo que o neném já seja uma mulher.) E a mamãe, está boa? Mande um beijo pra ela.

Mulher que aprendeu a falar baixo. Mulher de porteiro que educou a filha para ser uma mulher muito educada. Que educou a neta, junto com a filha, para ser a doutora Joy, e que agora, com certeza, brinca com a sua pequena bisneta Modine.

Dona Lídia, mãe de Lidoka, que morava com a mãe, Dona Chiquinha. Era um casal de mãe & filha inseparável.

Dona Chiquinha, italiana completamente surda, sem aparelho. Muito divertido assistir Lidoka ao telefone com ela:

— Oi vó, tudo bem?

(Silêncio)

— Não vó. Eu disse: tudo bem? (**ALTO**)

— Tá bom vó (Aos gritos), tchau!

— Não vó, é tchau!!! (Aos berros)

Dona Lídia foi a primeira a ganhar presente bom quando a vida melhorou. Lidoka mandou-lhe uma TV bacana. Lembro-me perfeitamente da sua alegria ao poder presentear a mãe.

E a mãe histérica? Uma vez fomos a São Paulo e eu fiquei com Lidoka em sua casa. Naquela noite, eu voltei pra

Dona Paulina, mãe de Edir.

Esterlita, mãe da Dudu.

Elodyr, de óculos e chapéu, mãe de Leiloca.

Dinorah, mãe de Sandra.

Dona Lídia, mãe de Lidoka.

Dona Gentil, mãe de Regina.

dormir. Lidoka, não. Foi pra gandaia, não lembro. Alguma hora da manhã, tipo cinco horas, Dona Lídia entrou no quarto e não viu a filha. Ela me acordou e eu, tonta, lhe expliquei que Lidoka estava bem, que tinha ido dormir na casa de fulana. Voltei a dormir. Meia hora depois ela voltou:

— Sandrinha, acorda minha filha!

Abri os olhos trêbada.

— Minha filha, eu estou preocupada, cadê a Maria Lídia? (Tudo isso com um sotaque de paulista e italiano violento.)

— Calma dona Lídia, não aconteceu nada, ela quis ir para casa de fulana e eu não quis.

Acho que ela ainda me chamou umas duas vezes, aflita. Dona Lídia, bem diferente da nossa Lidoka. Filha magra, muito branca, transparente, de cabelos loiros e cacheados, como o pai, que também não conheci. Mulher que se acostumou a viver sozinha, a ter as duas filhas vivendo longe. Lidoka no Rio, e Vera, em Londres.

Minha mãe era amiga de Regina. As duas trabalharam juntas em um filme, o último do diretor Lulu de Barros. Como as filmagens eram muito cedo, Regina dormia na casa de Dinorah. Uma vez, Dinorah, exausta, resolveu pintar o cabelo à noite para o dia seguinte de filmagem. Ela mesma passou a tinta no cabelo e recostou para aguardar o efeito. As duas dormiram e Dinorah acordou de madrugada, desesperada com o cabelo caindo e queimado. Regina adora contar essa história.

Dinô, também ficou muito amiga da Lidoka, até hoje, independente de mim. Todos os aniversários dela, e hoje já são 87 quase 88, sempre têm **FRENÉTICAS** comemorando. Dudu dormiu muito na Dinorah, comigo lá ou não.

Ela é aquela mãe que divulga os trabalhos das filhas e, agora, de todos os netos. No auge de **FRENÉTICAS**, ela entrava nas Casas Sendas, ia pra sessão de música e perguntava:

— Vocês têm o LP das **FRENÉTICAS**?

Claro que eles tinham.

— (Para a vendedora) Pode colocar para eu ouvir?

Pronto, a mulher colocava e ela saía para as compras, e nós ficávamos cantando alto, dentro das Casas Sendas.

Leila um dia me perguntou:

— Você já reparou que nenhuma de nós tem pai?

No começo, só Edir e Dudu tinham, partiram logo. Ponciano, pai da Dudu, homem simples que lutou bravamente para sustentar uma penca de filhos. Dudu faz uma imitação magistral dele. Homem de linguagem humilde, que, de vez em quando, trocava as letras de algumas palavras. Os nomes de suas filhas começavam com a letra D. Dulciléia, Dulcilene e quando foi registrar a caçula, Dirce, trouxe escrito na certidão de nascimento, Diuce.

Regina, Leila, Lidoka e eu perdemos o hábito de comemorar o dia dos pais muito cedo.

Fomos um grupo totalmente de mulheres. De mães.

Mudando tudo

A vida estava muito difícil, os shows cada vez mais escassos. Leila e Dudu encalacradas com os apartamentos. Lidoka apareceu dizendo que encontrara Gilberto Gil e que, conversando, contou as nossas preocupações. E uma frase que ele teria dito era que tivéssemos coragem de sair antes de a festa acabar. Não sei se todas prestaram atenção nisso, eu prestei.

Tínhamos tentado vários empresários e ninguém estava dando conta do recado. O certo é que, quando o artista está estourado, basta só uma pessoa para atender aos chamados, porque eles vêm aos montes. Era um desgaste, cada empresário que aparecia, era uma energia desperdiçada e nada acontecia. Era mais do que hora de fecharmos O trem, a nossa firma. Uma despesa que não podíamos manter. Nossa querida Poponha, advogada que tentava em vão dar um apoio, ficou encarregada de fechar a firma. Um peso a menos.

(Ainda vou contar o que o futuro nos reservou, quando achávamos que estávamos livres de problemas, quando eu já nem era mais Frenética.)

Dudu e Leila desesperadas, apertadas com os apartamentos, que a cada mês triplicavam as prestações. Estávamos sem shows. Pedimos um *advance* à gravadora, que foi fatal, pois não resolveu o problema delas e aumentou nossa dívida. Finalmente, elas perderam os apartamentos.

Mais ou menos naquele tempo, Gilberto Gil, propôs à gravadora um encontro, não lembro se mensal ou trimestral, um encontro de todo o *casting* da gravadora. Um grande jantar em que cada artista tomaria contato e poderia entender como tudo era gasto para se fazer um LP. Só houve um primeiro encontro. Estavam lá todos. Guilherme Arantes, Elis Regina, A cor do som. Foi quase uma aula. Jantamos e, no finalzinho, Elis puxou assunto conosco.

Elis entrou na WEA depois da gente, e soubemos que ela havia dado uma entrevista, que nenhuma de nós leu, mas nos disseram que ela havia dado uma pichada na gente. Havia uma grande admiração por ela, é óbvio, mas estávamos ressabiadas, sem grandes intimidades. Ela nos juntou, estava com o César, e disse:

— Eu, César e as crianças estamos indo para uma casa (fora da cidade, não lembro onde), vocês querem ir?

Olhamos uma para cara da outra, alguém deve ter dito que não, mas eu e Lidoka, com certeza, dissemos sim, então ela continuou:

— Mas tem que sair daqui agora, sem passar em casa, sem pegar roupa. Tem que ir assim.

Não deu pra ninguém ir.

Não fomos, mas ficamos encantadas. Aquela fofoca, aquele disse-que-disse foi pro espaço. Nos abraçamos e fomos embora. Talvez isso tenha sido numa sexta-feira. Na semana seguinte, eu estava em casa num final da tarde, quando uma das meninas ligou dizendo:

— Elis acabou de ligar, e quer que a gente vá para a casa dela agora, neste minuto.

— Mas pra quê?

— Não sei e ninguém sabe. Mas ela pediu que fôssemos já. Imediatamente!

Não sei o que foi que eu fiz, mas sei que fiz voando. Lídia, Regina e eu, em menos de meia hora, chegamos à casa dela. Edir e Dudu já estavam lá, Leila chegou em seguida. Pontualérrimas! Cada uma tinha uma interrogação em cada olho. Quem chegava depois já se sentia atrasada, achava que tinha perdido a explicação para aquela correria. Todas com vontade de rir. Parecíamos umas bobas.

No lar, uma família em paz. As três crianças, Maria Rita bem pequena, Pedro, acho que tinha seis anos, e João Marcelo, maiorzinho. Conversamos sobre vários assuntos. Em algum momento Elis dormiu no sofá. Então, César num projetor passou o filme *Um dia de cão*. Elis acordou e viu o filme conosco. Não estávamos entendendo nada. Aquela correria e nada, nem uma só palavra. Adorei o filme, ninguém havia assistido. Elis ficou impressionada com a cena do assalto.

Bem tarde da noite, quando já não tínhamos nada para fazer, tomamos coragem e resolvemos ir embora. Levantamos todas mortas de vontade de gargalhar. Ela pedira que fôssemos alucinadas para a casa dela, que queria conversar e não disse uma só palavra e ainda deu uma cochilada. Eu saí passada, mas lisonjeada, afinal, Elis Regina, pelo amor de Deus!

O casal nos levou até a porta do elevador, falamos amenidades, beijamos, entramos as seis. Quando a porta fechou, e o elevador desceu, ela gritou daquele buraco que tem na porta:

— Se alguém aí precisar de um produtor, o César está querendo.

Só isso.

Só isso?

Descemos espremidas naquele elevador da Francisco Otaviano, rindo muito. Mulher louca! Maravilhosa! Ela armou e nós caímos, graças a Deus! Este foi só o primeiro contato que a abençoada vida nos proporcionou ter com Elis e César.

Convite de Portugal

A novela *Dancin'Days* estourou em Portugal. E as Frenéticas estouraram junto. Nos contataram e acertamos nossa ida. Ricardo Amaral, aproveitando a nossa viagem, contratou para quinze dias de apresentação no 78, sua discoteca em Paris. Era janeiro de 1980, estávamos nos preparativos da viagem, passaporte, fotos, muitas entrevistas para as rádios portuguesas e ensaios, muitos ensaios. Pedimos que nos arranjassem uma música típica portuguesa. Ensaiamos a hilária *Malhão*. Pense na palavra com sotaque:

Ai malhão, malhão,
Que bida é a tua?
Ai malhão, malhão,
Que bida é a tua?
Cumer i beber,
Passiar na rua.

Cantávamos o refrãozinho com direito a pulinhos e bracinhos. Ao mesmo tempo, Ivan Cardoso, me chamou para fazer o *Sete vampiras* e acertei tudo com ele. Eu fil-

Show na Quinta da Boa Vista, fevereiro de 1980.

Foto de Sandra feita para o passaporte, no dia em que operou o apêndice. Cara de dor.

Toninho de Morais, advogado que acompanhou a turnê das Frenéticas em Portugal e Paris, com a esposa, Sueli.

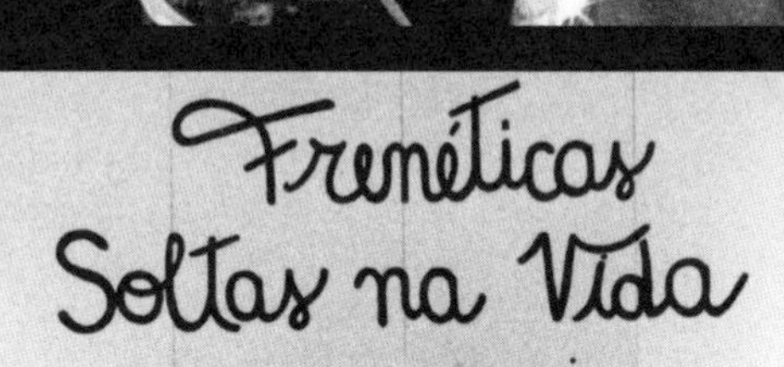

Frenéticas cantando no show da Quinta da Boa Vista.

maria durante os preparativos da viagem, daria para fazer sem atrapalhar nada. Estávamos numa maratona de trabalho, mas, só daquela maneira, eu não abandonaria a carreira de atriz. Tínhamos ensaios e reuniões. Toninho de Moraes, advogado conhecido, nos acompanharia na viagem.

Acordei cedo certo dia com uma pequena dor do meu lado direito da barriga. Como nunca ligo para pequenas dores, saí para o ensaio de manhã. A dor não me matava, mas eu lembrava o tempo todo que tinha barriga.

Saí do ensaio e fui tratar do passaporte. Tirei a foto. (Posso vê-la todos os dias, até hoje, é ela que está na minha carteira de identidade. Sempre que me pedem a identidade, a dor aparece na minha cara.)

Tinha que esperar o documento ficar pronto. Eu quase deitei no balcão de espera. Passei a tarde toda zanzando e fui pra casa da Regina, pois teríamos uma reunião da viagem com o Toninho Moraes. Cheguei antes e me queixei de dor. Ela imediatamente diagnosticou como gazes. E veio com o Luftal, que tomei sem hesitar. A reunião começou e a dor não me deixava raciocinar. Descobri que, encolhendo a perna, melhorava. No fim da reunião, que eu já não prestava atenção alguma, o Toninho me falou que eu deveria ir a um hospital para ver o que era, topei mas não pensei direito, não avisei ninguém. Ele me levou até o Miguel Couto e, como não podia subir comigo, foi embora.

Ah, ah, ah!

Subi já toda torta. As lágrimas desciam sozinhas. Não agüentava falar, então uma atendente me parou e disse:

— Nome?

— Sandra Cristina...

Então a mulher quis saber de coisas, que a dor não me permitia responder. Foi um estresse, eu queria a minha **MÃE!**

Eu estava em um ambulatório, com mais um milhão de pessoas de todas as formas e dores. Uma enfermeira apareceu com um termômetro, me entregou e disse:

— Tira a temperatura.

Quando ia pôr o termômetro embaixo do braço, ela disse:

— Aí não! No reto.

— (chorando) Em que lugar eu faço isso?

— (Com pressa e sem saco) Aí mesmo!

— (Chorando) Eu não posso fazer isso aqui.

— (De mau humor apontando um banheiro lá longe) Então vai lá.

Eu fui, e o termômetro ferveu.

A enfermeira me entregou, então, aquele plástico do soro, cortado no meio para fazer o exame de urina.

— Vai lá no banheiro.

Eu não podia imaginar que passaria por aquilo, sozinha. A dor não parava de crescer, chorei como neném. Então apareceu um jovem médico que tinha o coração ainda em dia. Veio conversar e eu pedia pelo amor de Deus para que me desse algo que fizesse parar aquele inferno. Então, com carinho, ele me explicou que suspeitavam de apendicite, que estavam fazendo os exames, e era preciso não mascarar a doença. Não sei quem ligou sei lá pra quem e, de repente, surgiu no ambulatório a Elda Priami, amiga jornalista, toda vestida de branco. Ela havia se identificado como médica na portaria e simplesmente subiu. Que alívio, meu Deus! A bagunça no hospital serviu para alguma coisa!

Quando ela entrou, eu estava deitada em uma maca sem lençol, gelada, e me deram um travesseiro. Honestamente eu pensei antes de deitar:

— Vou pegar piolho!

E peguei, de verdade.

A Elda conseguiu ligar para o Pedro Henrique, o médico que atendia todos os loucos. Santo Pedro Henrique. Ele chegou. Já passava da meia-noite, quando o resultado dos exames saiu, e queriam me levar para a sala de cirurgia.

— Pedro Henrique! Me tira daqui!

Não queriam me deixar sair e ele teve que assinar um termo de responsabilidade. Lembro-me dos médicos discutindo. Fui levada para a clínica São Vicente, sem plano de saúde. Só percebi isso, quando recebi alta, quatro dias depois. Tenho a pior lembrança desta cirurgia. Acordei no meio, mas só fiquei consciente, meu corpo estava anestesiado. Não sabia onde estava, até que ouvi as vozes das pessoas e acho que era final da cirurgia, sentia uma pressão na barriga. Não tinha dor.

Fui tentar avisá-los que estava acordada e não havia ar que me fizesse falar nada. Tentei respirar e não existia nenhuma passagem de ar. Pensei em bater com a mão, mas estava amarrada, então imaginei:

— (Aflita) Meu Deus, eu vou morrer!

E fui morrendo mesmo, e o mais engraçado é que no minutinho final, antes de apagar pra morrer, eu fiquei calma. E fui, morri. Acordei um tempo depois com a máscara no meu nariz, foi aquela grande respirada. Contei, perguntei a todos os enfermeiros presentes, e todos me diziam:

— Você deve ter sonhado!

Eu não sonhei. Eu acordei com a máscara! Fiquei cinco dias internada. Perdi o filme das vampiras e as meninas fizeram os shows que tínhamos naqueles dias, em cinco.

Quinze dias depois, fizemos um show maravilhoso, do LP *Soltas na vida*, na Quinta da Boa vista. Chamamos o projeto Domingo na Quinta. Foi lindo, lotado, eu estava com a barriga muito inchada, cantava com um banco do meu lado. Estava pronta para outra. Viva!

A viagem

Na época da viagem a Portugal, nossos músicos eram outros, só Ruban continuava. Agora tínhamos Pisca na guitarra, Marcelo Sussekind no baixo e Sergio Dellamônica na batera. Ruban quase nos matava de rir com suas imitações de fadistas. Sempre punha um guardanapo branco na cabeça, como um lenço amarrado no queixo, e cantava cheio de sotaque português:

— Sô nôs dóis é qui sabemos
O cuantu nus quiremos beim
Sô nôs dóis é qui sabemos sô nós dóis
I mais nigaim...

O empresário que nos levou chamava-se Nuno e tinha uma mulher muito bonita, a Paulinha, que deixou todos os meninos nervosos. Uma frase que carregamos a viagem inteira era:

— Câdê u Nuno? Câdê â Polinha?

Nelsinho Motta, Leonardo Neto e Wagner Baldinato nos acompanharam.

Wagner era o nosso técnico de som. Trabalhamos como escravas em Portugal, sem folga. Recebidas como verdadeiras rainhas. Justo no momento em que o Brasil abria mão da gente, Portugal nos punha no pedestal. Ficamos hospedadas no Penta Hotel e de lá saíamos muito cedo para todas as rádios e televisões de Lisboa.

O público, com um extremo carinho, nos levava feijoada de presente nas rádios. Era um tal de limusine pra lá e castelos pra cá e compras, muitas compras. Eu comprei um chapéu e nunca mais tirei da cabeça. Achava-me o máximo com ele. Hilária!

Não estava preparada para encarar o frio europeu, era fim de fevereiro. Então, levei um casaco de pele que foi da minha mãe, muito antes de eu nascer. Não tinha noção de nada. Peguei o casaco e não verifiquei o seu estado. Ao chegar em Portugal é que fui vesti-lo. Quando enfiei a manga, minha mão atravessou o forro. Eu queria morrer. E não tinha jeito. O negócio era contornar a situação não deixando ninguém ver aquilo. Mas, quando chegávamos aos lugares com calefação, e todos os lugares tinham calefação, sempre vinha um gentil pegar nossos casacos. Eu não deixava. No cassino do Estoril, passei aperto para entregar o casaco na chapelaria. Eu mesma o tirava e ficava horas ajeitando até entregá-lo todo dobrado. Situação ridícula.

Em todos os shows que fizemos na terrinha, um grupo de cantoras, criado por um brasileiro de lá, chamado *As Doces*, abria nossas apresentações, meninas com um visual bem bacana e louco, porém, com uma música meio caretinha. Claro, no início implicamos um pouco com as meninas, à toa. Elas eram muito simpáticas conosco. E foi um arranjo de gravadora para lançá-las. Assim, como anos antes, aqui no Brasil, os shows que Dionne Warwick fez foram abertos por nós.

Edir posando orgulhosa em frente ao ônibus que transportava o grupo em Portugal.

Regina, toda na pele, dentro da limusine em Portugal.

Nelsinho na parada entre Lisboa e Algarve.

Edir, Sandra e Regina num restaurante em Portugal e os fãs na janela.

No caminho para o Algarve, Sandra e seu chapéu inseparável, Marcelo Sussekind, nosso baixista, Lidoka, Leonardo Neto e Wagner Baldinato.

Frenéticas no embarque do aeroporto do Galeão, indo para Portugal.

Leonardo Neto, o Léo, e os tocadores de fado.

Lidoka e duas componentes do grupo As Doces, que abriram todos os shows de Frenéticas em Portugal.

Dudu, Lidoka e Edir de perfil em algum restaurante de Lisboa.

Nuno, empresário que levou Frenéticas a Portugal e sua namorada, a "Polinha", que deixou os músicos doidos.

Lauro Corona

Uma tarde, nós estávamos passeando por Lisboa e encontramos Laurinho Corona, que estava de férias. Ficamos muitos dias juntos. Estreamos em Portugal, em um festival da canção de grande prestígio e muito famoso por lá, festival que fazia parar o país. Acontecia no teatro São Pedro. Fomos convidadas para cantar e inaugurar a TV a cores em Portugal. Olha que chique!

O som para quem assistia ao vivo estava médio, mas o da transmissão era péssimo, tenho noção que não foi o máximo. Durante as músicas, o sutiã da Lidoka caminhou e... para todo o país, ao vivo, e pela primeira vez, a cores, o bico do peito da Lídia! No dia seguinte, não se falava em outra coisa, só sobre o bico do peito da Lidoka.

Fizemos outro show em Cascais, Laurinho nos acompanhou e lá aconteceu algo muito engraçado. Estávamos sendo superalimentadas com todas as guloseimas que se possa imaginar. Na hora de começar o show, o maiô de uma das meninas não fechava. O zíper não subia de jeito algum. Foi uma luta, até Laurinho empenhou-se na ajuda. Acharam uma agulha, linha, e o maiô foi costurado para fechar. Umas duas pessoas apertavam o maiô no corpo dela, enquanto outra rapidamente o costurava.

Quando acabamos de cantar e o show terminou, lá estava o maiô todo arrebentado.

Sandra Pêra, enorme com seu chapéu, pelas ruas de Lisboa.

O gigante

O show seguinte aconteceu dentro do próprio hotel. Maravilha! Era só descer e cantar. Ensaiamos à tarde e estávamos andando pelo hotel, quando a porta do elevador se abriu e de dentro saiu a Dudu, de mãos dadas com um gigante. Isso mesmo, um gigante. E ela dizia:

— Gente! Olha o que eu achei!

Ele era um absurdo, fiquei sabendo mais tarde que era considerado o maior homem do mundo. Tinha 2,20 m e calçava 60. Era muito jovem, angolano, trabalhava em circo e tinha 21 anos. Tinha levado um tombo, machucou a coluna e foi se tratar em Lisboa. (Ele caiu dele mesmo...) Era um menino, e Dudu batia perto do joelho dele. Foi uma comoção. Uma gritaria. Eu, que tenho 1,80 m, fiquei minúscula ao lado dele. Descobrimos que o hotel teve que juntar algumas camas, para ele poder dormir. No elevador, quase ficava ajoelhado. Gabriel era o seu nome. Ficamos amiguinhos. Nunca vimos alguém tão alto. Então, o convidamos para assistir nosso show mais tarde no hotel.

À noite, descemos com a roupa de Aqualoucas, com o coração na frente. Saímos juntas do elevador e nos encaminhamos para a boate que ficava no fim de um corredor. Quando chegamos à porta, Gabriel estava do lado de fora. Havia sido impedido de entrar. Ninguém soube nos explicar o motivo. Tudo tinha um ar de preconceito disfarçado, por ele ser negro, por ele ser gigante, sabe-se lá. Deu muita pena vê-lo indefeso ali, do lado de fora. Foi instantâneo. As seis juntas, sem que tivéssemos falado uma com a outra, soltamos:

— Se ele não entrar, nós também não entramos.

Cruzamos os braços e virou um ti-ti-ti. Finalmente, fomos atendidas e o deixaram entrar. Como ele ficou feliz! Foi bom, muito bom. Ele batia palma, e o som da sua palma era tão alto, que parecia um prato. Dava para ouvir, mesmo com toda aquela música. Há poucos anos, fazendo palavras cruzadas em casa, eu li a seguinte notícia:

> ***Morreu em Angola, o maior homem do mundo. Gabriel de tantos anos, gigante, caiu no quintal de sua casa e bateu com a cabeça.***

Injeção no cu: é assim que eles falam

Em algum momento da viagem, peguei uma gripe danada e alguém chamou um médico no hotel para me aplicar uma injeção. Por motivos óbvios, não vi essa cena, apenas Regina que me acompanhava viu e adora contar. O doutor me pôs de pé e espetou a minha bunda somente com a agulha. Depois da espetada, ele pegou a seringa e encaixou na agulha.

Talvez seja comum para uns, mas, para nós, foi motivo de muita risada.

Picaretas no Algarve

Estávamos programadas para ir fazer um show no Algarve, lugar lindo, praia. Acordamos cedo e, ao entrar no ônibus, a surpresa: estava repleto de homens que gritavam à entrada de cada uma. Estavam acomodados de tal forma, que nós só poderíamos nos sentar ao lado deles. Ninguém sabia o que era aquilo. Descemos desentendidas, indignadas. Então, as pessoas da produção foram se informar. Algum picareta português, sem que nós soubéssemos, vendeu uma excursão:

Viaje com as Frenéticas. Almoce com as Frenéticas. Hospede-se com as Frenéticas, jante e assista ao show.

Saímos do ônibus e decidimos não seguir viagem. Tiveram que alugar vários carros que nos levassem ao Algarves. Assim, ficou tudo maravilhoso. Paramos para comer num lugar que mais parecia a Grécia.

Fizemos o show e aqueles homens foram feitos de idiotas. Aliás, o comportamento deles dentro do ônibus era de verdadeiros idiotas. Não demos nem boa-tarde.

Wagner Baldinato, Lidoka, Pisca, nosso guitarrista, e Dudu, chiquérrima indo para o Algarve.

Ruban e Sergio Dellamônica, nosso baterista, a caminho do Algarve.

Pisca, Sandra e Lidoka, brincando de abismo.

Lídia, Regina, Sandra e Leiloca na balsa para o Algarve.

Lidoka e Sandra cheias de amor pra dar.

Porto

Foi o último lugar em que nos apresentamos em Portugal. Cantamos num lugar enorme, que, anos depois, a Igreja Universal comprou ou quis comprar. Apareceu lá uma prima-irmã, uma Pêra, de nome Otília. Foi maravilhoso, mas estávamos mortas. Portugal não deu chance. Trabalhamos como mulas.

A novela *Dancin'Days* era o maior sucesso do mundo na terrinha. As Frenéticas tocavam em todas as lojas de disco de todas as cidades. Éramos conhecidas pelo nome, e isso era algo que eu trabalhava bastante na minha cabeça: sabia que quando chegássemos aqui, seria outra coisa bem diferente daquela pompa toda. Engraçado, falar aquela pompa toda. Cada uma de nós ganhou pela viagem toda, que incluiu Paris, US$ 1.000. Levei de casa mil dólares e voltei com os mesmos mil dólares. E todos achando que estávamos ricas.

Dudu morta de sono, mas com cara de chique, e Edir na limusine, em Portugal.

Paris

Nosso vôo chegou a Paris à noite e eu senti muito frio, agasalhada pelo casaco da minha mãe, todo furado do lado de dentro. O hotel que nos reservaram era de décima categoria, um lixo, e só Regina falava francês. Foi ela que saiu, acho que com Ruban, para procurar outro hotel e achou. Era melhor do que o outro, mas ruim também. Em Paris, encontramos alguns Dzi Croquetes que estavam morando lá naquele momento, como o Carlinhos Machado, que era conhecido como Lotinha.

Wilma Dias, a linda moça da banana do Planeta dos Macacos, também estava lá.

Não fomos um sucesso em Paris. Chegamos como as famosas **QUEM**? Eram os brasileiros que estavam lá, o nosso público. Paris é linda, e sempre é esplendoroso estar por lá. É como se você estivesse dentro de um filme romântico.

Uma tarde, a divulgadora Irene, nos pegou no hotel para irmos fazer um programa numa rádio francesa. Paramos o carro em algum lugar e saímos a pé. Passando em frente ao museu George Pompidou, paramos nos camelôs e ficamos olhando as gravuras, os cartões. Adoro essas coisas e estava totalmente mergulhada nas figuras, quando percebi que elas tinham ido embora. Esqueceram de mim! E agora? Eu sequer sabia o nome do hotel. Sempre andando em bando. Primeiro, senti um pavor. Perdida em Paris! Então, pensei: "Francês é parecido com português, mais ou menos. Sei umas palavrinhas, que todo mundo aprende na escola. Vou chutar!".

Comecei a parar as pessoas na rua e dizia: (juro que foi assim) Ci vous plais, je me pérdi. Je sui de um group de chanson, brasilien. Je vê pa radiô.

Fui de pessoa em pessoa dizendo: Ci vous plais, je me pérdi. Je sui de um group de chanson brasilien. Je vê pa radiô.

Apurando o ouvido, quase se podia ouvir um leve sotaque nordestino neste meu francês, mas eu cheguei à rádio. Elas estavam aflitas, mas cheguei.

Claro que compramos perfumes e maquiagens. Descobri um batom da Lancôme, que tinha um efeito maravilhoso. Era uma cor, rosa escuro, e tinha uns brilhinhos. Então, nos convidaram para ir ao Lido. Fomos colocadas na mesa da frente, coladas ao palco.

Tudo muito folclórico, bom para os olhos. De repente, no meio dos bailarinos, vejo um rapaz com cara de brasileiro, jeito de brasileiro e sem a precisão dos outros bailarinos. Ele dançava, colando dos colegas, não sabia tudo de cor. Então, comentei baixo com as meninas:

— Aquele ali, no fim da fila, não parece brasileiro? (Rindo)

Todas riram. Quando o espetáculo acabou, para minha surpresa, o bailarino veio correndo em direção à nossa mesa:

— (Com sotaque de nordestino) Ai gente, eu sou brasileiro e estou trabalhando aqui.

Cutucões por baixo da mesa, mas seguramos o riso. Então ele continuou:

— Eu comentei com meus colegas: "Aquela mesa, só pode ser de brasileiras. Olha o batom que aquela ali está usando! Só brasileira usa um batom cheio de brilhos! Ah, ah, ah.

Aquela temporada passou muito rápido. Descobrimos que podíamos ir de Paris até Londres, trocar de avião às pressas e voar para Nova York e de lá para o Brasil. Não precisaríamos voltar a Portugal para retornar ao Brasil.

Cléa, prima de um ex-noivo da Dudu, nos ofereceu a casa em Nova York. Queríamos ir de qualquer jeito e fomos. Uma verdadeira maratona. Entre o pouso em Londres e a partida pra NY, tínhamos menos de uma hora e precisávamos pegar nossas malas, que não eram poucas, andar quilômetros e quilômetros sobre esteiras lerdas. Depois despachar as malas e finalmente respirar. Respirar?

Chegamos nos arrastando dentro do avião, entramos, e Lidoka vinha atrás de mim. O comissário pediu o bilhete dela e... Cadê a passagem da Lidoka? Ela perdeu o bilhete na correria, e nós já estávamos dentro do avião. Começou uma choradeira. Lídia chorando dizia ajoelhada na porta do avião:

— Please, I don't speak English!

— Please!

Não sabia falar mais nada. Até que um comissário nos garantiu que ela embarcaria no dia seguinte, já que ela tinha o bilhete. Mas naquele momento o avião não poderia esperar, ele a colocaria em um hotel...

Ela dormiu em Londres. Foi colocada em um bom hotel e ficou amiguinha do cara, que foi bacana com ela. Sem deixar de contar que perder coisas, celular, esquecer bolsa em aeroporto, táxi, enfim, é uma característica muito forte na moça.

Sandra e o Louvre.

Dudu e Edir bem juntinhas em Paris.

Regina agasalhada
pelas ruas de Paris.

Edir muito
bonitinha em Paris.

Sandra em Paris,
tirou o chapéu?

Frenéticas cantando na boate 78 de Ricardo Amaral, em Paris.

Paris, na boate 78, com a roupinha de coração.

Nova York

Saímos de Londres com sol, voamos oito horas, e chegamos com sol em Nova York. O Sol o tempo todo na janela do avião. Cléa e toda a família nos aguardavam no aeroporto. Ruban, Leonardo Neto e Wagner Baldinato também foram para Nova York. Léo e Baldinato se desgarraram. Ruban veio junto. Dividiram-nos em dois carros. Então, NY foi ficando para trás, longe. Quando vimos, estávamos no Bronx. Não tínhamos idéia de que iríamos para tão longe. E quando chegamos à casa da Cléa, descobrimos que não havia lugar para todos.

E agora? Cléa tinha uma grande amiga, Alice. Porto-riquenha, meio séria demais, que nos convidou para ficar na casa dela. Com Cléa, ficaram Dudu e Edir. Regina, Leila, Ruban, eu e, no dia seguinte, também a Lidoka, partimos em direção à casa de Alice, no Brooklin. O apartamento tinha dois quartos e uma sala. Tudo pequeno. Quando chegamos, assim que avistamos o segundo quarto, Leila correu e colocou sua mala em uma das camas, Regina, na outra. O sofá da sala teria que ser do Ruban e sobrou pra mim a cama da porto-riquenha séria que eu acabara de conhecer. Tive um pré-mau humor, que engoli por educação, claro. De todos, fui a quem melhor dormiu. Era o único quarto com cortinas e, portanto, fui a última a acordar. O pobre do Ruban, durante a madrugada, foi acordado pelo gato da casa, que voou em cima dele e acabou sendo atirado longe. Ir para Manhattam era tudo o que queríamos, mas era como uma viagem. Alice se sentiu na obrigação de nos levar. Nós estávamos de férias e ela não. Sentimos um mau humor se instalando, claro. Ela, de saco cheio, nos esperando, louca para voltar para casa, enquanto nós queríamos passear. Voltamos para o Brooklin. Lídia chegou bem com sua esticada em Londres.

Então, liguei para Gene Foot, coreógrafo, assistente de Bob Fosse, com quem trabalhei anos antes no musical *Pippin*, no Rio. Ele me recomendou um hotel muito baratinho na Rua 46, Hamilton, em frente à Times Square. O hotel custava US$ 17 a diária. Não tinha geladeira. Gelávamos os líquidos do lado de fora da janela e tomávamos café da manhã em uma coisa perto do hotel, inenarrável. Um dia, comendo, recebemos um bilhete anônimo de alguém que estava lavando os pratos lá dentro. Era Julio Barroso, cantor, compositor, jornalista, editor da revista *Música do Planeta Terra*, líder do grupo Gang 90 e as Absurdetes, autor de alguns sucessos como *Perdidos na selva*. Ele estava passando um tempo por lá.

Passeamos muito juntos e também assistimos a alguns shows que ele nos apresentou. Na rua, encontramos novamente o Laurinho Corona, que acabara de ser assaltado no hotel. Levaram tudo o que havia comprado em sua viagem à Europa. Foi em NY que, infelizmente, vi Leila fumando um cigarro mentolado, Cool. Pedi um trago, e ela:

— Não fuma Perão!

— Só um trago?

Eu estava há um ano e meio sem fumar.

— Não começa!

— (Idiota) Não vou começar. É só uma tragada.

No dia seguinte, ela e Regina voltaram para o Brasil. Lídia foi para San Francisco visitar uma amiga. Dudu e Edir ainda ficaram um pouco no Bronx e eu encontrei um amigo português, José, que morava num cubículo e me hospedou por uma semana. Quando fiquei só, saí e comprei o maldito cigarro mentolado Cool. Fiquei um ano e meio sem fumar e dali a um mês começaria a minha gravidez fumando. Estúpida!

Alice, a porto-riquenha que hospedou parte do grupo no Brooklin, e Cléa, que hospedou Dudu e Edir no Bronx.

Central Park, Sandra e Zé, amigo português que a hospedou em NY, quando todas foram embora.

Lidoka, Leiloca, (que pediu que esta foto fosse tirada ao lado do cozinheiro que sai do serviço bem vestido deste jeito), a Cléa, que trabalhava nesta lanchonete e Regina.

Edir e Sandra no Central Park.

Regina quando reencontrou Laurinho em Nova York.

Começo de maio de 1980

Era começo de maio quando voltamos ao Brasil, depois de uma viagem espetacular. Ficamos sabendo que Cidinha Campos publicara que nós havíamos brigado na Europa e dissolvido o grupo. Fomos as últimas a saber. Sentia-me bonita, segura. Não comprei um mundo de coisas na viagem, mas o que comprei foi totalmente acertado. Tudo estava certo, cheguei repleta.

Ao entrar em casa, chegando da viagem, achei uma foto de sete carinhas, daquelas antigas, de uma menininha.

Não era eu, não era a minha irmã. Não era de ninguém que já estivera em minha casa. Aquela foto surgiu em minha casa simplesmente do nada!

Fiquei intrigada e comentei com Regina. Ela recomendou que levasse a tal da foto para o Mário Troncoso, guru da Simone na época e muito amigo de todos nós. Um homem sério, religioso, que sabia olhar o futuro da gente com muita convicção, era nosso amigo e muito engraçado.

Fomos. O Mário pegou a foto e me disse:

— Deixe esta fotografia comigo, e ponha este anel no seu dedo (um anel com uma pedra de cristal quadrada). Não tire nunca. Você vai engravidar de uma menina, muito brevemente. Ouvi aquilo tranqüila. Previsão de futuro é algo que todos ouvem pela vida a fora.

Mário Troncoso, um homem de visão.

17 de maio de 1980

Estava com a minha vida afetiva calma, estava sem ninguém. Estava feliz, nosso ego havia sido acalantado na viagem. Onde eu chegava, me chamavam de bonita. Meu astral estava nas nuvens. Então, no dia 16 deste mês de maio, era um final de semana. Marquei um encontro com Marcus Alvise, colega meu de teatro, no morro do Pão de Açúcar, no Noites Cariocas. Subi o morro e, quando cheguei, lá estavam as pessoas que participaram da final do MPB Shell, festival de música da Rede Globo. Muita gente dançando, todos conversando, e de repente olhei para um canto e o vi. Sentado, bebendo cerveja, sozinho. O Gonzaga! Virei uma bomba-relógio. Meu coração disparou, cheguei perto dele, *normal*, me fingindo de calma, e me saindo bem. Nos cumprimentamos, conversamos, e silêncio. Não dava para conversar. Eu disse:

— Vou dar uma volta!

Saí nervosa e fui andar.

Outro dia, conversando com Nei Latorraca, ele me lembrou que estava comigo esta noite, exatamente nestes momentos cruciais. Eu não me lembrava. Também, como poderia, eu estava totalmente hipnotizada.

Quando olhei, estava por perto outra vez, mas não me aproximei logo. Então, de longe, ele me disse alguma coisa qualquer e eu fui em sua direção, não tinha mais jeito.

Ele subira acompanhado, mas estava só o tempo todo. Eu não tinha nada com o Marcus Alvise, mas marcara um encontro e nos desencontramos.

De repente, nós estávamos dentro do bondinho e nada mais existia. Era como se uma música tocasse só para nós dois. Abraçávamos, beijávamos sem parar. À nossa volta, nem o chão parecia estar ali. Saímos do bondinho, entramos em um táxi, e só tivemos tempo de dizer ao motorista o endereço. Para alguns, pode ter sido uma pouca vergonha, para nós dois, era um terremoto.

Entramos em casa, e eu era a pessoa mais feliz da face da terra.

Talvez tenha sido o meu momento animal selvagem. Ninguém pensava em nada. Era vida pura. E a noite foi muito rápida.

Às seis da manhã, ele tinha que ir embora. Eu quase podia tocar no meu coração, de verdade. Ele se vestiu e fui levá-lo até a porta. (Como é difícil descrever um sentimento forte, meu Deus!)

Ele na porta da minha casa, depois de uma noite de muitos amores!

Eu morava no térreo, e da minha porta até a portaria, não dava mais que cinco passos. Então, eu enrolada em um lençol, me escondendo atrás da porta, só com o rosto de fora, no minuto em que ele estava fechando a portaria, disse, já meio saudosa:

— Você está me devendo amoras!

Ele fechando a portaria:

— Eu trouxe! Tchau!

As marcas da paixão

Uma grande amiga, Beta Leporage, estava dormindo em casa, com Mimi Lessa, hoje seu marido e pai de seus filhos. Assim que Gonzaga saiu, ela veio para sala me encontrar. Diz ela que a nossa noite de amor atrapalhou um pouco a noite de amor deles.

— Nossa, Perão, que coisa linda! Que coisa maravilhosa!

Então, foi enrolada no lençol, quando virei de costas para ela, que descobri que estava marcada para sempre pelas mãos daquele homem.

No dia seguinte, Mimi, Beta e eu fomos à praia e eu me chamava Sentimento Pêra. Nada me fazia sair daquele transe. Sabia de cor, cada palavra, cada gesto, cada ponto do meu corpo que havia sido tocado, que havia relaxado nos braços dele.

Coincidentemente, e parecia de propósito, ao chegarmos à praia, quando tentei sair do carro, no rádio, começava um especial inteiro sobre o seu novo LP. Não sou capaz de explicar o que eu sentia enquanto ouvia aquelas músicas. O sol só me esquentou depois que o especial acabou.

Beta Leporage, amiga e testemunha de momentos bons. Tornou-se madrinha da Amora.

Maninha

Minha irmã começou alguns trabalhos conosco, que acabaram não sendo concluídos, sempre por causa de alguma agenda. Por isso, tenho misturado dentro de mim essas épocas. Para não cometer erros de datas, vou só contar os fatos marcantes ou interessantes.

Criatividade não faltou em reunião alguma, chegou a ser emocionante muitas vezes.

Uma vez, ela marcou uma primeira reunião. Sentamos e ela só nos perguntou o que queríamos?

A conversa tomou uma proporção imensa. Colocamos para fora tudo o que estávamos vivendo como:

*Precisamos saber, se queremos continuar juntas, se não é hora de parar...

*Não agüento mais cantar as mesmas coisas, quero poder cantar músicas novas e não precisar cantar *Perigosa, Dancin' Days, Feijão...*

* Não quero ficar ganhando milzinho daqui, milzinho dali...

*E mais um milhão de dúvidas.

Minha irmã ouviu tudo até o fim, não interrompeu uma só vez. Quando acalmamos, ela disse:

— Gente, eu acho que tenho um começo de roteiro para ser desenvolvido. Pensei que poderíamos começar o show com a música:

1- Eu desconfio que o nosso caso está na hora de acabar

Há um adeus em cada gesto em cada olhar
Nós só não temos é coragem de falar
Nós já tivemos aquela fase de carinho apaixonado
De fazer verso de viver sempre colado
Naquela base de só vou se você for
Mas de repente fomos ficando cada dias mais sozinhos
Embora juntos cada qual tem seu caminho

E continuou:

— Não estou falando de arranjo, só da idéia. Não sei de que forma vocês a cantariam, mas em seguida emendariam com uma de vocês. Poderíamos pedir a alguns compositores que fizessem músicas para as seguintes idéias:

1 - Não dá mais pra cantar certas coisas, que é isso que vocês queixam de serem obrigadas a cantar eternamente as mesmas coisas. Essa música seria cantada e viria emendada nela o Dancyn'Days, porque não quer cantar, mas canta.

2- A grana está curta, não quero ganhar milzinho daqui, milzinho dali. Pedir a outro compositor este assunto.

E por aí ia.

O roteiro era maravilhoso, inteligente e engraçado. Saímos desta reunião férteis. Combinamos que pediríamos para Caetano, Gil. Lembro que para Chico Buarque pedimos o item 'não dá mais pra cantar certas coisas'.

Partimos todas para o trabalho, e lembro que ninguém respondeu.

Eu timidamente experimentava fazer umas letras, mostrava sempre à Lidoka. Ela era sempre a primeira pessoa para quem eu ligava para ler o que eu escrevia e sempre me dizia coisas lindas. Devo a ela muito da minha inspiração, tamanho eram os elogios.

Quando eu vi que ninguém estava inspirado em Frenéticas, comecei a esboçar umas idéias. Uma delas, Ruban musicou.

Gravei esta música em meu LP solo, quando saí do grupo. Gravei esta e mais nove letras minhas com parceiros.

BARRIGA VAZIA

Não se assuste
Não se alarme
Se me vir vendendo um lanchinho legal
Não me critique
Não me ataque
Compre comigo, coma que é genial
Pro lado do rock a grana não pinta
Eu não canto só por hobby
E isso é um toque
Eu também sou faminta
O mercado anda negro, o mercado tá caro
O que eu quero é sossego, o mercado anda negro
O mercado anda negro, o mercado tá caro
Eu não quero um emprego, o que eu quero é trabalho
E olha, meu nego, eu sou muito sadia
Mas não dá pra cantar de barriga vazia

Marília Pêra, sempre a eterna MANINHA.

Fiz outra letra para aquela que Chico não pode fazer (Que abusada!). Precisava de um parceiro, afinal...

Não sei por que, mas liguei para a Joyce, toda sem graça, contei que tinha uma letra, que, se ela gostasse, blá-blá-blá.

Ela me disse:

— Lê pra mim.

Eu tremi do outro lado da linha. Respirei fundo e desempenhei o melhor que pude. Ela disse coisas bonitas e disse que tentaria. Assim que conseguisse, me ligaria. Menos de meia hora depois ela estava cantando pra mim pelo telefone.

Como isso é bom! Mais tarde também gravei a música em meu LP.

O TEMPO PASSOU

Não, nunca deu pra sentir
Sempre o mesmo prazer que tivemos um dia
O tempo passou, a criança cresceu
O meu sonho mudou, já sei mais sobre a dor
Sobre o som, sobre vocês e eu
E fingir um sorriso é muito ruim
É vestir o cetim de um maiô que gastou
É dar uma rosa imitando um jasmim
É mentir pra você que me acreditou
Eu tenho alegria estou pronta de novo
Pro tapa do amigo, pro abraço do povo
Não, não faz bem tentar reviver
Aquele momento que um dia foi bom
Um passado insistente não trás alegria
Não mexe com a gente e aquela euforia do som
Tem que ser diferente
Tentar novamente afinar noutro tom
Eu quero outro som, outro rock, outro blues
Porque repetir já não me satisfaz
O meu grande prazer
É o que te seduz
Mas cantar certas coisas, não dá, não dá mais

No final de 1979, planejávamos algo para fazer com Marília que estava no terceiro mês gravidez da Nina. Uma noite, estávamos na casa de Nelsinho para uma reunião. Eles estavam separados, porém, namorando. Ela engravidou, mas moravam separados. Nesta reunião, tarde da noite, o telefone tocou e eu atendi. Era nítido que era um trote. Um homem explicitamente carioca dizia:

— A Maria Peira tá aí?

Percebi que era trote, não gostei da voz do sujeito e disse que não existia ninguém com aquele nome.

Nesta noite, Nelsinho foi dormir na casa da minha irmã, onde estavam meus dois sobrinhos, Ricardo, com 19 anos e Esperança, com 4.

Acordei cedo com o telefone tocando. Atendi e era o Ricardo, completamente histérico. Eles passaram o começo do dia com uma quadrilha que invadiu o prédio e foi direto para o apartamento, batendo na porta com o porteiro e a empregada abriu. Eles limparam o que podiam e queriam, porque queriam o Oscar de Ouro dela (era o troféu Imprensa, oferecido por Silvio Santos, que um motorista antigo julgou ser o Oscar).

O bandido que liderava, antes de sair, disse que era seu fã e deu o endereço de nossa mãe e parece que o meu só pra assustar.

O bando foi preso mais tarde, quando uma semana ou duas depois, invadiu a casa da Janete Clair, na Lagoa.

Em uma dessas tentativas de trabalho com ela, Geraldinho Carneiro, estava junto e nos trouxe uma letra deslumbrante que precisava de melodia. Alguém teve a feliz idéia de, quem sabe, talvez, quiçá, Astor Piazzola. Será? E lá se foi a letra de Geraldinho.

Um belo dia, uma fita de Piazzola chegou. Ele dizia que estava de mudança de casa e havia musicado a letra, em cima dos caixotes da mudança. A parceria é linda.

CANÇÃO DE AMOR

Ai, o amor é uma caixinha de surpresas
Um tigre de papel uma tortura
Um jogo delicioso uma armadilha
Que faz do criador a criatura
Ai, o amor é como um quarto de despejo
Um coelho que se esconde na cartola
Um grito silencioso de desejo
Um bolerão tocando na vitrola
Ai, o amor é como o gesto de um toureiro
Que ordena que a platéia se comporte
Enquanto a orquestra ataca um passo doublé
E sabe que caminha para a morte
Ai, o amor é uma colher de anfetamina
Uma mulher que aprende sem malícia
As regras delicadas do brinquedo
Uma cachaça um caso de polícia
Ai, o amor é o delírio da torcida
Um fim de festa louca fantasia
O lance que desvenda a face oculta
E o canto desvairado da alegria

Eu teria adorado cantar esta música. Mas, nenhuma das idéias que minha irmã começou conosco, infelizmente, foi até o fim. Outro período também, Gonzaga estava junto para uma direção musical que não aconteceu. Em uma dessas vezes, estávamos quase realizando, quando a gravadora decidiu, contra a nossa vontade, que deveríamos gravar o quarto LP. E André Midani insistiu que fosse Lamartine Babo, um tipo de humor parecido com o nosso.

Lutamos muito pelo show que estávamos elaborando junto com minha irmã, queríamos tirar do show o próximo LP, mas WEA, a véia, venceu.

Esperança Pêra Motta, sobrinha e afilhada de Sandra, filha de Nelsinho, no colo da mãe Marília Pêra.

Nada é por acaso

Era junho e meus seios doíam quando andava de carro. Precisava segurá-los, minha menstruação estava só um pouco atrasada.

Eu estava tomando remédio pra convulsão há alguns meses, por pura precaução, há anos que eu não tinha nenhuma. Mas, como uns meses antes me sentira estranha, o médico me receitou.

Quando o número do meu seio aumentou e pressenti alguma coisa, lembrei a bula do remédio que dizia: Não recomendável para os três primeiros meses de gravidez.

Gravidez? Sem consultar ninguém, parei de tomar o remédio.

Estava aflita, nervosa: Grávida pela terceira vez? O meu neném!

Não queria falar com ninguém. Sentia nitidamente um pesinho em baixo da minha barriga. Fiz o exame de urina e:

— Parabéns, você está grávida de..., disse a atendente.

Eu estava chocada. Mais uma vez grávida? Eu havia feito as contas da tabela. Daqueles dez dias que não podia, nada foi feito, então, como foi que eu...? Descobri que a minha tabela era furada, estava no primeiro dia em que eu já podia engravidar...

Marquei uma consulta com meu ginecologista, o doutor Jacob Bernard, que era meu amigo. Foi ele quem me deu "o conselho".

— Sandra, não ouça ninguém. Esta é uma decisão importante. Ouça só a sua voz e a do pai desta criança. Só vocês dois é que podem avaliar a situação.

Fui para casa desnorteada. Minha irmã estava prestes a parir. Aliás, outro conselho do doutor Jacob:

— Não fale nada agora com Marília. Deixe-a ter o neném, depois você conta.

Como é que você não conta uma coisa dessas?

Descobri que Gonzaga estava no Sul. Pedi para que uma das meninas deixasse um recado para que ele ligasse. Ele estava para chegar.

Então ouvi de alguém:

— Você não vai contar para ele, vai? Pra quê? Não precisa.

— E por que não? A nossa noite foi tão maravilhosa! Só que ninguém estava prevenido, nem ele nem eu. Nenhum de nós pensou em nada. Por que eu me comportaria de forma tão machista ou feminista. E, depois, nas outras vezes em que passei por isso, meus parceiros foram comunicados. Não são uns idiotas.

Então um dia, era noite, ele me ligou. Acabara de chegar.

— E então, o que é que houve de tão grave?

— Gonzaga, não sei se posso chamar de grave...

— Quanto tempo?

— Um mês e meio...

— Amanhã eu passo aí.

Foram exatamente essas palavras, nem mais nem menos.

No dia seguinte, ele veio e eu estava apavorada. Havia feito um trato comigo mesma: quero ser mãe, sonho com a maternidade, não quero me violentar mais uma vez. Violentar, os meus sonhos. Sinto por ele algo incontrolável e o momento da concepção foi ao mesmo tempo animal e sublime. Ele é um cara que eu admiro. Mas se ele for um blefe, um cafajeste, me jogar um balde de água fria, se ele acabar com tudo isso que me faz sonhar, eu interrompo.

Gonzaga, e seu olhar de lado, batendo um prato de feijão.

Ele chegou no fim de tarde e foi um homem.

Vinícius de Moraes tinha morrido, acho que um dia antes:

— Sempre soube que teria um filho fora do meu casamento, só não sabia que seria com você. Tinha que ser no dia da morte do Vinícius, homem que teve tantos filhos.

Filho? Ele estava falando filho. Eu quase não falei este dia.

— Você sabe que nós vamos ter problemas, não sabe? Nós somos pessoas públicas, eu sou casado. Mas também, não vamos ter problema nenhum. Infelizmente, vou ter que freqüentar mais a sua casa. (Isto ele disse com seu olhar de lado e safado.)

Eu gostaria de ter sido um mosquito naqueles minutos para ver como estava a minha cara. Eu estava do avesso. Deus colocou o amor bem ali na minha frente. Então me disse:

— Preciso ir a Itaipuaçu para pagar o caseiro do meu sítio, vem comigo?

Claro, meu amor! Para onde você quiser! (Eu não disse isso, pensei apenas. Eu só pulsava. Com certeza, o neném também.)

No carro, no túnel Rebouças, ele corria muito, pedi que ele diminuísse a velocidade e ele:

— Você acha que eu quero matar o meu filho?

Meu filho?!

Que emoção ao ouvir aquilo!

Ao chegarmos ao sítio, a mulher do caseiro, assim que paramos o carro, veio e disse:

— Seu Gonzaga, o senhor não pediu pra eu achar amoras? Acabei de plantar dois pés...

A vida é uma bruxa maravilhosa!

Ele me olhou e disse:

— Tá vendo? Nada é por acaso!

Nada é por acaso. Nada é por acaso!

Minha família

Minha irmã teve a Nina no dia 30 de junho de 1980. Como ela estava separada do Nelsinho, me pediu que a acompanhasse ao hospital. Ela decidiu não contar a ninguém que estava indo se internar. E assim que o neném nascesse, eu telefonaria para todos. Ela queria ficar tranqüila.

Saímos cedinho. Saí carregando uma televisão pequena e ninguém percebeu. (E eu grávida sem contar nada para ela.)

Enquanto ela estava fazendo a cesariana, João Paulo II chegava ao Brasil e beijava o nosso solo. Assisti no quarto do hospital São Silvestre ao Papa nos abençoar. Então, veio a neném.

Somente quatro dias depois, quando ela já estava em casa, esperei ela acabar de amamentar (eu já não agüentava mais aquele segredo), quando Nina foi colocada no berço, respirei fundo e falei num fôlego só. O seu olhar eu lembro, era um misto de Meu Deus! e Parabéns!

Com minha mãe, foi mais rápido:

— Mãe, tenho uma novidade pra você!

— (Rapidamente) Vai casar?

— Errou!

— (**IMEDIATAMENTE**) Vai me dar um neto?

Ela sempre me falou:

— Não casa não, casamento é muito chato. Mas, me dá um neto.

Pronto, respirei fundo e relaxei.

Dinorah Marzullo em escadinha com suas filhas, Marília e Sandra.

Babando Lamartine

Convocadas pela WEA (Véia), partimos para o que seria o quarto LP do grupo, Lamartine Babo. A obra é fenomenal. O cara era um louco. Já seria considerado um louco hoje, imagina em sua época. Recebemos de braços abertos nosso novo diretor musical, César Camargo Mariano. O luxo dos luxos. Nossas primeiras reuniões e ensaios foram na casa dele. Sim, Elis esteve lá em praticamente todas as reuniões. Nos recebia como rainhas. Imagine só, a rainha absoluta, nos recebia com salgadinhos, docinhos, cafezinhos e muito carinho. Era emocionante, pois ali ela era a esposa. Ela foi madrinha daquela história de nos juntar ao César.

Naquele apartamento da Francisco Otaviano, ouvimos histórias incontáveis de Elis. Estivemos muito próximas dela. Ela estava fazendo *Saudade do Brasil*, no Canecão. Vi aquela mulher cochilar no sofá da sala durante a tarde, acordar, acender um cigarro e sair para cantar daquele jeito extraordinário.

Mas, antes de mergulharmos com César, fomos recebidas com muito carinho, pela esposa de Lamartine, Zezé Babo. Em um dado momento, na casa dela, eu achei que ficaria maluca, que não chegaríamos a lugar algum, tamanho era o volume de preciosidades. Mas, depois de muito sofrimento, conseguimos, junto a Liminha e César, definir o repertório.

Porém, uma grande tristeza aconteceu. O Ruban, nosso amado Ruban, não sabia ler música. Nosso menino de ouro tocava de ouvido e o César precisava de gente que executasse com precisão os seus arranjos. Tentamos, custamos a entender a situação. É claro que ele tocaria, mas levaria tempo, e não seria exatamente o que o César queria. Seria como ele, Ruban, conseguiria. Sofremos honestamente, sem demagogia. Ruban acabou saindo triste, magoado conosco.

Fizemos com César o trabalho mais diferente, mais elaborado. Descobrimos as maravilhas que ele inventa para os vocais. Foi lá que ficamos sabendo das participações dele nas maravilhosas divisões musicais do Wilson Simonal.

Percebemos discretamente, mas, com o passar do tempo, César foi ficando triste. Sabíamos mais ou menos do começo da sua separação de Elis. Nós já não estávamos em sua casa, e sim ensaiando no estúdio.

O trabalho de César foi extraordinário e é uma pena realmente o disco ter passado quase em branco. Foi um LP elaborado desde a capa, que foi feita pelo cartunista Lan. O genial Lan fez nossas caricaturas como só ele faria. Elas são perfeitas. Os nossos traços mais fortes estão lá.

Ele nos colocou debruçadas na janela e uma nuvenzinha passando, trazendo Lamartine. Na contracapa, um desenho das nossas bundas cheias de cintas-ligas coloridas, debruçadas na tal janela, formando um grande buquê de bundas. Leila ficou encarregada do encarte e o fez genialmente. Além de todas as letras, ela criou um anti-horóscopo, uma coluna social, entrevista com Ronan Soares. Um jornalzinho. Participei de todo este trabalho, com meu nenenzinho crescendo dentro de mim, em silêncio social. Só as muito íntimas sabiam.

Jou-jou e balangandã foi a primeira faixa. Leila e eu solamos.

Jou-jou, Jou-jou?
O que é meu Balangandã?
Aqui estou eu
Aí estás tu
Minha Jou-jou
Meus Balangandãs
Nós dois, depois?
O sol do amor, que manhãs!
De braços dados
Dois namorados
Já sei!
Jou-jou
Balangandãs?

Seja em Paris
Ou nos Brasis
Mesmo distante
Somos constantes
Tudo nos une
Que coisa rara!
No amor nada nos separa

A faixa dois: *La canga* (Lamartine/Heber Bôscili/Ary Pavão). Todas cantavam e era uma deliciosa conga.

Vamos dançar la canga
Como mamãe e papai
Quem está de fora não entra
Quem está de dentro não sai

Aperta a mão assim
Pra não abrir a porta
Porque atualmente
É essa grande moda
Agora aperto eu
Depois apertas tu
E a turma grita úúúú
(O povo grita)

Canção para inglês ver é das famosas. Conheci a música cantada por minha irmã, no show *A feiticeira*, de 1975. Como Lamartine é jovem!

CANÇÃO PRA INGLÊS VER

I love you
Forget isclaine Maine Itapirú
Forget five em Neruda ai shel
No bonde Silva Manuel (Money well)
I love you
Tu revê istivem via Catumbai
Independence lá do Paraguai
Studibacker Jaceguai (Jaz uai)
Oh! Yes my glace
Oh! Yes my glace
Salada de alface
Salada de alface
Fly tox mai til
Oh! Stender oil
Oh! Yea! Forget note mi
Ai, Jesus!
Abacaxi, whisky of chuchu
Malacacheta Independence day
No street flash me estrepei (step way)
Delícias de inhame
Elixir de inhame
Reclame de andaime
Reclame de andaime
Mon Paris je teme
Sorvete de creme
Oh! Yea! Mai veri gud naite
Duble faite
Isto parece uma canção de Oeste
Coisas horríveis lá do faroeste
Do Tomas Veiga com manteiga
(escorreguei, escorreguei)
Mai sanduíche (ketchup Ketchup)
Eu nuca fui Paulo Escrich
Meu nome é Lasky and Claud
Joni Filipe Canaoux
Láit ende Power Companhia Ltda
Ai, iu.
Zé boi scotch avec boi zebu
Laurence Oliver com feijão tutu
Trem de cozinha
Não é trem azul

BABO-SEIRAS

Babo...Seiras, dispensa qualquer comentário
Vou cantar a noite inteira
Rancheira, rancheira
Vou dançar pela fonética
Estética, frenética (Isto foi por nossa conta)
Eu pra cá, você pra lá, traláláláláIá

Rancheira é dança hoje da moda
Dos chás dançantes de alta roda
Pra cantar me sinto mal
O esforço é sobrenatural
Rancheira é espécie de Mazurca
Mais velha que o morro da Urca
Me faz lembrar o meu avô
Nos tempos de noivado
Ao lado de vovó, oh!
Vou cantar a noite inteira...

Rancheira o nome está dizendo
É rã que cheira a noite inteira
Faz a gente até suar
Nos faz pular pra lá e pra cá
No tempo em que não havia samba
Meu pai dançou na corda bamba
Por isso viva a tal rancheira
Viva o meu avô
Marido de vovó, oh!

Rasguei a minha fantasia, música tão conhecida, César a deixou inigualável. Sofremos com seus vocais. Eram difíceis para um grupo acostumado a no máximo duas, três vozes. Eram vozes que passavam, atravessavam as outras. Ela ficou muito diferente do que se conhece e, para variar, Dudu nos brindou com seu solo.

RASGUEI A MINHA FANTASIA

Rasguei a minha fantasia
Guardei os guizos no meu coração

Rasguei a minha fantasia
O meu palhaço
Cheio de laço e balão
Rasguei a minha fantasia
Guardei os guizos no meu coração
Fiz palhaçada o ano inteiro sem parar
Dei gargalhada com tristeza no olhar
A vida é assim, ávida é assim
O canto é livre eu vou desabafar

Rasguei a minha fantasia...

Tentei chorar ninguém no choro acreditou
Tentei amar e o amor não chegou
A vida é assim, a vida é assim.
Comprei a minha fantasia de pierrô

Maria da Luz começa com uma gravação com a voz de Lamartine que achamos.

MARIA DA LUZ
(lLamartine/Suesse Boreiz)
(Voz de Lamartine)

Prkk-Rádio Necessidade, Cidade do Rio de Janeiro. São 18h no relógio xaveco de um Guarda noturno. Sr. Néris de Tupiniquins, de Passagem de 2ª classe pelos nossos estúdios, Vai cantar: MARIA DA LUZ Fox trot ai, ai.

Maria da Luz
De todos nós é o ai Jesus
É o ai Jesus de todos nós
Pois canta mais que os rouxinóis
É um tipo esbelto de mulher
E a gente faz o que ela quer
É mais cotada que o café
Pois tem aroma até no pé

Quando ela passa um pobre poste diz:
Lá vai a luz que ainda não me quis
Maria da Luz
É o ai Jesus de todos nós

Seu corpo fino, tão franzino
Parece um tubo de retroz

Maria da Luz
Nasceu no dia 16
Às 4 horas da manhã
Na escuridão a luz se fez
E ao raiar da luz do sol
Em Dona Clara ela nasceu
Por coincidência isto se deu
Se é boato não é meu

Talvez porque nasceu no escuro, a toa.
A luz faz sombra a muita gente boa

E por trás de um muro
A minha cruz carrego além
Assobiando lá no escuro
Acendo o isqueiro e a luz não vem

Aí! Hen!, outra história que Lamartine deixou sua imaginação brincar. O solo é meu.

Edir e Sandra barriguda, marinheiras.

AÍ! HEN!
(Lamartine e Paulo Valença)

Aí! Hen! Pensas que eu não sei
Toma cuidado
Pois um dia eu fiz o mesmo
E me estrepei
Aí! Hen! Pensas que eu não sei
Sou camarada
Faz de conta que eu não sei

Menina que chega em casa
Às 4 da madrugada
E quanto mais a escada vai subindo
Na boca dos vizinhos vai caindo

Aí! Hen! Pensas que eu não sei...

Velhota dos seus sessenta
Na praia toda inocente
Brincando com as crianças lá na areia
Vai pondo areia nos olhos da gente

Em *O teu cabelo não nega*, adoro fazer uma brincadeira, quando ponho para ouvir. Sempre pergunto a quem ouve se é capaz de identificar qual é a música, só pela introdução, que tem um tempo razoável para que a pessoa pense. Nunca ninguém imagina. Então, entra a voz daquela neguinha magrela, naquela música suave e tão famosa. Quando eu ouço a Dudu cantando, percebo o quanto foi precioso aquele casamento Elis e César. Digo isso, pois há na voz dela uma coisa qualquer de Elis. Conscientemente, não foi uma homenagem.

Outra história curiosa com esta faixa. Depois que Simone gravou o LP *Pedaços*, nós a chamávamos carinhosamente de Pedação. Em homenagem a ela, nós trocamos a letra, quando se diz (*quem te inventou meu pancadão*), nós cantamos, (*quem te inventou meu pedação*). Nunca havia prestado atenção a esta letra enquanto foi tocada em forma de marchinha. É um espetáculo.

O TEU CABELO NÃO NEGA
(Lamartine e Irmãos Valença)

O teu cabelo não nega mulata
Porque és mulata na cor
Mas como a cor não pega mulata
Mulata eu quero o teu amor

Tens um sabor, bem do Brasil
Tens a alma cor de anil
Mulata, mulatinha meu amor
Fui consagrado teu tenente interventor

O teu cabelo não nega...

Quem te inventou, meu pedação
Teve uma consagração
A lua te invejando fez careta
Porque mulata tu não és deste planeta

O teu cabelo...

Quando meu bem vieste à terra
Portugal declarou guerra
A concorrência então foi colossal
Vasco da Gama contra um batalhão-naval

Uma pérola desconhecida é *Infelizmente*, que Edir, Regina, Lidoka e Leila solam. César, acho que inspirado nas loucuras de Lalá, inventou um coro inusitado, estranho, mas de grande efeito para o fim da música.

Capa do quarto LP, Babando Lamartine.

INFELIZMENTE
(Lamartine/Ary Pavão)

Eu tenho inveja das mocinhas da avenida
De ombros largos e elegância nos quadris
Roupa lavada, casa, luz e até comida
Tudo de graça!
Oh! Que gente tão feliz
Infelizmente eu trabalho muito

Conheço um cabra que tem sorte até comendo
Freqüenta o China, bem ali na Rua Sete
Um dia desses, vejam só
Caso estupendo!
Achou um relógio na barriga de um croquete
Infelizmente eu almoço em casa

Eu quando vejo um baile de alta sociedade
Lindas casacas, toaletes formidáveis
De terno usado, dou uma volta na cidade
Tomo uma média com esses níqueis miseráveis
Infelizmente sou da classe média

Me apresentam uma menina espevitada
Que bebe, fuma e dança o fox-trot-blues.
Finjo que entendo, e afinal, não entendo nada
Injuriado, cabisbaixo, jururu
Infelizmente já passei da idade

No teno babado
Que tempero, que tempero?

Linda Morena fecha o LP. É o verdadeiro e grande carnaval. Uma letra quase desconhecida, dentro de uma música tão famosa.

Linda morena
Linda morena, morena
Morena que me faz penar
A lua cheia que tanto brilha
Não brilha tanto quanto o teu olhar
Tu és morena
Uma ótima pequena
Não há branco que não perca
Até o juízo
Por tua causa sai às vezes bofetão
Toda gente faz questão
Do teu sorriso

Linda morena, morena
Teu coração
É uma espécie de pensão

No estúdio, gravando o quarto LP, Frenéticas, César Camargo Mariano e Liminha.

De pensão familiar
À beira mar
Oh! Moreninha não alugue tudo não
Deixe ao menos o porão
Pra eu morar

Para lançarmos o LP, nos vestimos de marinheiras. Um pouco dos musicais mais antigos. Tínhamos em comum o chapéu, de comandante. O tema, marinheiro, e o tecido branco (acho que era uma seda, bordada de verde e amarelo no decote). Cada uma escolheu o seu modelo preferido. Leila, uma saia bem curtinha, Regina, uma calça justa que ia até o tornozelo, Edir, com um super míni short, Lidoka com uma microssaia plissada, Dudu de saia justa, tipo tailleur, e eu, como minha barriga bem pequenininha já aparecia, fui contemplada com uma bata, bem curta.

Produção independente

Era setembro, estava para fazer 26 anos, lançar o disco e minha barriga despontava. Gonzaga nunca me pediu silêncio, mas eu sabia que, dentro da casa dele, este assunto ainda não tinha sido revelado. Não combinei nada com ninguém, até o dia em que eu estava indo com o Léo (Leonardo Neto) de táxi para a WEA para entrevistas à imprensa sobre o lançamento do disco.

Minha barriga ainda era uma barriguinha, mas já estava lá.

A primeira entrevista seria para a *Veja*.

No táxi, começamos uma conversa séria e divertida.

— Léo, o que é que eu digo quando me perguntarem sobre a barriga?

— Que está grávida!

— Eu não posso falar ainda sobre o Gonzaga...

E foi neste dia, dentro deste táxi, às gargalhadas, que, brincando, surgiu a expressão "produção independente". Uma expressão da área musical, que descreveria, muito bem e com humor, uma situação que precisava ser mantida privada. O táxi chegou à WEA, no Jardim Botânico, e fomos para o jardim. Eu estava usando um macacão bem largo e nunca fui uma grávida imensa. Era uma barriga de quatro meses que parecia de dois, mas a jornalista mal entrou e perguntou de cara:

— Sandra, você está grávida?

— Estou!

— Não sabia que estava casada...

— Não estou, é uma produção independente.

A partir deste dia, mil especulações. Eu sempre fui discreta, nunca disse o nome a desconhecidos, mas temos amigos íntimos, que têm amigos íntimos, que têm amigos íntimos...

Leonardo Neto e Sandra quando fumava.

Com o rei na barriga

Grávida, eu me sentia praticamente uma santa. Era como se eu estivesse totalmente protegida, imunizada. Como não havia um marido que fosse realizar meus desejos, nunca quis comer tijolos, paredes e coisas exóticas. Comia muita fruta, principalmente abacaxi.

Um dia, atravessando a rua com minha mãe, toda enfeitada e segura, ela, com um tom irônico me perguntou:

— Você está pensando que tem o rei na barriga?

— E tenho.

Depois que engravidei, Gonzaga passou a freqüentar a minha casa. Ele chegava e nós namorávamos. Eu nunca fiz planos, não cobrava nada, apenas aproveitava para namorar muito. Era muito bom! Todas as vezes que ele chegou em casa, chegou assobiando. Ele sabia marcar o terreno. Nunca combinávamos nada. Quando nos despedíamos, apenas um "Até já" era dito.

Então, muitas vezes, estava distraída fazendo algo e ouvia, lá longe, aquele assobio afinado, forte. Eu só abria a porta e vida, vida, vida!

Outras tantas vezes, ele pulou a minha janela e só por pular me fazia feliz.

Eu não queria que nada fosse sério e pensava, honestamente, que se ele não pudesse registrar o meu neném, eu conseguiria fazer com que o Neném Pêra fosse feliz de qualquer jeito.

Ele dizia que não. Que ele registraria. Eu não falava sobre o assunto. Na minha cabeça, aquela criança era especial só pelo tamanho daquele amor e daquela paixão que eu sentia. Era como se isso fosse o suficiente para o restante da vida dela, a atmosfera que envolveu a sua concepção.

Vigilante

O único problema que eu não controlei foi o cigarro. Passei um ano e meio sem fumar e agora passaria a gravidez fumando. Meu médico, o doutor Jacob, pediu para que eu, pelo menos, decidisse uma quantidade e contasse. Foi o que fiz. Era muita emoção! Precisava de pelo menos aquele cigarrinho.

Foi o doutor Jacob quem examinou minha barriga de três meses e disse pegando uma pequena sobra de gordura que começava a se instalar:

— Isto aqui não é gravidez. Vou te mandar em um lugar e você vai fazer um regime.

Fui parar nos Vigilantes do Peso. Foi maravilhoso! Entendi ali que não estava só fazendo uma dieta. Estava aprendendo a me alimentar. Resultado, eu, que tenho 1,80 m, estava no terceiro mês com 68 quilos. Uma semana depois, passei para 67 e só no nono mês engordei um quilo e meio. Saí do hospital, amamentando, com 61 quilos.

E meu neném foi chamado de "Bebê Vigilante".

Fiquei uma grávida maravilhosa, sem modéstia. Fazia de tudo, normalmente.

Sandra em casa registrando o crescimento da barriga e Dinorah sempre junto.

Olhando de fora

Os shows não eram aos milhares, mas fazíamos o suficiente para ainda não pensarmos em parar.

Barriguda, fiz alguns trabalhos, como um especial enorme para a TV Educativa sobre o Lamartine, de que eu não tenho a fita, mas que durante muitos anos, quando minha filha já era grande, a TVE exibia.

Gravamos o CD *A Arca de Noé 1* e o seu especial para a TV Globo, com a música *Aula de piano*.

Depois do almoço na sala vazia
A mãe subia pra se recostar
E no passado que a sala escondia
A menininha ficava a esperar
O professor de piano chegava
E começava uma nova lição
E a menininha, tão bonitinha
Enchia a casa feito um clarim
Abria o peito, mandava brasa
E solfejava assim:
Ai, ai, ai lá, sol, fá, mi, ré
Tira a mão daí
Dó, dó, ré, dó, si
Aqui não dá pé
Mi, mi, fá, mi, ré
E agora um sol, fá
Pra lição acabar
Diz o refrão quem não chora não mama
Veio o sucesso e a consagração
Que finalmente deitaram na fama
Tendo atingido a total perfeição
Nunca se viu tanta variedade
A quatro mãos em concerto de amor
Mas na verdade tinham saudades
De quando ele era seu professor
E quando ela menina e bela
Abria o berrador

Uma noite em São Paulo, eu grávida, estávamos hospedadas no Hotel Maksoud. Lidoka dividia o quarto comigo. Estávamos deitadas vendo TV e nos sentindo prosa por estarmos naquele hotel, quando ouvimos a notícia que John Lennon tinha acabado de morrer.

Meu pensamento foi mais rápido do que a voz do locutor e, com a sensibilidade das grávidas, me senti chocada com a possibilidade da sua morte natural. John Lennon morto? Achei que fosse uma notícia falsa. Não era. E eu tão cheia de vida!

Mas, foi durante um show da Telemig, em Belo Horizonte, enquanto cantávamos, vestidinhas de marinheiras, que eu, sem querer, dei uns passos para trás (eu estava bem no meio do palco). Então, de onde eu estava, via as meninas de costas, cantando. Foi me dando um aperto no coração. Comecei a nos olhar de fora e, como observadora, percebi que o público estava mudado. Já percebera que ele vinha mudando. Mas foi ali que pude sentir certa distância do público. Eles nos assistiam, mas não estavam envolvidos, eu podia ver. Talvez seja um exagero o que vou dizer, mas a minha sensação era de que eles estavam de braços cruzados, e sempre, durante os nossos shows, braços e pernas nos embalavam, nos acenavam. Parecia que eu via uma luta do nosso grupo para mostrar a todos como nós éramos louquinhas.

Eu estava mudando, claro! Minha vida entrara por um caminho que eu não planejara. Estava feliz, mas sem saber onde eu chegaria. Foi ali naquele palco que, pela primeira vez, me passou pela cabeça:

Aquela loucura não existe mais! Estamos nos esforçando para provar a este público que somos loucas! Será que ainda quero isso? Parece que estou fazendo um michê.

Mas isso foi só a primeira vez.

Capa do LP
A Arca de Noé.

Aquela onda

Aos seis meses, minha barriga era pequena, acho que um pouco pelo meu tamanho e depois porque seguia meu regime à risca. Aprendi a comer ricota e adorava. Batia um iogurte natural com adoçante e jogava em cima de morangos ou abacaxi e comia como se fosse um creme de chantilly.

Estava orgulhosa de mim por não precisar ter um homem. De estar grávida. Tinha um prazer imenso em sentir o neném se movimentando na minha barriga. Era o máximo perceber, ver o contorno do pezinho, da cabeça. A natureza é um absurdo se você pára e observa.

Leila me deu de presente um pôster com a silhueta de uma mulher grávida, com um martelo na mão. O símbolo do Pai e Mãe. Tentei em casa, junto a minha mãe, reproduzir esse pôster em foto.

Eu ficava nua e ela ficava atrás de mim fotografando. Ainda tenho essa foto. Estou em cima de uma escada com um martelo, balde, prego e tudo o que tinha direito.

Eu estava muito bem, até o dia em que fui ao Maracanãzinho com o Léo (Leonardo Neto) para assistir ao grupo Earth, Wind and Fire. Foi um show impressionante, cheio de truques tão bem-feitos, que era impossível não acreditar neles.

Ao final do show, já bem tarde, o Léo me deixou em casa. Entrei, tirei a roupa, fui de calcinha com minha barriga de seis meses para a cozinha, bati meu iogurte, pus em cima de alguns morangos, quando ouvi a vizinha gritando:

— Socorro! O meu pai está morrendo! Socorro!

Parei tudo e, por uma fração de segundos, lembrei-me do meu pai, que morreu em casa de um enfarto fulminante, quando eu tinha treze anos e chegava de uma festa com minha mãe. Ele estava assistindo a uma luta de boxe, sentado na poltrona. O telefone tocou, minha mãe atendeu, de costas para ele. Era a minha irmã, que todas as noites depois do espetáculo ligava para saber como estávamos. Eu fui para o quarto colocar um pijama. Então, ouvi um barulho forte e oco e nunca soube explicar por que eu pensei:

— Meu pai morreu! Você está maluca, Sandra?

E imediatamente após meu pensamento, minha mãe gritou:

— Pêra! Socorro! Pêra!

Eu saí do quarto onde estava, olhei meu pai caído para trás, minha mãe sentada em seu colo, socando o seu peito numa tentativa heróica de mantê-lo vivo. Então, eu comecei a gritar, ora para minha irmã no telefone, ora para Deus:

— Socorro! Meu pai está morrendo!

A mulher, naquela madrugada, gritava como eu gritei. Corri para a área, para prestar ajuda, mas acho que o pai dela não morreu. Tudo se acalmou, e eu voltei para a minha cozinha. Peguei meu morango com iogurte, pus em um pote de barro e fui indo para o quarto. Quando passei pelo batente da porta, o mundo girou para trás com muita velocidade.

Quando abri os olhos, estava deitada no chão, meu cabelo todo sujo de morango e iogurte, e o pote de barro quebrado.

O que foi que aconteceu? Ah! Entrou ladrão aqui e me bateu... Em pânico concluí: acho... que... tive... uma convulsão!!!

Minha mãe morava na Praça Antero de Quental, a umas cinco ou seis quadras da minha casa. Liguei para ela apavorada e disse:

— Mãe, eu acho que tive uma convulsão!

Foi ela que presenciou todas as convulsões que tive sempre dormindo, na adolescência.

Nunca ninguém soube diagnosticar o motivo, sabiam que não era epilepsia, mas não sabiam o que era.

Em menos de dez minutos, ela entrou em minha casa e, como só as mães fazem, não me deixou mais sozinha.

No dia seguinte, Beta e Lidoka foram lá pra casa. Fiquei de cama. O corpo doía muito depois da convulsão, eu tinha que tomar cuidado com a barriga. Resolvemos jogar buraco, as quatro, em cima da cama. Dinorah, Beta, Lídia e eu. De repente, no momento em que eu tinha que jogar a carta fora, eu parei. O corpo paralisou, não conseguia me mexer. Outra vez o mundo girou para trás, e ao longe, muito ao longe, eu ouvia a voz desesperada de minha mãe, gritando, me chamando.

Acordei muito tempo depois, não sei quanto, mas o suficiente para ver um amigo que não via há muito tempo, João Cláudio, que era neurologista.

As três, no desespero, se lembraram dele.

Sandra Pêra e Beta Leporage fazendo comadrices.

Leiloca e Sandra pegando sol na piscina de um hotel.

Sandra tentando reproduzir o pôster que Leila deu de presente. Clicada pela mãe, Dinorah.

— Oi Sandra?

— (Sem me lembrar de nada) Oi! O que é que você está fazendo aqui?

— Você não se lembra de nada?

— Não, do quê?

— Tente se lembrar!

Então eu me lembrei e, pela primeira e última vez, tive enjôo, corri para o banheiro.

Entendi que tivera outra convulsão. E ele me dizia que eu teria que tomar remédios, que não poderia fazer exames mais profundos por causa da gravidez.

Chorei muito, perguntei sobre os efeitos do remédio no neném, e ele me convenceu a duras penas que o perigo maior era nos três primeiros meses de gravidez, e que, se eu não me medicasse, acabaria jogando o neném para o alto, quando estivesse amamentando. Não tinha saída. Comecei a tomar o tal do Tegretol e começou o meu inferno.

Nos shows que estavam marcados para aqueles dias, eu não consegui ir.

Foram as duas últimas convulsões que tive na vida e as únicas acordadas. Tomo remédio até hoje, mas até acertar a medicação correta e entender o que eu tinha, passei por um bom pedaço. Era um dos sintomas do meu crescimento. Mas na época não dava para perceber.

Há 25 anos, nunca havia ouvido falar em síndrome do pânico. Hoje, pensando em tudo o que aconteceu, acho que sofria de pânico.

A qualquer hora, eu achava que ia ter uma convulsão. Tudo desencadeava uma crise. A luz de flash de fotografia, a luz fria do supermercado, o barulho do secador de cabelo, eu não podia falar do assunto que lá vinha aquela onda.

O Gonzaga, assim como vários amigos, me dizia coisas incríveis.

— San, relaxa. Se você tiver uma convulsão, eu seguro, alguém segura.

A Leila foi pesquisar. Chegou lá em casa me contando dos famosos da humanidade que tinham convulsão. Que vários feitos na história haviam se realizado durante as crises. Como eu estava raciocinando pessimamente, pensava: — (Burramente) Como é que alguém pode realizar alguma coisa durante uma convulsão? Caída no chão, tremendo toda?

A crise à que ela se referia, claro, era a depressão pela qual eu passava, e que não sabia que tinha esse nome. Não tinha nome nenhum.

O rosto da minha mãe ao mesmo tempo em que dava segurança às vezes desencadeava uma crise, tamanho era o seu pavor que eu passasse mal.

Eu estava tão bem e veio essa merda atrapalhar a minha felicidade.

Eu tinha todos os sintomas de quem teria uma convulsão, mas não tinha. Trocaram o maldito Tegretol pelo Gardenal. Nada me assegurava que eu não teria mais a crise.

Passei a ir para os shows como um robô. Dura, tensa, esperando a crise. As meninas eram um sonho, carinhosas. Regina ficava uma pilha, quando o meu olhar mudava, ela percebia, sabia que algo não estava bem, pois me conhecia muito, então eu via em seus olhos o pavor de eu passar mal. Ela logo chamava a Lidoka, que sabia lidar melhor comigo nestas horas, presenciara uma das crises.

Este foi o pior momento da minha vida que se juntou à etapa mais importante também. Talvez tenha sido este o motivo.

Talvez seja uma exigência da vida, quando fazemos uma opção, quando decidimos dar um passo diferente, ter que passar por um teste, uma condição, nunca vou saber, mas eu pensei que nunca mais fosse sair "daquilo".

Mas também tive momentos lindos junto ao Gonzaga. Meus olhos eram um canhão de luz em cima dele.

Uma tarde, ele apareceu em casa. Chovia muito, e o Leblon, como sempre, tinha sido invadido pelo mar. Naquela manhã, quem se lembra disto? O mar avançou tanto que atingiu o carro do Raul Seixas, que passava por ali. Fomos passear a pé, lado a lado. Ele, eu e minhas mãos frias de emoção. Eu queria muito que ele soubesse que não o estava prendendo a mim. Que eu o queria tanto, que não o queria. Que aqueles momentos eram o meu presente. Que decidir ter aquele filho era uma homenagem à paixão, que uma pessoa concebida com tanta emoção só poderia ser uma pessoa especial. Que era preciso que ele fosse sempre embora, para eu morrer de saudade e aproveitar quando estivéssemos juntos. Queria que ele soubesse de tudo isso, mas não falava, eu o olhava. Então, neste dia ele me parou no meio do passeio e me perguntou:

— O que é que você quer de mim? Casar?

— (Num impulso) Não! Quero que fique assim.

Mas também queria que ele nunca mais saísse dali. Quanta loucura!

Um beiço maravilhoso em São Paulo

Chamaram as Frenéticas para fazer um show em São Paulo. Não me lembro de quase nada, a não ser que vários artistas se apresentariam. Alceu Valença fazia parte deste elenco, e, para meu deleite, Gonzaga também.

Ficamos no mesmo hotel e, gracias, no mesmo quarto.

Não houve o show, não houve pagamento, mas todos os artistas que foram tiveram que pagar seus músicos. Não foi diferente conosco. Levamos um belo de um beiço. Mas ficamos juntos no mesmo quarto. Fui assistir com ele ao *Aurora da minha vida*, do Naum Alves de Sousa e fomos também ao lançamento do LP do Roberto Ribeiro, que era amigo do Gonzaga. Eu estava radiante com meu barrigão e trago comigo uma lembrança muito carinhosa deste dia. Clara Nunes! Ela estava junto e acarinhou muito a minha barriga, foi extremamente delicada comigo. Pude sentir o toque das suas mãos.

Era em uma quadra de escola de samba, e lá estávamos à vontade, meu neném, eu e seu pai.

No dia seguinte, fomos nos apresentar numa rádio e o Maurício Kubrusly estava lá e havia feito uma crítica ruim ao nosso LP. Não fomos simpáticas com ele, mas é só isso que lembro. Se ele tinha ou não razão, já não sou mais capaz de dizer. Mas na época queríamos "matá-lo".

Na volta, o Gonzaga já havia partido e sobrou aquele vácuo. Tenho guardado deste dia um bilhete que ele me deixou no hotel antes de sair.

Quando fomos para o aeroporto encontrei outra vez a Clara Nunes. Foi uma bênção voar junto com ela. Era um olhar materno que ela tinha para a minha barriga.

O Gonzaga, num desses dias, me disse que talvez não fizesse bem para o neném o medo enorme que eu tinha de avião. Santas palavras, me faziam raciocinar, me distrair, ler e escrever, pensar coisas bacanas. Passei a me controlar, pelo menos, quando não tinha motivo algum para o medo, aliás, normalmente não tinha motivo para medo.

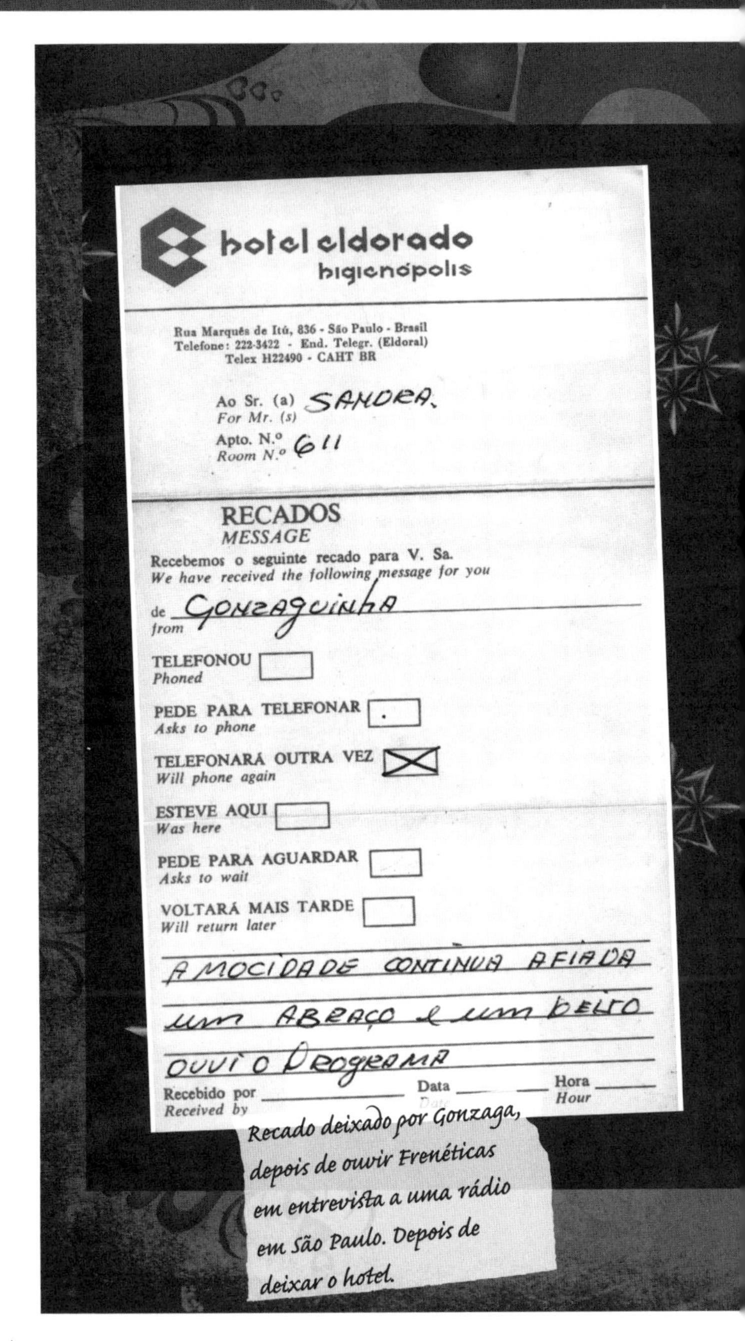

hotel eldorado
higienópolis

Rua Marquês de Itú, 836 - São Paulo - Brasil
Telefone: 222-3422 - End. Telegr. (Eldoral)
Telex H22490 - CAHT BR

Ao Sr. (a) / *For Mr. (s)* SANDRA.
Apto. N.º / *Room N.º* 611

RECADOS
MESSAGE

Recebemos o seguinte recado para V. Sa.
We have received the following message for you

de / *from* Gonzaguinha

TELEFONOU / *Phoned* [ ]
PEDE PARA TELEFONAR / *Asks to phone* [ ]
TELEFONARÁ OUTRA VEZ / *Will phone again* [X]
ESTEVE AQUI / *Was here* [ ]
PEDE PARA AGUARDAR / *Asks to wait* [ ]
VOLTARÁ MAIS TARDE / *Will return later* [ ]

A MOCIDADE CONTINUA AFIADA
UM ABRAÇO E UM BEIJO
OUVI O PROGRAMA

Recebido por / *Received by* ______ Data / *Date* ______ Hora / *Hour* ______

Recado deixado por Gonzaga, depois de ouvir Frenéticas em entrevista a uma rádio em São Paulo. Depois de deixar o hotel.

Iemanjá

Era 31 de dezembro de 1980 e eu já não via o meu pé. Nelsinho fez a festa no morro. Eu estava no auge dos Vigilantes do Peso, seguia a risca o meu regime e gostava tanto do que comia como quando olhava meu corpo. Continuei me sentindo bonita e gostosa barriguda.

O Pão de Açúcar estava lindo em festa. Todas as pessoas interessantes estavam lá.

Cada pessoa que chegava, recebia uma chave. Somente uma chave abriria o cofre que guardava as preciosidades de Iemanjá.

À meia-noite, passamos a experimentar as chaves e foi a minha chave que abriu. A minha! Era um pequeno baú, todo pintado de prata e purpurina. Dentro, colares, pulseiras, muitas bijuterias e uma garrafa de champanhe. Distribuí o que havia dentro. Lembro perfeitamente que a garrafa foi para André Midani. Eu mesma fiquei com o próprio baú e o colar de cristal que era grande.

Senti-me honrada com aquilo. Mais honrada fiquei, quando meu neném nasceu no dia 2 de fevereiro. Nasceu no dia dela. O colar morou em cima do seu berço, enquanto foi berço, e, quando virou cama, morou ali também. Está aqui na minha sala até hoje. Quando seu umbigo caiu, não havia a história das células-tronco, então, como proteção eterna ao meu neném, joguei no mar.

Que Iemanjá a proteja!

Caracas

Veio a oportunidade de gravar em espanhol. Trouxeram uma senhora muito simpática que traduziu, *Perigosa* e *Dancin'Days*. A primeira virou *Peligrossa*, como falávamos.

Havia um problema na versão. No final da música ela pôs:

Yo voy hacer usted ficar loco, cerca de mí.

Fazer ele ficar louco dentro de mim, nem pensar! Não houve quem convencesse, não podia, dizia-se proibido, sei lá. O certo é que gravamos "cerca de mi". Coisa mais sem graça. Gravamos e esquecemos.

Claro que o convite para ir à Caracas veio quando eu não podia mais entrar em um avião. Elas foram em cinco e eu estava para parir a qualquer momento. Levei-as ao aeroporto e lá estava o Kleber, o nosso fã desde criança. Agora, ele era um adolescente magro e veio para o embarque das Frenéticas. Elas foram, eu fiquei. Mas fiquei bem, era um momento em que eu não estava mais agüentando o peso da barriga e louca para olhar para o rosto daquela pessoa, que eu não queria saber se era menino ou menina.

Kleber, fã 0001 das Frenéticas, Lidoka, Sandra e Regina, no embarque para Caracas, quando Sandra não foi.

Lídia embarcando para Caracas e Sandra, com seu barrigão, que não viajou.

Lidoka, Sandra e Regina, despedidas.

Lidoka, Sandra e emoções de embarque.

Frenéticas sem Sandra em Caracas.

Ângela Porto Carreiro

Nessa altura do campeonato, Ney já não morava mais no apartamento dos fundos. Quem morava lá era Dinorah, mudara-se para tomar conta de mim.

Então, uns dez dias, mais ou menos, antes de parir, a revista *Amiga* publicou uma foto minha, até bem bacana, toda colorida, de laço na cabeça. A manchete dizia: **EXPLODE CORAÇÃO.**

E a maldade vinha em seguida: "Sandra Pêra está grávida de um compositor, cantor muito famoso, mas que ela não diz quem é. Só se sabe que seu coração está em ritmo de explode coração".

Ele havia embarcado comigo em uma história, mas não conseguiu contar à Ângela. Eu normalmente não queria falar do assunto com ele. Era algo que não me pertencia. A minha história era só minha. Ele com ela, eu não queria saber, mas foi impossível. O Aloísio Porto Carreiro, psiquiatra e pai da Ângela, estava muito mal nesta ocasião e faleceu uns dias depois dessa história. De repente, as coisas começaram a acontecer e faltavam poucos dias para o meu neném nascer. Conversamos e ele me disse que a Ângela queria falar comigo.

— Falar comigo?

Tentei dizer a ele que eu não podia ficar amiga dela, que, se isso acontecesse, não conseguiria vê-lo mais como amante, e não era bem essa a minha intenção.

À noite estava em casa com Dinorah, forrando uma tábua que eu queria colocar sobre a banheira para colocar as coisas do neném, quando o telefone tocou. Eu sabia que era a Ângela, não sei por quê, mas sabia. Então, nervosa, despreparada e aflita, pedi que a Dinô atendesse e, se fosse ela, dissesse que eu não estava. Minha mãe fez tudo errado, ficou uma pilha e falou de tal jeito que dava para ver que estava mentindo. No dia seguinte, em casa, Gonzaga me falou que ela havia ficado magoada comigo. (Esta era a Ângela, mais tarde nos conhecemos bem, mas nestes dias ainda não.)

Fugia dela e o Gonzaga me dizia que ela queria me ajudar.

Eu não podia!

Minha irmã estava para estrear a peça, *Doce-de-leite*, na Gávea, com o Nanini. Então veio o Gonzaga e me disse que a Ângela mandou me perguntar se eu arranjaria alguns ingressos para ela. Arranjei.

Não queria vê-la. Mas queria vê-la de longe. Acabamos todos sentados quase perto. Mas não nos cruzamos. Eu a olhava escondido.

Ele passou a trazer uns recados dela, mas me falava de repente, no meio de outro assunto. Uma vez, do nada ele disse:

— Ângela disse para você não se preocupar que eu vou registrar o neném.

Eu mandava dizer "Obrigada" mas que isso nós dois resolveríamos.

Nessa época, eu ainda não entendia que uma criança fora do casamento era uma criança chamada de adulterina. (Quem inventou esse termo?) Não entendia que se ele resolvesse registrar teria que ser com o consentimento dela.

Com o tempo, nós não viramos grandes amigas, mas mães de irmãos. Colegas. Ângela era uma mulher frágil. Chamava a Amora de Amoga Pêga, sempre me lembro dela agachada, de braços abertos para Amora, dizendo:

— Amoga Pêga!

E Amora se atirando em seu colo.

Ela era divulgadora e trabalhava com Ivone Kassur, sua comadre. Quando minha irmã fez *A Estrela Dalva*, no teatro João Caetano, minha mãe também trabalhava e Ângela fazia a divulgação. Um dia Ângela precisou apresentar Dinorah a alguém e disse assim:

— Esta é a avó da irmã da minha filha.

Ângela Porto Carreiro Gonzaga do Nascimento.

Pré-mamãe

O meu neurologista pediu um exame que nunca haviam me pedido. Uma tomografia computadorizada, pois ele queria tentar descobrir o motivo das convulsões.

Fiz o exame com um lençol de chumbo que me protegeu dos raios.

Então, descobri finalmente o motivo de tantos transtornos. Cisticercos. Algum dia, na minha infância, eu comi alguma carne de porco não muito saudável. O parasita, o verme, o bicho, o filha-da-puta, mordeu vários pontos do meu cérebro, e as cicatrizes que ficaram são as responsáveis por esses curtos circuitos. Basta uma radiografia dentária para se enxergar as dentadas que ficaram. Diante disso, o doutor Linch, meu neurologista, achou melhor que eu não entrasse em trabalho de parto. Ele temia que o esforço pudesse provocar uma convulsão, atrapalhando todo o parto.

Então, no sábado, dia 31 de janeiro, fui fazer uma ultra-sonografia e descobrimos que a placenta começara a se desfazer.

Não poderíamos passar de segunda-feira, 2 de fevereiro. Provavelmente eu entraria em trabalho de parto a qualquer momento.

Meu Deus! Esperei quase nove meses e agora só tenho dois dias para me preparar. Quanta emoção!

Gonzaga avisou que me encontraria direto no hospital, que ficava na Cupertino Durão, uma rua atrás da minha casa, na clínica São Marcelo.

No domingo à noite, eu era um vulcão. (Aqui, agora, enquanto escrevo, consigo sentir exatamente o que sentia naquelas horas que antecederam o dia 2 de fevereiro.) Acho que o *Fantástico* exibia uma reportagem sobre um grande incêndio em São Paulo e, em algum andar do prédio, havia um homem e um casal de filhos pequenos. Ele conseguiu molhar as crianças, debruçar-se na janela do andar em que estavam e, segurando a mãozinha das crianças, jogou cada uma delas no andar de baixo, sem machucá-las, para finalmente se jogar por último. Parece que quebrou algum lugar do corpo, mas todos se salvaram.

Assistir àquelas cenas à beira de uma cesariana, prestes a olhar o rosto da minha cria e vendo aquele pai herói! Chorei muito antes de conseguir pegar no sono. Um sono inquieto. Eu já estava em jejum e não pude tomar o meu anticonvulsivante da noite e também não poderia tomar o da manhã. Boa-noite, mamãe!

Bom-dia mamãe!

Bem cedinho, ao meu lado na clínica São Marcelo, estavam as pessoas importantes da minha vida: Gonzaga, Dinorah e Marília.

Como é maravilhoso esperar um neném nascer! A atmosfera que envolve todo mundo é de muito carinho, o jeito como se é tratado no hospital pelos médicos e enfermeiros. Lá estava, além do doutor Jacob, o doutor Linch.

Aplicaram-me a anestesia peridural nas costas, e não senti nenhuma dor. Então, vieram me buscar. Quando eu estava indo pelo corredor, o Gonzaga, sem dizer nada, pôs o Walkman no meu ouvido. A música ainda não tinha a sua voz definitiva, ainda era a voz guia, e enquanto me levavam para a sala de cirurgia eu ouvi:

Eu apenas queria que você soubesse
Que aquela alegria ainda está comigo
E que a minha ternura não ficou na estrada
Não ficou no tempo presa na poeira
Eu apenas queria que você soubesse
Que esta menina hoje é uma mulher
E que esta mulher é uma menina
Que colheu seu fruto flor do seu carinho
Eu apenas queria dizer
A todo mundo que me gosta
Que hoje eu me gosto muito mais
Porque me entendo muito mais também
E que a atitude de recomeçar
É todo dia, toda hora
É se respeitar na sua força e fé

Se olhar bem fundo até o dedão do pé
Eu apenas queria que você soubesse
Que essa criança brinca nessa roda
E não teme o corte das novas feridas
Pois tem a saúde que aprendeu com a vida

Entrei na sala de cirurgia. Minha ansiedade era indescritível, e acho que por isso, me disseram algumas pessoas depois, que a anestesia não pegou. Eu senti quando tentaram cortar minha barriga e, imediatamente, tentaram me distrair, perguntando se eu já tinha escolhido o nome do bebê e essas perguntas.

Quando dei por mim, eu estava no quarto e ouvia ao longe a voz da minha mãe me informando, como se ela soubesse da minha preocupação:

— É uma menina, Sandra. Ela é perfeitinha!

Quando dei por mim, ela já se chamava Amora. Já estava escrito em sua pulseirinha.

Em setembro, precisamente no dia 6, quando ainda estava grávida, ele me levou de presente seu LP e escreveu na contra capa:

Pêra
Pêra Nascimento
Nascimento
Amora Pêra
Sempre viva
A semente foi colocada no chão pela mão quente e carinhosa. O Sol e a Lua vigiaram. Os ventos foram educados. A chuva foi branda e certa. Havia um furacão escondido/contido em
algum lugar............... Um belo dia... nasceu.

Sandra
Nascimento
06/09/80
Tinha que assinar em setembro

A capa do LP, De volta ao começo, de Gonzaguinha.

Wagner Baldinato e Leonardo Neto na Time Square, NY.

Contracapa onde escreveu a dedicatória assim que soube da gravidez.

O primeiro leite a gente nunca esquece

Tentava abrir os olhos e era difícil. E aí entra minha irmã. Vem a tia trazendo o meu neném todo enroladinho. Minha mãe, como uma grande repórter, fotografou tudo. Era muito grandioso aquele momento. E o Gonzaga, ali comigo, carinhoso. Somente uma mãe pode avaliar tudo o que passava em meu coração.

Ele estava gravando o LP *Coisa mais maior de grande*. Em algum momento do dia, ele saiu e eu fiquei com minhas visitas.

À noite, quando todos se foram, ele voltou. E, antes da Amora, foi ele quem primeiro tomou do meu leite.

Impossível obedecer às ordens médicas de não falar. Ninguém acredita quando eles dizem que falar pode dar gazes. Ninguém tem idéia do que eles falam até parir. Dói a alma. Os gazes que conhecemos não têm nada a ver com aquilo que eles deveriam dar outro nome. Não dá para mexer nada, os braços, a cabeça, os olhos, e descobrimos tarde demais que deveríamos ficar em silêncio.

Pela primeira vez na vida eu tinha seios enormes. Sensação animal, quando o leite escorre sem nenhum controle. Somos bichos nessas horas.

Eu olhava o rosto da minha filha (engraçado dizer "minha filha"), eu olhava e pensava: Quem é você? Ainda não nos conhecemos! Ainda vamos nos amar!

Eu tinha montado o novo quarto em casa, com presentes de amigos. Talvez eles não se lembrem, mas foi Leonardo Neto quem deu o berço, Zezé Mota, a cômoda, e, Nelsinho, o armário. Quando Ney me perguntou o que eu queria, perguntei se ele pagaria três meses de enfermeira. Ele disse sim. O mesmo aconteceu com Sandra Gadelha, ela deu os outros três meses. Seis meses garantidos. Liminha um dia chegou em casa com dez pacotes de fraldas descartáveis. Todas as roupinhas que minha sobrinha Nina ia perdendo chegavam em casa.

Cheguei em casa três ou quatro dias depois do parto e já iniciei a "educação" da pequena. Antes de entrar no quarto dela, eu batia à porta dizendo para uma criança de quatro dias: Dá licença?

Quem via, debochava de mim. Hoje eu acho hilário, mas acreditava e ainda acredito. Talvez tenha certo exagero, mas ensinei-a a nunca invadir o espaço de ninguém.

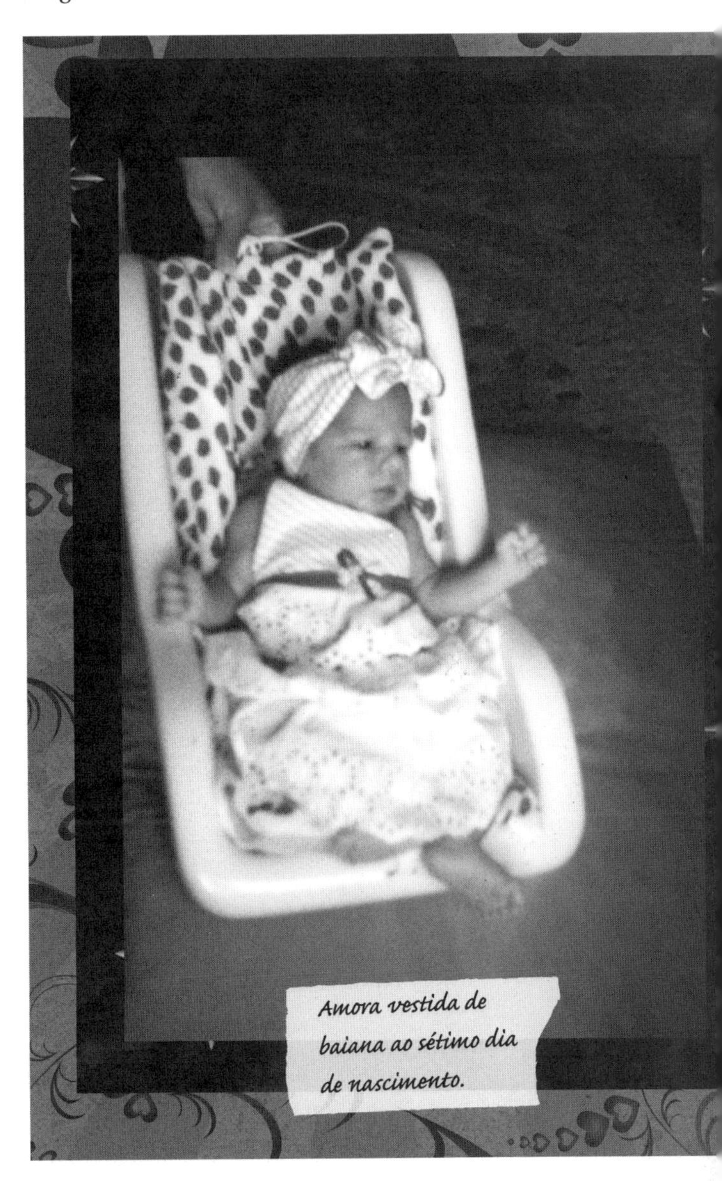

Amora vestida de baiana ao sétimo dia de nascimento.

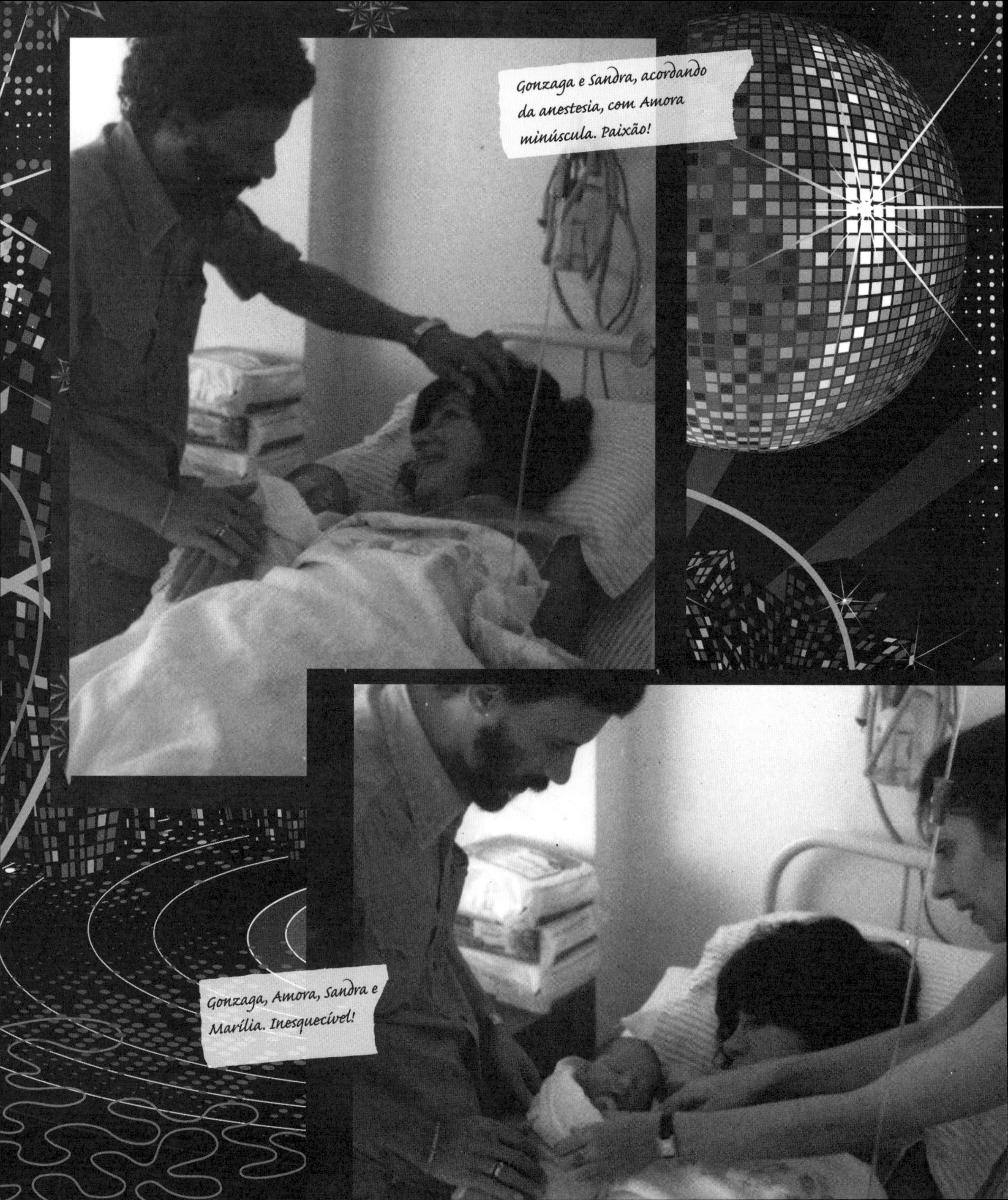

Gonzaga e Sandra, acordando da anestesia, com Amora minúscula. Paixão!

Gonzaga, Amora, Sandra e Marília. Inesquecível!

Foto de divulgação do LP Soltas na Vida.

Outra vez Lamartine

Como naquele ano o enredo da Imperatriz Leopoldinense era Lamartine Babo, Arlindo Rodrigues, grande figurinista e carnavalesco da escola, nos chamou para o desfile. Elas foram e eu fiquei com minha sobrinha Nina de sete meses na casa da minha irmã, que havia viajado. Amamentava e babava pela televisão. Claro que a escola ganhou! Depois recebi de presente a fantasia, toda verde.

A Edir deu de presente para Amora uma microfantasia de baiana, a coisa mais linda do mundo. A figura era inacreditável. Aquele ser minúsculo com sete dias de nascimento, toda molinha e careca, vestida de baiana com direito a turbante e tudo o mais e Nina vestida de bailarina. Assim passamos este carnaval.

Aliás, em matéria de fantasia, não havia igual a Edir. Quando foi nos visitar, outro presente dela (que está agora aqui na minha frente) foi um microchapéu de cangaceiro.

Presente de virginiana sempre vem cheio de significado.

Dona Moral

Gonzaga e eu combinamos de ir à cidade para registrar Amora. Como ele era casado, o advogado dos advogados, doutor Nelson Motta, pai de Nelsinho, nos convidou para ir ao seu escritório que ele nos indicaria um lugar para fazer o registro. Perambulamos muito e não conseguimos nada. Saímos indignados de todos os lugares, quando descobrimos que só ele poderia registrá-la em seu nome e no meu, mas o contrário, não. Eu só poderia registrá-la no meu nome. E como ele ainda estava legalmente casado com a Ângela, ela era considerada uma filha adulterina.

Foram precisos sete anos até que Amora e a Mariana, filha de seu último casamento, finalmente pudessem ser registradas.

Fiquei muito triste, principalmente porque fomos certos de que registraríamos. Voltamos em silêncio. Não comentamos mais.

Então a Marília Gabriela gravou um LP e pediu uma canção a ele.

Um tempo depois ele me disse:

— A Gabi me pediu uma música e eu fiz uma que é pra você.

SER, FAZER E ACONTECER

Que uma mulher pode nunca nada
Isso eu já sei
É o grito da Dona Moral
Todo dia no ouvido da gente
Mas, que eu estou pela vida, na luta
Eu também sei
E meu caminho eu faço e nem quero saber
Que me digam dessa lei
Porque já sofri, já chorei, já amei
Vou sofrer, vou chorar e voltar a amar
Porque já dormi, já sonhei, acordei
E vou dormir, vou sonhar
Pois eu nunca cansei
É que sinto exatamente
Aquilo que sente qualquer um que respira
Uma perna de calça não dá mais direito a ninguém
De transar o que seja viver
E por isso eu prossigo
E quero e grito
No ouvido dessa tal de Dona Moral
Que uma mulher pode nunca é deixar
De ser, fazer acontecer

Frenéticas e as crianças

Um mês depois do parto, já estava a mil, trabalhando, e firme no Vigilantes do Peso, já em período de manutenção, pois já estava supermagra.

Gravamos o especial do Gonzaga, *Grandes Nomes*, com as músicas *Feijão maravilha, Saco cheio de Noé* e *Bié, bié Brasil.*

Quando as meninas chegaram de Caracas, Lidoka veio com a sensação de que estava grávida. E estava. Eu abrira um canal e então os nenéns começaram a chegar.

Estávamos em São Paulo, e ela me pediu que fosse com ela dar a notícia a sua mãe e avó. Notícia essa, graças a Deus, sempre bem recebida.

Sua avó Chiquinha, italiana muito surda, só tinha uma preocupação.

— Filha, ele vai perfilhar a criança, não vai?

Foi um ano intenso esse começo dos 1981.

Fomos chamadas para fazer o *Arca de Noé 2*, com a música *O pintinho*. Como o projeto era *Vinícius para crianças*, parecia de propósito: no primeiro, *Aula de piano*, a grávida era eu; agora no número dois, era Lidoka. O projeto era maravilhoso. Foi uma honra para nós estarmos em um trabalho como este. Depois fizemos o programa para a televisão, como um grande especial. Vinte e tantos anos depois, eles transformaram os discos em CD.

Frenéticas com Toquinho na gravação de A Arca de Noé, e ao fundo, com cabelos brancos, Rogério Duprat.

O PINTINHO

Pintinho novo
Pintinho tonto
Não estás no ponto
Volta pro ovo
Eu não me calo
Falo de novo
Não banque o galo
Volta pro ovo
A tia raposa
Não marca touca
Tá só te olhando
Com água na boca
E se ligeiro você escapar
Tem um granjeiro
Que vai te adotar
O meu ovo está estreitinho
Já me sinto um galetinho
Já posso sair sozinho
Eu já sou dono de mim
Vou ciscar pela cidade
Grão-de-bico em quantidade
Muito milho e liberdade
Por fim
Pintinho raro
Pintinho novo
Tá tudo caro
Volta pro ovo
E o tempo inteiro
Terás pintinho
Um cozinheiro
No teu caminho
Por isso eu digo
E falo de novo
Pintinho amigo
Então volta pro ovo
Se de repente você escapar
Num forno quente você vai parar
Gosto muito dessa vida
Ensopada ou cozida
Até assado é divertido
Com salada e aipim
Tudo é lindo e a vida é bela
Mesmo sendo a cabidela
Pois será numa panela
Meu fim
Por isso eu digo
E falo de novo...

Lidoka gravidíssima na gravação de A Arca de Noé 2. O pintinho.

Lídia muito linda com seu bebê na barriga.

No estúdio ensaiando A Arca de Noé, Frenéticas, Toquinho e Ruban tocando, e em pé Fernando Faro.

Meus truques

Uma tarde, íamos ao aniversário de um ano do Diego, filho da Denise Dumond e do Cláudio Marzo. A babá estava arrumando a Amora. Eu estava excitada: seria a primeira festinha que eu desfilaria como mamãe.

Chegou um amigo em casa, acendeu um baseado e perguntou se eu queria um tapinha. Fazia um tempo que eu andava quieta. Só depois que eu fumei com bastante força, ele me avisou para ir devagar, que era muito forte. Quando ele saiu, eu estava em pé na sala com a escova de cabelo na mão. Parei embaixo do batente da porta do meu quarto e de repente eu não sabia o que eu estava fazendo ali. Parei um momento e pensei: O que é que eu vou fazer? Vou pôr um disco!

Parei na frente do toca-discos, com a escova. Passei-a pelo cabelo e...

Qual disco? Era isso mesmo o que eu queria?

Abaixei e peguei o disco das Frenéticas. A primeira faixa? Coloquei. Não!

A segunda? Não! Meu Deus! Eu não quero fazer nada disso!

Fui para a minha cama, apavorada, desentendida e tentando não deixar que a babá escutasse nada. Liguei para a Beta Leporage e pedi que, por favor, ela viesse lá pra casa. Foi aí que tocaram a minha campainha. Cacete! Quem poderia ser numa hora dessa?

Eu estava passando muito mal. Tinha certeza de que estava prestes a cair no chão.

Então, quando abri a porta, estava lá o Chuchu, que chegava da Itália naquele dia, excitadíssimo, feliz e foi direto para minha casa. Chegou a mil:

— Bicha! Cheguei! Maravilhosa!

— Ai Chuchu, não fala nada! Fica quietinho! Me ajuda? Eu estou passando muito mal!

Que gracinha: ele me deitou imediatamente e começou a me fazer massagem. Nisso chegou ao meu quarto a babá com a Amora toda arrumadinha. Ninguém foi à festa. Minha mãe soube pela babá que eu não estava bem, veio correndo ver o que eu tinha. Eu não podia dizer o que era, principalmente porque ela ficava nervosíssima, achando que eu teria outra convulsão, e o medo dela me deixava pior. Disfarcei, disse que estava indisposta.

— O que é que houve? (É a cara dela essa pergunta.) Será que você não está grávida outra vez?

— Não!

Como eu demorei pra ficar boa! Pra ficar sã.

Eu queria sair de casa, ir para as minhas festas, mas não conseguia. Dinorah foi uma grande companhia, tentava no seu desajeito, me ajudar. Ela me dizia que saísse, que ela cuidaria da Amora. Houve um aniversário do Ney, uma festa maravilhosa na Rua Sambaíba, que ela praticamente me obrigou a ir. Ela queria me ver bem. Me arrumei. Dudu e sua amiga Maria Alice me pegaram em casa. Assim que eu coloquei o pé no apartamento do Ney e vi todas aquelas pessoas, comecei a passar mal, muito mal. Muito sem graça, pedi à Maria Alice que me levasse de volta. Era aquela amiga que acabava incomodando os amigos. Em menos de meia hora eu estava em minha casa. E Dinorah, passada a ferro.

Algumas coisas estranhas aconteciam, onde eu estivesse, qualquer coisinha desencadeava um terror, mas se eu estivesse sozinha com a Amora não.

Inventei uns truques para distrair a cabeça. Andava com palavras cruzadas e onde estivesse as fazia e melhorava.

Outra maluquice que inventei para quando estivesse na rua e passasse mal: procurava placas de carro que da direita para a esquerda e vice-versa encontrasse números repetidos, como em 9229 ou 2442. Era uma espécie de loucura.

Passava mal com a luz fria do supermercado. Fomos a uma estréia da Gal, no Canecão. Assim que sentamos em uma mesa, um fotógrafo veio fazer uma foto. Foi o flash espocar e eu precisar ir embora. Lidoka me pôs em um táxi. Não assisti ao show.

Em uma noite especial, minha irmã me convidou para ir ao Municipal ver um concerto do Rampal, o flautista. Nossas cadeiras eram na primeira fila.

O terrível nessa história toda das minhas crises era a sensação de estar sempre atrapalhando o programa dos outros. Eu não podia passar mal na primeira fila do Teatro Municipal, ao lado da Marília Pêra. Então, muito secretamente, com pouquíssimos gestos, abri a bolsa e como se estivesse assaltando minha própria bolsa, escondido de minha irmã, peguei o remédio (na época era o Gardenal), e fui mordendo uns pedacinhos. Mordi mais de um.

Eu não sabia o que estava acontecendo comigo. Nem eu, nem médico nenhum.

Um dia, liguei chorando para o doutor Linch:

— O que é que eu tenho? Quem é que pode me ajudar? Não sei se procuro um psicanalista, psiquiatra ou neurologista?

Então ele me pediu que fosse ao seu consultório naquele mesmo instante. Disse a ele que queria sair, mas não estava conseguindo, que minha vida mudara, que eu não entendia aquele sofrimento físico, já que me sentia feliz com as minhas escolhas. Ele só me disse uma coisa:

— Não force a barra. Não insista. Se não consegue sair, não saia.

E não me cobrou esta consulta.

Foi quando percebi que estava escrevendo mais do que o normal.

Outro truque que foi uma bênção. Se estivesse na rua, e o mal-estar começasse a vir, eu escrevia, e escrevia até ficar boa.

Uma vez, estava só na praia quando a crise veio chegando. Peguei um copinho de mate amassado na areia e pedi a um ambulante uma caneta. Foi desta maneira que escrevi uma letra que absolutamente não é a minha história nem de nenhuma amiga naquele momento. Um tempo mais tarde, o Guilherme Lamounier pôs uma melodia que eu gravei em meu LP solo:

BEM NA MINHA TESTA

Você chega tão exausto
Do trabalho tão cansado
Quer comer um macarrão
Ir pra cama que pecado
Me arrumei o dia inteiro
Fui à feira e ao mercado
E também fui ao salão
Fiz um lindo penteado
Cada pêlo dessa perna
Pra você foi arrancado
Fiz o buço, sobrancelha
Que suplício, meu amado
Pus aquela camisola
E um perfume perfumado
Pra você ir para cama
Se queixando do cansaço
Agradecendo a Deus
Por ser homem bem casado
Dar um beijo bem na minha testa
E adormecer fatigado
Já não te cobro esses anos
Já nem fico mais zangada
Aos poucos sinto que os anos
Nos conduziram ao nada
Cada pêlo dessa perna
Pra você foi arrancado...

Foi nessa época que comprei meu primeiro caderno Tilibra e desembestei a compor.

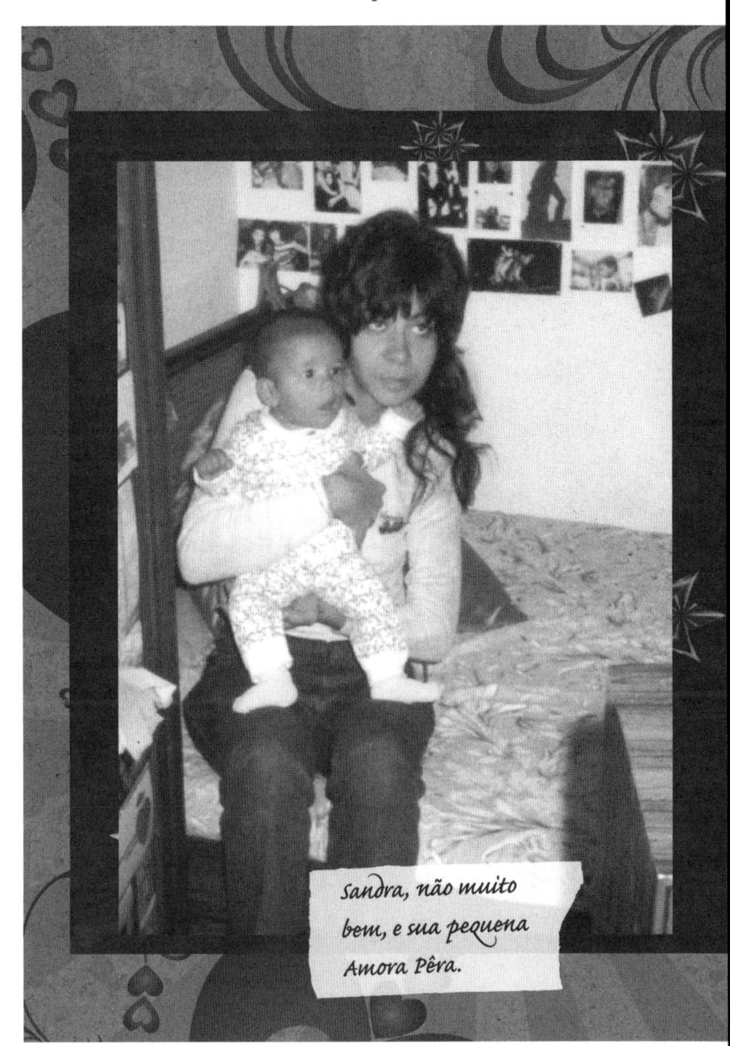

Sandra, não muito bem, e sua pequena Amora Pêra.

A bomba

Não participamos do show do 1º de maio neste ano de 1981, como no ano anterior, que teve um impacto muito grande para nós. Havia ficado muito lisonjeada de ter participado. E tive uma impressão muito grata, ao sermos chamadas um tempo depois, para um churrasco na Barra, onde o Chico Buarque convidou a todos que participaram do show e abriram mão do dinheiro em benefício de trabalhadores, ali representados por seu líder, Luiz Inácio da Silva, o Lula, para um acerto de contas.

Neste ano de 1981, surgiu no pedaço um guru, um botânico, chamado Lourival, um homem que fazia umas cirurgias e que usava a música como anestésico. Eu só o vi de longe uma vez, mas ouvi falar muito dele. Nero era o nome que ele usava.

Neste dia do show, estava havendo um encontro na casa da Regina e Chico Anysio, seu marido. Neste encontro, Chico Buarque estava presente.

Soubera uns dias antes que uma nora de Chico Anysio tirara um quisto grande da perna com o Nero, sem sentir nenhuma dor, e havia sido Chico Buarque que ficara tocando e cantando como anestesia.

(É claro que ninguém sentiria dor com Chico Buarque tocando e cantando como anestesia.)

Neste 1º de maio de 1981, estava em casa com meu neném, assistindo televisão, lutando contra a minha depressão e vencendo aos poucos, quando veio a notícia de que uma bomba havia explodido em um carro, durante um show no Rio Centro. Fiquei nervosa, claro. Uma bomba?

Estava sozinha e meu primeiro impulso foi ligar para a Regina.

— Regina, você viu o que aconteceu?
— Não!
— Acabou de explodir uma bomba no Rio Centro!

Regina repetiu o que eu disse e de repente entrou na linha um Chico Buarque, nervoso, falando alto, me perguntando:

— Que foi que você disse? O que foi que aconteceu? Bomba?

Segundo Regina, Chico Buarque ficou branco como um papel.

Enquanto cantávamos "abra as suas asas, solte suas feras", enquanto dizíamos a todos que iam ficar loucos dentro da gente, o Brasil ainda estava sofrendo de uma ditadura que começava a agonizar. Enquanto berrávamos que o trem da alegria promete, mete, mete, mete, garante, ainda tentavam explodir, calar a música.

O tremendão

Um período muito emocionante foi quando nos convidaram para participar do Projeto Pixinguinha, *O seis e meia*, junto com Erasmo Carlos e Sergio Sampaio.

Nos apresentamos no Rio e partimos para o Sul. Foi muito bom! O projeto caiu do céu. Um bando de loucos pelo Sul do País. Erasmo e a sua querida Sandra Sayonara, a Narinha.

Inventamos uma bobagem, que Erasmo e Narinha eram os pais das seis moças e a caçula, eu, tinha recebido o nome da mãe, Sandra.

Viajamos por Porto Alegre, Curitiba, Florianópolis junto com Sergio Sampaio, o mais quieto da turma.

Narinha era uma mulher que amava muito o seu homem, teve chance de nos mostrar isso. Tenho uma lembrança dela, de final de noite, quando estávamos todos meio altos, ela bem pequenininha, bater em seu próprio ombro e oferecê-lo para que Erasmo debruçasse nele, para que pudesse levá-lo para o quarto.

Narinha e suas plantas. Ela me ensinou:

— De um xaxim com samambaia pode-se fazer quatro samambaias. No momento certo, corta-se o xaxim em quatro e planta-se cada um dentro de outro xaxim.

Nunca tentei, mas nunca esqueci.

Éramos muitos, pois juntos estavam todos os músicos, os nossos e os dele.

Voltávamos tarde e o hotel guardava comida para que jantássemos. Uma noite, no restaurante de um desses hotéis, Erasmo veio imitando um garçom, com a bandeja cheia de xícaras para o café. Então, a Leila, de brincadeira, perguntou a Erasmo:

— Erasmo, que horas são?

Inacreditavelmente, Erasmo olhou o relógio, que estava no pulso da mão com a bandeja, jogando todas as xícaras no chão.

Inventamos para este show, uma roupa de guerrilheira. Até cantil para beber água nós tínhamos. Estávamos naqueles últimos momentos da ditadura. Uma roupa que homenageava a rebeldia. Era muito emocionante estar trabalhando com Erasmo, O Tremendão, em carne e osso, partilhando de certa intimidade com o casal, que era uma graça.

Sergio Sampaio era muito recolhido, ou estava recolhido, mas todos juntos cantamos o seu *Bloco na rua*.

Festa de arromba era uma das músicas que cantávamos juntos.

Uma vez estava no camarim de Erasmo, conversando, e ele me contou algo que achei muito engraçado, e conto aqui, pois já o vi contando em entrevista. Ele já estava vestido para o show, de repente, pegou o lápis de sobrancelha e passou a rabiscar a cabeça, onde o cabelo começava a cair. Devo ter feito uma cara de "Que que é isso?". E aí ele me disse:

— Quem me ensinou a fazer isso foi Renato Aragão, para cobrir onde estou ficando careca.

Em Florianópolis, nos deparamos com um público estranho, esquisito, que não reagia a nada. Nos olhavam com cara feia. Então, em um momento, saíamos de cena e cruzávamos na coxia com Erasmo que entrava. Ele estava uma fera e disse:

— Vou entrar lá e xingar todo mundo!

— Não vai, não! Entre lá e cante! — disse Nara, forte e poderosa.

Esta temporada marcou a primeira vez que deixei a Amora por quinze dias desde o seu nascimento, e também a microbarriga da Lidoka que não se vê em nenhuma foto daquela temporada.

Erasmo fazendo graça para a lente de Sandra. Num camarim no Sul do País.

Pedrão, nosso baixista, e Beto Saroldi, saxofonista. Na viagem com Erasmo.

Amora na porta de casa, antes de a Sandra sair para excursão pelo Sul. E, de perfil, o Bip, o cão de Dinorah, quase irmão de Sandra.

Dudu, vestida de guerrilheira, e Beto Saroldi, saxofonista, no Sul.

No espelho, Regina, Sandra, de guerrilheiras, e atrás Leiloca. No Sul.

Erasmo brincando de enforcar a guerrilheira Lidoka. Sul.

Erasmo e Lídia nos palcos do Sul.

Jorjão que nos matava de tanto rir, em uma parada da excursão.

Sandra, cheia de razão, vestida de guerrilheira.

A querida Sandra Sayonara (a Narinha), e seu amor, Erasmo Carlos, no ônibus.

Shopping show 1

Como estávamos sem um empresário, ligaram para a casa da Dudu. Uma agência de publicidade nos queria para o lançamento de um grande shopping center na Barra.

Estávamos mal de grana e éramos inexperientes no trato com a publicidade. Até então, havíamos feito algumas campanhas publicitárias que apareceram no auge da carreira e que foram negociadas por quem estivesse cuidando da gente.

Não estávamos arrebentando e Dudu costumava dizer algo que eu adorava e era a nossa cara. Ela dizia:

— Abrimos a nossa geladeira e ela está cheia de prestígio.

Ela dizia isso quando aparecia alguma proposta de trabalho e ficávamos discutindo muito, demorando a dar uma resposta.

Enfim, fechamos mal essa publicidade. Era algo muito grande e muito trabalhoso para o dinheiro que recebemos.

Indicamos o Ruban e o Ronan Soares, que fizeram maravilhosamente a música.

O refrão dizia:

Afinal encontrei
Você vai descobrir
O que a Barra inventou
Barra Shopping, shopping show...

Marly Tavares era a coreógrafa, trabalhamos com ela por uns quinze dias. A Marly saía dançando na nossa frente como se todas nós fôssemos bailarinas profissionais. A Dudu ficava uma arara, irritada com a rapidez da Marly. Nós ríamos muito.

Em um dia gravamos as vozes da música e, em dois dias, o comercial.

Era outubro e a Lidoka carregava uma barriga gigantesca, estava prestes a parir.

Saímos cedo de casa para a gravação, talvez umas seis da manhã. Passamos o dia inteiro no pavilhão de São Cristóvão, ensaiando, esperando, ensaiando, almoçando, ensaiando. A gravação andava em ritmo lento. Havia balé e muitos figurantes, todos como uns zumbis.

Gravamos algumas coisas e a madrugada foi surgindo. Às cinco da manhã, pararam a gravação para que fôssemos para casa, mas teríamos que estar de volta às onze. Ou seja, eu havia tomado o Gardenal à noite e não dormira. Agora daria uma pequena descansada e, logo, logo teria que estar de pé. Dá até arrepio quando eu lembro aquele dia.

Voltamos e esperamos, ensaiamos, gravamos um pedacinho, esperamos, gravamos. Minha cabeça começou a dançar, o medo começou a crescer. Quando deu quatro da manhã do segundo dia, quase consecutivo, eu não consegui agüentar. Meu corpo tremia todo. A sorte foi que, nesse pára e grava, eu adiantei algumas cenas, porque eu não terminei a gravação.

Até hoje eu não sei quem foi o anjo, mas um rapaz da produção me pôs deitada em uma Kombi e me levou em casa, deitada no chão do carro, com minha cabeça em seu colo. Ele veio como uma mãezinha, passando a mão no meu cabelo até eu me acalmar.

Outra mãe solteira

Dois dias depois do fim da gravação do inferno que foi aquele comercial, eu estava em casa, dormindo de madrugada quando meu telefone tocou.

— Sandra! Estou em trabalho de parto!

Era Lidoka. Eu havia combinado com ela que me ligasse a qualquer hora, pois morava ao lado da mesma clínica São Marcelo, onde eu havia dado à luz.

Saí correndo a pé e fiz a ficha dela para que não tivesse que parar na portaria.

Lidoka preparou-se o ano todo e declarava que teria parto normal fazendo aquela respiração de cachorrinho.

Chegou se arrastando de dor. No quarto, ela fazia a respiração, soprando rapidinho:

— Fufufufufufufufufufu, ai, ai, abre, abre logo a barriga, doutor!

Eu ria muito, e quando ela tinha um intervalo das contrações, ria muito também.

Nasceu o menino lourinho e, então, fui encarregada de ligar para o Peti o "Menino do Rio", a musa de Caetano Veloso, tão lindo o Peti, que imediatamente apareceu lá. Ficamos conversando na varanda da clínica. Contei a ele que, uma vez, o Chico Anysio conversando comigo dissera que um nome sempre deveria combinar com o sobrenome. Que um sobrenome muito extenso deveria ter um nome curto. O da Lidoka é enorme, Martuscelli, e o dele, Peti, é Machado. Comentei que havia feito junto a Lidoka uma lista de nomes curtinhos, Ian, Iuri, Igor. Ele escolheu Igor.

Igor Martuscelli Machado nasceu no dia 16 de outubro do mesmo 1981 que a Amora.

Lidoka, Igor e Sandra. Todos em frente ao espelho. Este clique é de Sandra mesmo.

Lídia em casa mostrando o barrigão, este clique é de Kleber, nosso precioso fã.

Mais shopping show

Pouquíssimos dias após o nascimento do Igor, a agência que fez o comercial ligou avisando que havia surgido "uma sujeirinha" no vídeo e precisariam repetir umas cenas.

Mas e o barrigão da Lidoka?

Nenhum problema, barriga falsa.

Que pavor!

Mas foi só um pedaço. Voltamos e gravamos.

Veio depois o Morumbi Shopping Show, ou seja, gravamos outra vez, todas as partes, tanto dos vocais como as de imagens, dos pedaços que foram trocados para:

Afinal encontrei
Você vai descobrir
O que São Paulo inventou
Morumbi Shopping Show...

Mais uma vez, a barriga falsa da Lidoka e o mesmo valor de dinheiro.

Foi um lançamento espetacular. O filme era enorme e eles ficaram aproximadamente uns dez dias anunciando um grande show das Frenéticas, que seria televisionado em rede nacional, para o dia tal, às 20h, no horário do Jornal Nacional. Nosso contrato exigia silêncio, não dissemos nem aos amigos. Era horrível, ouvíamos as pessoas encantadas elogiando o prestígio de ter um show nosso, em rede e no horário do Jornal Nacional. E o pior: elas diziam que teriam que deixar gravando, pois teriam compromissos naquele horário e não queriam perder o nosso show.

Realmente foi muito bem feito, o comercial era bacana, mas no dia seguinte ouvimos muitas reclamações. Às 20h em ponto, em todos os canais, entramos com um comercial, e não com o show tão anunciado.

Uma tarde, saíamos de uma reunião na Estrutural, agência que nos contratou para o comercial. Caminhávamos nas calçadas de Ipanema e paramos para conversar.

Lidoka e eu encostamos em um carro parado, Regina, Leila, Dudu e Edir estavam viradas para nós, de costas para a calçada. Estávamos falando de trabalho. Nisso veio vindo em nossa direção um rapaz portador de uma deficiência física muito acentuada. Ele caminhava tremendo todo o seu corpo. Os braços e as pernas moviam-se desordenadamente, tornando o seu andar muito difícil, e sua voz era completamente confusa.

As quatro não o viam, somente eu e Lidoka, e não imaginamos que ele viria falar conosco. De repente, ele entrou no meio delas e perguntou as horas. Nós duas não tivemos tempo de avisá-las. Quando tentamos, já era muito tarde. Cada uma delas deu um grito assustador e correu para cantos diferentes.

Nós duas que assistimos àquela cena dantesca ficamos numa situação absurda. Queríamos nos desculpar com o rapaz, coitado, ficou visivelmente sem graça e não conseguíamos segurar o riso. Ríamos delas, das suas caras assustadas, gritando e correndo com estardalhaço. Foi uma situação totalmente ridícula, grotesca e completamente descontrolada.

Nosso contrato era de seis meses. Uns meses depois, eles produziram um outro comercial para manutenção da campanha e chamaram a Elba Ramalho.

Depois criaram outro comercial, uns meses após o da Elba, e resolveram que não chamariam nenhum artista. Puseram pessoas andando, felizes pelo shopping. Cometeram um pequeno deslize. Sem que ninguém nos pagasse, sequer consultasse, puseram essas pessoas felizes dublando as nossas vozes. Que sublime! Acharam que isso não merecia pagamento e ponto.

Fomos apresentadas a um advogado, uma pessoa única, que tinha um nome único: Pedrílvio. (Talvez sua mãe chamasse Sílvia e, o pai, Pedro.) Era um profissional que dizia adorar brigar com os grandes.

Lembro-me de Lidoka dizendo que foi conversar com alguém da agência, que disse que não seria um bom negócio brigar com eles. Afinal, poderíamos não ser mais chamadas para nada. Leila, Regina e eu fomos até o fim. Ela, Dudu e Edir, não.

Quando o grupo não existia mais, e eu estava morando em São Paulo, talvez uns dois anos depois disso, a Regina me ligou dizendo que eles haviam nos procurado, pois estavam lançando o Park Shopping, em Brasília, e seria mais negócio usar o mesmo comercial, mudando só o refrão, do que produzir outro, com novos artistas.

Pedrílvio entrou em ação. Nós só acertaríamos o novo comercial com o acerto do processo. Nós três rece-

bemos "cinco dinheiros", dois a mais do que Lidoka, Dudu e Edir.

Mais uma vez, Lidoka e sua barriga falsa (Igor já devia estar com uns dois anos) e mudamos o bendito refrão.

Afinal encontrei
Você vai descobrir
O que Brasília inventou
Park Shopping, shopping show.

Nos finalmentes

No final de 1981, começo de 1982, já não era uma grande alegria nem uma grande loucura ser Frenética. Longe de ser uma tristeza, seguíamos profissionais, mas não arrebatávamos uma platéia de milhares, como no início. Eu intuía que o fim estava próximo. O olhar das pessoas diante das Frenéticas já era outro. Aquela admiração não existia mais. Uma mulher que foi profundamente amada e querida sabe quando a paixão acaba, quando o olhar do outro muda de direção. E, na minha cabeça, as Frenéticas tiveram o seu tempo, o tempo certo. Tudo o que trouxemos de novo para o público, para o Brasil, não tinha sido planejado, simplesmente aconteceu. Trouxemos uma novidade, porque não sabíamos disso. Já não nos queriam como antes, quando nos adoravam.

O público não se dava conta disso. Muito tempo depois de termos acabado, as pessoas diziam não entender o motivo do fim. O interessante é que tenho uma memória espetacular. Lembro detalhes da nossa vida em grupo de que poucas se lembram, embora a reta final não seja tão precisa na minha lembrança. Eu sei de tudo o que aconteceu, mas sem a precisão que tenho de todas as minhas histórias.

Por exemplo, fizemos um outro comercial para o Casa Shopping, todas vestidas de Papai Noel. Claro que foi no Natal, e com certeza em 1981, pois, no Natal de 1982, eu não estava mais no grupo.

Uma vinhetinha

Num dos trechos opacos da minha lembrança está um show que fizemos para finalização das obras do túnel Dois Irmãos e o acesso à Avenida Lagoa Barra, com a presença do governador Chagas Freitas e do Miro Teixeira. Com absoluta certeza, da nossa parte não havia nenhuma conotação política. Não sabíamos de nada até chegar lá e dar de cara com o Chagas Freitas, que se balançava no ritmo da nossa música enquanto vinha em minha direção no final do show. Cumprimentou-nos com bastante entusiasmo, assim como todos os presentes.

Embora levando a minha vida da melhor maneira que podia, trazia a maldita depressão na minha jugular, fazendo com que eu me lembrasse, o tempo todo, de que a minha vida existia e de que eu deveria olhar através da janela e pensar que o crescimento acontece sim, cortando a minha juventude ao meio. Deveria me lembrar de que agora eu era responsável pela existência de uma pessoa e blá-blá-blá.

Minha vida tornara-se séria, eu perdera o controle. E todas as vezes em que era atingida por aquele medo, escrevia. Passei a escrever o dia inteiro. Eu me sentia muito mal, fiquei meio anti-social. Qualquer assunto era motivo para virar letra de música. Algumas eu adorava, outras nem acabava.

Então, uma amiga de São Paulo, a Ângela Carvalhal, me levou a um neurologista maravilhoso, desses professores-doutores, o Sanvito. Ele finalmente me convenceu de que eu estava curada. Trocou o remédio, me explicou a doença e me convenceu de que, medicada, não teria mais convulsões. Perguntei sobre a minha vontade desesperada de escrever. Ele me disse que eu estava usando uma parte do cérebro nova para mim, já que a outra estava meio capenga.

Aos poucos, fui voltando a ser feliz outra vez, curtindo meu neném, que esperei tanto tempo. Então, criei coragem e passei a mostrar minhas letras.

Guilherme Lamounier

Guilherme Lamounier, quando conheci, era um doido talentoso. Pediu meu caderno Tilibra emprestado e apareceu dois dias depois com quinze melodias para quinze escritos meus. Até o que não era letra, virou música. Ele não saía de casa. Uma noite, trabalhávamos na minha sala, e eu usava uma camiseta vermelha com um bulldog desenhado. De repente, ele parou de tocar, olhou feio para o cão no meu peito, fechou a mão e ameaçou:

— Se você machucar a Sandrinha, eu te arrebento a cara toda!

Eu não sabia o que estava acontecendo, mas tentei disfarçar e não levar a sério pedindo que ele parasse com a brincadeira que eu queria continuar trabalhando.

Guilherme foi meu parceiro mais freqüente. Ele gostava de tudo o que eu fazia, o que me motivava a escrever mais. Neste período, escrevi uma letra em que coloquei o título de *Exercício*, mas a censura não deixou sair. Para não perdê-la, troquei o título para *Se pode criar*, do qual eu não gosto, mas desta forma consegui gravá-la. Eu falava sobre o exercício de escrever, que eu vivia naquele momento, mas também sobre todos os exercícios que se precisa fazer na vida.

SE PODE CRIAR

Quanto mais a gente faz mais a gente gosta
Quanto mais a gente gosta melhor a gente faz

Agarrar a emoção da alegria, da tristeza e fazer
E ir cantando, atuando, ir amando sem a pressa de chegar.
O gosto vai provando, a voz vai afinando, sem sentir e sem querer.
Fazendo gostoso, seguro, maduro, sem medo de mostrar.

Quando se faz o que gosta a gente gosta bem mais
E quanto mais vai se fazendo mais coisa vem atrás

Achar na palavra certa magia, mas a palavra pode mudar.
Sem nunca saber se foi um poder, se foi um prazer que fez conceber
A coisa bonita, dita, escrita na praia, no chão ou depois do jantar.
Que o amigo incentiva e você acredita que todas as horas se pode criar

Minha irmã compôs uma letra e, sem saber o que fazer com ela, me mandou. Entreguei a Guilherme, que imediatamente musicou. Ela havia dado a luz à Nina uns meses antes de mim e estava trabalhando muito. A música tem uma letra extremamente feminina e um balanço delicioso. Ela nos ofereceu para cantarmos. Não cantamos. Continua inédita.

CHINELINHO CHINFRIM
(Guilherme Lamounier e Marília Pêra)

Eu vivo tão dividida, entre o lar e o show da vida
São fraldas, talco, fogão, misturados ao rouge e ao batom
Em cena voz vigorosa, ao berço voz de veludo
Ser mãe acima de tudo, sem deixar de ser gostosa

Ai, eu sou gostosa! Ai, eu sou gostosa!

Eu amo a luz colorida, quero ser admirada
E dançar enlouquecida alucinando a moçada
Mas de manhã tem chorinho, tem feira, supermercado
E leite saindo morninho do seio tão desejado

Ai, eu sou gostosa! Ai, eu sou gostosa!

O salto bem alto e fininho, o chinelinho chinfrim
Entre os dois me desafino, nos dois pedaços de mim
Eu quero ser uma uva, eu quero ser um caqui.
Será que você me usa com esse cheiro de xixi?

Ai, eu sou gostosa! (Vira cambalhota neném) Ai, eu sou gostosa!

Me deixe passar, eu sou mãe, amamentar e ferver
Ou ferver e amamentar, é o meu desejo, pode crer
Abrir o peito pro mundo, a todos dar a maçã
Àqueles que são meus filhos
Àqueles que são meus fãs

Ai, então dorme filhinho
Ai, filho não dorme não

Ai, eu sou gostosa! (Vira cambalhota neném.)
Ai, eu sou gostosa!

Outra letra minha que Guilherme musicou, *Kitchnet*, (embora morasse em um lar maior), a censura também deu seu ar sem graça. Mais uma vez, mudei o título e troquei o finalzinho por umas palavras que queriam dizer a mesma coisa, e tudo foi liberado.

PENSANDO VOANDO

Estava na sala sozinha e nua
Pensando, voando, no mundo da lua
No peito um espaço, um certo vazio
O tempo era quente, mas eu tinha frio
Entre a cozinha e o corredor
Eu me perguntava sobre o tal do amor
E na área dos fundos quase pirei
Pois muito queria o que sempre neguei

Eu digo que não, não
Mas sinto que quero
Se eu nunca ligo
Mas sempre espero

Na geladeira o que mais desejava
Era exatamente do que não precisava
Pra relaxar eu liguei o chuveiro
E num banho bem quente fervi o banheiro
Bem mais cheirosa joguei-me na cama
Como uma rosa que brota na lama
Com quem vive gozando do drama
Como quem prosa sozinha na cama

Eu digo que não, não...

Guilherme e eu fizemos outras parcerias que, um pouquinho mais tarde, gravei em meu disco. Estive com ele poucas vezes depois e a última vez que o vi num bar, ele não estava bem. Não parecia o Guilherme que conheci. Não sei o que aconteceu com ele. Mas esteja ele onde estiver, é um desperdício de talento. Aquele foi um momento repleto em minha vida do qual ele participou de coração. Onde está você?

Sandra vestida com a camiseta vermelha que tem o desenho do cachorro, em quem Guilherme Lamounier queria bater.

Marília Pêra em cena, com a barriguinha de grávida da Nina, ao lado de Silvia Bandeira.

Coragem de dizer não quero mais

Estava muito estranho ser Frenética. Tudo o que justificava o nosso nome começava a ficar sem razão. Era fazer porque sim, pelo dinheiro. Não havia o envolvimento artístico e aquela alegria toda, o "entre nessa festa, caia na gandaia". Eu estava duvidando.

Fomos levadas para fazer uns programas de televisão em Santiago, no Chile, por alguns dias, e Lidoka ainda amamentava seu neném. Lembro-me da Lidoka sugando leite do seu peito para deixar o máximo que pudesse para o Igor.

Foi meio esquisito cantar nossos grandes sucessos em espanhol. De qualquer maneira, foi ótimo conhecer o Chile, e nós seis juntas sempre nos divertimos muito. Não nos deixaram fazê-los ficar loucos "dentro da gente". A censura deles só nos permitiu cantar "cerca de mi".

Certa vez, apareceu um show em Juiz de Fora. Oba! Querem um show!

Era do Irmão Pedro (lembram-se dos Pequenos Cantores da Guanabara?) e beneficente. Lá fomos nós para Juiz de Fora numa estrada cheia de curvas.

Também estivemos em Belo Horizonte, numa espécie de clube. A apresentação foi ao ar livre, com um desfile de moda à tarde. No fim do show, nos levaram a uma sala para que enfrentássemos a fila de autógrafos. Foi um massacre. Passamos a tarde toda assinando, sem parar, e eram criancinhas, lindas. Mas queríamos morrer.

A Dudu, no princípio da sessão de autógrafos, sentou animadinha. Inventou de assinar e dar um beijinho com o batom em cada papel e deixar a sua boca. Lembro-me do que eu pensei:

— Ela vai ficar com os lábios dormentes.

Depois de milhões de beijos, quando seu batom começou a diminuir, ela resolveu abreviar para "Um beijo da Dudu".

Engraçado, nossa carreira não ia bem, mas todos queriam nossos nomes escritos em seus pedacinhos de papel.

A relação WEA (Véia) com as Frenéticas estava no fim. Se quiséssemos fazer outro disco, teríamos que ir atrás de outra gravadora. Eu não via isso com bons olhos.

Tudo aconteceu tão espetacularmente espontâneo que parecia ter sido magia. E foi. Detesto a situação de pedinte. Lembrava o tempo todo das palavras de Gilberto Gil: "Sair antes de a festa acabar". Mas não sabia como dizer isso a elas. Como dizer que queria partir para outra? Mas, que outra? Eu estava diferente, sonhava outros sonhos.

Juntas, nós vivemos momentos únicos de pura glória. Momentos que só nós seis conhecemos, que, por mais que se conte, ninguém pode imaginar. Como um show que nós fizemos no gramado do Maracanã. É inexplicável o que nós passamos naquele dia. Entramos com nossos boás coloridos para uma chegada de Papai Noel, e o Maracanã lotado de crianças nos acompanhou, cantando a música *Dancin'Days* completamente afinado. Estávamos no centro do gramado e aquela multidão de vozes infantis causou um nó em nossas gargantas. Quase não conseguíamos cantar, chorávamos.

Apareceu uma outra gravadora, talvez Lidoka tenha corrido atrás, não me lembro, era sempre ela que resistia e batalhava até o fim. Estávamos em reuniões, discutindo contrato, músicas e essas coisas. Eu olhava o entusiasmo com que as meninas estavam atrás de músicas, falando da carreira, e a minha cabeça estava em outro lugar. Eu estava sem planos, mas foi ficando muito forte o sentimento: não quero mais isso. Havia passado por um processo de crescimento tão forte naqueles dois últimos anos que acabei me distanciando.

Não queria mais ter que fazer tudo em comum acordo. Queria poder escolher a cor de roupa sem ter que disputá-la com ninguém. Queria cantar, falar o que eu quisesse sem ter que botar na roda, sem ter que votar.

Morreria de ciúme se outra pessoa entrasse em meu lugar, mas o ciúme podia ser controlado.

Regina saiu junto comigo. Descobrimos que estávamos com os mesmos sentimentos.

Não dava mais para continuar fazendo algo sem acreditar. Outros sonhos me visitavam. Eu estava fértil de tudo e tinha a convicção de que quando se tem a coragem de sair do que não está bom, a vida dá de presente toda a sorte do mundo. Continuo achando isso, mesmo que seja muito difícil chegar onde se quer.

Não sei onde quero chegar, quero ir indo e nesse caminho sempre acabo passando por uma festa-surpresa. Sempre foi assim...

Sandra, Edir, Dudu, Lidoka e Regina, caminhando pelas ruas de Santiago do Chile. Muito provavelmente o clique é de Leila.

Sandra em frente ao hotel no Chile.

Nelson Motta com Joana Motta, filha de seu primeiro casamento, e Esperança Pêra Motta, sua filha e de Marília, no show do Maracanã em 1978.

Frenéticas e o Maracanã lotado!!!

Frenéticas completamente emocionadas e a muralha de gente que cantava junto no Maracanã, em 1978.

Liminha

Um mês depois de eu sair das Frenéticas, o Liminha me levou para casa dele para gravarmos uma fita demo, com duas músicas, para que ele apresentasse à gravadora. Estávamos próximos nesse período em que ele se separava da mulher e conversávamos muito sobre as relações conjugais.

Fiz para ele uma letra que Rosinha Passos musicou. Eu a conheci num festival de mulheres em São Paulo, que Ruth Escobar produziu. Clarisse Grova ficou com o primeiro prêmio, Rosa ficou com o segundo, e eu com o terceiro, e como prêmio ganhei esta parceria com ela:

O AMOR DE HOJE

O melhor amor é o amor de hoje
É como se fosse o primeiro amor
Que luta para atingir, encara com furor
Faz um grande tititi sob o nosso cobertor
Com esse grande amor tem-se muita sorte
Pois o amor de hoje é sempre o mais forte
Longe desse amor se morre de saudade
O amor de hoje é para a eternidade
Eu nunca me dei tanto quanto hoje eu me dou
Quero mais, quero muito, o que esse amor sonhou
E o amor de hoje é sempre o mais bonito
Além de um grande amor é o melhor amigo
Quando o amor de hoje se despede e parte
Parece que nós vamos ter uns dez enfartes
É necessário saber que o amor de hoje
Quase nos faz morrer porque é o amor de hoje

O diabo a quatro e eu sozinha

Fui contratada pela WEA (Véia) e as Frenéticas assinaram com a Top Tape. Gravávamos no mesmo estúdio, Transamérica na São Francisco Xavier, e era muito estranho. Elas pareciam outras pessoas, sem intimidade. Nós conversávamos, mas sem interesse. Porém, apesar de tudo, elas gravaram duas músicas minhas.

Alguém me contou que, em Portugal, o filme *Nosferato, o Vampiro* tinha recebido o nome de *Não me venhas com beijinhos ao pescoço* (tem que ser lido com sotaque). Fiz uma letrinha bobinha que Guilherme musicou. A outra música chama-se *A todo vapor*, que era um pequeno protesto aos empresários que sugavam nossos talentos, também com Guilherme de parceiro. O refrão diz:

E pra quem ouve o canto
De um artista criador
Saiba que atrás vem um bando
Soprando a todo vapor

Entrou no LP *Diabo a quatro*, das quatro Frenéticas, a bela música de Geraldinho Carneiro e Piazzola, *Canção de amor*, aquela que ele compôs sobre seus caixotes de mudança. Para manter a sorte, elas gravaram *O saco cheio de Noel*, do Gonzaga. Outra maravilhosa escolhida por elas foi *O rock da cachorra*, do Léo Jaime, *Tente outra vez*, do Raul Seixas, Paulo Coelho e Marcelo Motta, *Pó de guaraná*, do Zé Rodrix e Miguel Paiva, *Com tudo arriba*, do Paulo Silvino e Orlandivo, *Revolução*, de Lennon e MacCartney, com versão da Lidoka, Leiloca e Léo Jaime. A música de trabalho foi *Você escolheu errado o seu super-herói*, de Aguilar, Thomaz Brum, Go e Dekinha. Lidoka me contou que elas ganharam o Disco de Ouro com o disco.

O leão

Quando já estávamos seguindo rumos diferentes, recebemos uma cartinha da Receita Federal. Uma multa espetacular, pois nossa firma estava toda fora de ordem.

Como? Nossa firma fora de ordem? A Poponha não a tinha fechado?

Ninguém entendia nada, mas tínhamos que pagar mais de um milhão cada uma, até o dia tal, senão perderíamos o que tivéssemos de bens. Impressionante, a única que tinha algo para perder era Lidoka, que conseguira comprar o seu apartamento e tinha a eternidade para quitar.

Não sei o que aconteceu, que o meu nome não veio e o do Duda (o Nelson Ordunha) sim. Fizemos as devidas trocas e esperávamos por algum milagre. Tínhamos um advogado que nos disse o que já sabíamos. Pagar no dia tal, senão...

O tal dia se aproximava e, no final da semana anterior ao dia fatídico, a WEA me mandou para o Festival de Canela, para cantar e divulgar meu LP solo. Minha cabeça estava quente, onde eu arrumaria tanto dinheiro?

Heleno de Oliveira era um dos diretores da WEA nesta época e demonstrava um carinho enorme por mim. Sabia fazer uma crítica e eu confiava nele. No último dia de Canela, voltando para o Rio, um sábado, escrevi um bilhetão bem humorado, contando o que estava acontecendo. Fiz uma letra e coloquei embaixo da porta do quarto do Heleno no hotel e fui embora. Ela começava assim:

O Leão bateu lá em casa
Chegou morrendo de fome
Entrou fazendo algazarra
Querendo sujar o meu nome...

No domingo à noite, ele deixou um cheque no valor que eu precisava, na portaria do prédio da minha mãe. Liguei para ele sem acreditar, e pelo telefone sem que ninguém assinasse nenhum papel me disse:

— Quando você começar a fazer show, me dá a metade do que você receber até pagar a dívida.

Eu paguei tudo e nunca vou esquecer isso.

No dia marcado, cada uma de nós estava com tostões que o governo dizia que devíamos. O advogado mandou que depositássemos em juízo, que quando ganhássemos a causa, porque ganharíamos, receberíamos o dinheiro de volta.

Há, há, há!

Realmente ganhamos a causa, e vinte anos depois, recebemos, sem nenhum ajuste, sem nenhuma valorização, menos de R$ 200. Eles só fazem esse tipo de conta quando eles é que têm que pagar.

Capa do LP das Frenéticas, Diabo a quatro, em que Sandra e Regina já não participaram.

O primeiro fim

As quatro Frenéticas trabalharam ainda por dois anos. O último figurino que fizeram era uma bem humorada reprodução de teclados e instrumentos musicais que vinham em forma de uma grande gola. Nos encontramos algumas poucas vezes por algumas televisões. Pelo meio do caminho, a Leila também saiu e elas acharam bom colocar uma outra gordinha, chamaram a Cláudia Costa, uma atriz que canta bem, que havia trabalhado na peça infantil *A verdadeira história da Gata Borralheira*, onde conheci a Leila, que fazia a mãe da personagem da Claudia.

Não éramos só mais um grupo, éramos um "momento" insubstituível. Não éramos supercantoras. Arrebentamos na época pelo o que dizíamos, da maneira como interpretávamos. Ninguém planejou um grupo de mulheres que tivesse uma gordinha à vontade com seu corpo, duas negras inteiradas e donas do seu trabalho, uma altíssima e duas louras.

Tudo havia começado tão inesperadamente, espontaneamente. Não combinávamos nenhuma coreografia, éramos seis solistas tão convictas do seu espaço, que colocar uma substituta, aos meus olhos, soava estranho, mas elas seguiram até que um dia acabou.

Minha carreira solo não foi adiante. Acho que eles pensaram que eu estouraria instantaneamente, assim como estourou o grupo. Eu nunca acreditei nisso. Achei que estaria começando uma outra coisa. Aliás, o Heleno de Oliveira me disse isso um dia:

— Não acho que você vai sair vendendo milhões. Penso que vamos aos poucos. Pondo você na praça, aos poucos. Um disco depois do outro.

Acreditei nas palavras dele, mas logo em seguida ele saiu da gravadora e eu fiquei com um contrato para mais um LP e fizemos um compacto. Não podia esperar que algo acontecesse, tinha um neném, precisava trabalhar, então, voltei à minha carreira de atriz que havia deixado para trás.

Edir, Leila, Dudu e Lidoka para a televisão. Frenéticas em nova formação.

Amora servindo de modelo para sua mãe.

Foto feita para divulgação do LP de Sandra Pêra.

Sandra pêra

Capa do LP solo de Sandra Pêra.

A gente só morre uma vez

1991 foi um ano cruel que levou para sempre pessoas que eu amava. Uma sucessão de partidas que começou em 1988 com a morte da Dina, madrinha-mãe do Gonzaga, avó da Amora.

Em 1989, foi a vez de Gonzagão, o velho Lua, o Rei.

Com a morte do pai, Gonzaga prestou-lhe uma série de homenagens, mal sabendo que o seu lugar nessa fila não estava tão longe.

Aquela paixão avassaladora que me fizera perder o fôlego muitas vezes agora dava lugar a um amor tranqüilo ao pai de minha filha. Cada um levava sua vida afetiva, seus novos amores. Ele em Belo Horizonte, eu no Rio, embora algumas vezes o moleque, como ele se intitulava, aparecesse em casa com olhares de moleque. Olhares que sabiam mexer com uma mulher.

Frase que mais ninguém pronunciaria na vida, só ele:

— Sabe o que eu queria mesmo? Era viver com vocês três e todas as crianças. (Vocês três éramos eu, Ângela e Lelete, com quem estava casado.)

Falava isso e ria, é claro!

O Sultão!

Respondia eu, às gargalhadas.

Minha irmã produzira um espetáculo que durou três anos com grande sucesso, *Elas por Ela*, um empreendimento praticamente familiar. Trabalhavam os três filhos dela, Ricardo, Esperança, com catorze anos, e Nina com nove anos. Amora, aos oito anos, também fazia parte do elenco. Eu era um dos quatro diretores junto com André Valli, Beta Leporage e minha irmã. O marido de minha irmã na época, Ricardo Pessoa, produzia junto com ela, e a direção musical ficou nas mãos do Gonzaga. Foi uma reunião familiar perfeitamente feliz e acertada.

Então no domingo, dia 28 de abril de 1991, o telefone tocou.

A secretária eletrônica ficava longe do aparelho, era o Gonzaga querendo falar, mas quando peguei o telefone, ele já havia desligado meio irritado por não ter conseguido falar. (Guardo comigo essa fita.) Liguei em seguida para a sua casa e fui informada de que ele estava em excursão pelo Paraná. No dia seguinte, muito cedo acordei atordoada com o telefone tocando. Era Regina Chaves perguntando se eu sabia que o Gonzaga havia sofrido um acidente de carro. Sentei na cama zonza, querendo saber como ele estava e ouvi o impossível.

Liguei para Belo Horizonte, na esperança de um desmentido, mas do outro lado da linha só ouvia gritos, dores. Corri para o colégio e peguei a Amora, com medo que alguém lhe desse a notícia antes de mim. Trouxe a Nina, minha sobrinha junto e pedi a ela, trancada dentro do banheiro:

— Nina, me ajuda a dar essa notícia triste para a sua prima.

Lembro que Amora vinha da cozinha comendo uma maçã quando falei. Sua primeira reação foi virar o rosto um pouco para o lado e abrir a boca, sem som, como se dissesse:

— Ah! Que pena mãe!

E foi ela, com o olhar meio perdido, quem acudiu a Nina, que caiu em seu colo aos prantos. Fomos todos juntos para Belo Horizonte, Ângela Porto Carreiro e eu sentamos juntas naquele vôo. Chorávamos juntas. Abraçadas, ela me disse:

— Temos muita coisa em comum.

Temos sim uma longa história de amor em comum.

Isto aconteceu em abril de 1991. Em setembro do mesmo ano, eu estava em Porto Alegre. No dia 17, meu aniversário, foi dela que recebi o primeiro parabéns. No mês seguinte, dia 25, outro telefonema impossível, me avisava que a Ângela havia morrido. Ela se foi seis meses depois dele. Ela simplesmente desmoronou, desistiu e foi embora.

Alguém lá em cima enganou-se. Sempre achei que foi um erro do divino.

Vivi um longo período de profunda tristeza. Achei que seria para sempre. Graças a Deus, o coração da gente se acalma. O da Ângela não se acalmou. Mas, foi ele mesmo, o Gonzaga quem me disse, naquele primeiro encontro, morrendo de medo, dentro do avião.

— Medo de quê? A gente só morre uma vez.

Amora no colo do Gonzaga, no aniversário de 1 ano.

Capa do LP que Gonzaga fez em homenagem ao pai falecido 1 ano antes.

Gonzaga e as três filhas: Mariana, Fernanda e Amora, gravando a faixa de São João em homenagem a Gonzagão, pai e avô. (Fernanda e Amora hoje cantam nas Chicas.)

Gonzaga e Amora em momento de ternura.

Gonzaga e Amora em momento de entrega.

A revolta

Era 1992 e cada uma de nós buscava o seu espaço, quando veio o convite.

A Globo preparava uma nova novela e pensaram nas Frenéticas para a música de abertura. *Perigosas peruas.* A música recebeu o mesmo título, uma letra pequena, mas cheia de autores. Renato Ladeira, Boni, Nelson Motta, Julinho Tavares e Roberto Liy.

PERIGOSAS PERUAS

Tira e bota
Troca, troca
Sai da toca perua!
Lava, passa
Enxágua, enxuga
Molha e seca
Enruga!
Sobe, desce
Veste, despe
Cuidado perua!
Põe e tira
Vira gira pira, pira
Perua!
Bate e leva
Estica e puxa e a festa continua
Tá na sua
Tá na lua
Perigo! Perua!

Outra vez a WEA (a Véia), dona dos nossos fonogramas, lançaria outro LP com doze músicas, sendo que nove seriam remasterizadas e três inéditas. Uma era a da novela, a outra, resolvemos, seria do Gonzaga, que havia lamentavelmente falecido um ano antes, deixando, além de todo o seu baú de genialidades musicais, um vazio em nossas vidas, (na minha, na de Amora e na de todos que o cercavam).

Depois de ouvir muitas maravilhas do seu repertório, optamos pela bem humorada *Oh boy*:

Oh oh oh ou ou
Eu quero, quero que tu tu
Te apaixones por mim
Oh oh eu quero, quero
Que tu tu te alucines por mim
E que me chames de gatinha manhosa
E que me chames de boneca gostosa
E que te entregues sempre muito
Tudo todo inteirinha pra mim
Oh boy
Eu quero ter aquela felicidade
Que tu tu não encontras nas vitrines da vida
Eu quero ser a pedra mais preciosa
A beleza da rosa
Tua cor preferida
Eu quero ser aquela grande alegria
Que a gente não compra com dinheiro na mão
Eu quero ser aquele brilho do ouro
O teu grande tesouro
Tua grande paixão oh boy oh boy oh boy oh boy
Eu quero ouvir tu tu gritar que me ama
E como toda menina desmaiar de emoção
Eu quero toda bobagem do amor
Botando fogo ni mim e no meu coração
Pois do contrário não dá pé
Não ponho fé
Não é bom para mim pra tu tu pra ninguém
Então aquece enlouquece
E eu te digo meu amigo
Que qualquer supermercado
Vende sempre muito bem
Oh boy oh boy oh boy oh boy

A terceira música inédita era *Le fudez vouz*, do Dito. É uma letra engraçada, mas acredito que a gravamos na hora errada. Lembro que Leila não queria a música, mas já não éramos um grupo com filosofias, sabíamos que não se tratava de uma volta do grupo, pelo menos eu sabia que era apenas uma graça, uma brincadeira para aquela novela, tanto que só estavam investindo em três canções inéditas num disco de doze músicas. Era uma letra interessante, mas óbvia demais, sacana demais para nós que já havíamos dito que íamos fazer todo mundo ficar louco dentro da gente. Mas gravamos.

TV Argentina nos camarins, Xuxa e Regina.

Marlene Mattos, diretora do programa da Xuxa, na Argentina.

As irmãs Metralhas, Mariana e Roberta Richard, e nós atrás.

Frenéticas cantando na Argentina no programa da Xuxa.

LE FUDEZ VOUZ

Chá de alumá yo yo
Cachaça tem todo dia
Caboclo que vem da Angola
Tem a cara da Bahia
É jambo, jambo, jambo
Lá na mandinga
Remexe, mexe
Bundalelê
Esfrega, esfrega
Na nossa ginga
É rendez-vous na société
E só quem tem mãe no mangue
É que não dança
Com medo de revelar a sua herança, iê
No rola-rola-rola que aprendi na França
Alons enfants de la patrie
Balança a pança

Lê fudez vouz, petit pois, bumbum, xoxó
Armário de mulher dama
Tem gravata e paletó

Tem michétê, saramuçum, maculelê
Tem pó de Exu
Que é pra acabar seu calandu
É de doer quando não tem o que comer
É de lenhar quando só tem amor pra dar

A novela não foi um estrondo e aconteceram poucas coisas, mas sempre com muita diversão. Um candidato a uma das prefeituras do Rio, nos convidou para uns shows hilários, em praças públicas. O nosso contratante tinha uma brincadeira terrível, mas brincadeira. Quando alguém enchia o saco dele, ele dizia:

— Joga na vala!

Chegávamos onde estava havendo um discurso, às vezes em cima de um caminhão, outras vezes em um ginásio, cantávamos umas quatro, cinco músicas. Dali, íamos para outro bairro. Fazíamos quatro, cinco shows na noite. Muitas vezes, nos intervalos desses pequenos shows, nos levavam para a casa de alguém engajado naquela situação e nos davam as mais variadas alimentações. Churrascos, muito frango a passarinho. Lembro nossas mãos lambuzadas atrás de um guardanapo, cafés de todas as tonalidades.

Uma noite chegamos numa casa, loucas para comer qualquer coisa. Alguém perguntou se queríamos um cafezinho que havia acabado de ser passado. Eu ainda fumava e um cafezinho seria tudo de bom. Dudu, como eu, aceitou imediatamente, estávamos com água na boca. Então, puseram um copinho na minha mão e eu, sem pestanejar, bebi sem prestar atenção. Era um café completamente transparente e totalmente gelado. Não estou exagerando, transparente e gelado mesmo. Segurei o café na minha boca e dei de cara com a Nega, que estava translúcida, me mostrando a planta ao lado, onde ela já havia despejado todo o café dela, às gargalhadas. Aliás, a gargalhada da Dudu é daquelas gargalhadas escandalosas, impossíveis de não provocar outras. Consegui não cuspir e engasgar com o café.

Outra noite que fomos fazer destes shows, sentei em uma saleta da casa, depois que comi algo; estava quieta lá na poltrona, quando entrou a dona da casa, uma senhora distinta e simpática. Disse-me qualquer coisa e abriu a gaveta do móvel que estava na minha frente para pegar uns guardanapos. Ao abrir a gaveta, o marido deu um salto, surgindo atrás dela furioso, como uma ave que pousa com estardalhaço. Quando me viu sentada ali na frente, percebeu o exagero do seu gesto e tentou inutilmente disfarçar com um sorriso, fechando a gaveta correndo quase trancando a mão da mulher. Tarde demais. Eu já avistara o revólver. Era uma turma meio estranha que nos contratava para os shows, porém, muito educados e corretos. Pagavam em dinheiro, na hora e não economizavam em lanches. Não éramos só nós, haviam outros artistas que cantavam nesses showmícios.

No dia seguinte de um deles, ficamos sabendo que, quando toda a festa acabou, sobraram dois corpos pelo chão.

Nosso figurino havia sido feito para um show que fizemos no teatro Rival por uma semana. Um show rápido que teve uma supervisão geral de uma amiga da minha irmã. Eram uns vestidos curtinhos, bem justos, todos pretos e cada uma tinha uma espécie de casaco colorido transparente — o meu era rosa — com meias longas coloridas e um sapato de salto extremamente alto que o Fernando Pires patrocinou. Eu era a torre do castelo. Depois do Rival, passamos a usar este figurino nos shows que fazíamos por aí.

Tínhamos Reinaldo Arias como tecladista e arranjador.

Marlene Mattos nos convidou para fazer o programa da Xuxa na Argentina. Gravaríamos no domingo, mas ela nos levou em uma sexta-feira para conhecermos um pouco do país e passear.

Foi lindo, eu achei chiquérrimo da parte dela, muito gentil. Não conhecia a Argentina, adorei. E ao chegarmos ao aeroporto, à noite, pude testemunhar a paixão do país pela Xuxa e suas Paquitas. Parecia que toda juventude de Buenos Aires esperava aquele avião chegar. As Paquitas viajaram no nosso avião. Um ônibus aguardava a equipe e, durante todo o trajeto até o hotel, uma frota de carros e táxis, cada um com cerca de oito nove pessoas dentro, sentadas em janelas, no teto, engalfinhadas, umas sobre as outras, gritavam o nome das meninas. Pensei: Eu já vi esse filme!

Ficamos no mesmo hotel da equipe. Xuxa morava numa casa vizinha de Marlene Mattos. Fiquei amiguinha das irmãs Metralha, Roberta e Mariana Richard, e ficava feliz por distingui-las, missão quase impossível. Elas foram umas graças conosco. No domingo, deixamos gravados três programas. Percebemos que a produção do programa havia colocado sempre a nossa música para tocar, antes de nós chegarmos a Buenos Aires. Quando entrávamos no refrão, o público argentino cantava conosco:

PERUAS!

Teria sido bom se, depois de tantos anos distantes, nós tivéssemos conseguido voltar a trabalhar normalmente. Pode acontecer em alguns casos de grupos que voltam, trabalham e fazem shows. Mas esse não era o desejo de todas. Naquele momento, paramos o que estávamos fazendo para gravar aquela música e fizemos o que ela desencadeou. Mais uma vez fomos embora, saímos de cena, abandonamos a festa.

Capa do LP da volta, As mais gostosas das Frenéticas.

Dudu, Regina, Leiloca, Sandra e Lidoka abaixada. Na Argentina.

Último capítulo

Já bem longe de tudo o que se referia às **FRENÉTICAS**, fazendo trabalhos como atriz, fazia quase todos os dias as aulas de corpo de Antônio Negreiro. Uma aula deliciosa, com um repertório musical esplendoroso, que ele escolhia a dedo. Muitos atores, atrizes, cantores, conhecidos e desconhecidos, claro, também faziam. Entre meus colegas de aula estava Lulu Santos.

Um dia, antes de a aula começar, ele disse que queria falar comigo e, no final, pediu que eu o acompanhasse até seu carro, pois queria me mostrar algo. No carro, me mostrou a sua maravilhosa versão de *Dancin'Days* e me disse:

— Não é tão boa como a de vocês, mas...

Eu lhe disse:

— Que linda, Lulu. Que bacana que você gravou...

Fiquei extremamente feliz de ele ter querido me mostrar antes do lançamento. O Lulu é uma pessoa de longa data para mim. Em 1975, quando tínhamos 20 e 21 anos, trabalhamos juntos em um show que minha irmã cantava e dizia textos. *A feiticeira*, show dirigido por Aderbal Freire Filho em que ele, Lulu, tocava guitarra, Lobão, bateria, Richie, flauta, Fernando, baixo, e, Luiz Paulo, teclado. Eles formavam o grupo *Vímana*. Ainda tinha a direção musical de Guto Graça Mello. Fizemos o espetáculo no Rio, São Paulo e algumas cidades, e eu me apaixonei profundamente pelo Lulu. Nunca houve nada entre nós dois, apenas um sentimento forte. De vez em quando surgiam climas. Durou um tempo grande para mim, depois passou.

A música *Dancin'Days* com o Lulu foi um sucesso. É uma maravilha, um hino. Algum tempo depois, em um dia de aula, ele me chamou de novo para conversar. Estava para estrear no Canecão e havia tido uma idéia e queria me consultar. Ele pensou em fazer o show todo até o fim, quando pedissem o bis, entraríamos para cantar com ele. Eu achei lindo! E disse que tinha certeza de que as meninas topariam, que eu falaria com todas, mas, que era quase certo. Ele falou que só teria sentido se ficasse em segredo. Ele queria que fosse uma surpresa de verdade.

Fui pra casa excitada e todas, claro, adoraram.

Depois tive uma idéia que teria sido interessante. Que cada uma usasse um figurino diferente do outro. Tínhamos todos os nossos figurinos guardados, mas a brincadeira seria, se estivesse rasgado, que deixasse rasgado, era como se estivéssemos dizendo:

— Nossos figurinos até estão velhos, mas, nós estamos muito bem.

Minha roupa do Dancin' já estava tomando ar e seria usada com direito a avental e tudo o mais.

Mas um dia saiu no jornal uma nota divulgando o que ele não queria que divulgasse. Cheguei em casa e havia um recado dele furioso, dizendo que não haveria mais a brincadeira. Uma pena, mas...

Em 2000, surgiu outra possibilidade engraçada, interessante. Miguel Falabella nos dirigiria em um show de comemoração. Ninguém falava em volta. Apenas a comemoração dos 25 anos. Cheguei um pouco depois das primeiras reuniões que foram feitas na casa do Miguel. Foram só elas cinco. A idéia era montar um show para levarmos às capitais, talvez dele sair um CD ao vivo e tchau.

O Miguel estava com uma idéia muito engraçada, a de começar o espetáculo com um cenário que seria uma grande dinossaura que ia nos parindo. Estávamos fazendo uma pesquisa musical dos anos 1970 para ser misturado com o nosso repertório. Pela primeira vez, desde que acabamos, eu estava entusiasmada. Eu sabia que não estaríamos tentando voltar. Era um evento, tinha data para acabar. Precisávamos somente de uma coisinha, simples, fácil. Dinheiro. E não seria pouco. Precisaríamos de um patrocínio bacana, alguém que acreditasse na idéia, principalmente porque teríamos o Miguel junto, que, além de ser um idealizador, tem a fama de que tudo com ele dá certo.

Descobrimos que o evento era muito grande, que precisaríamos dispor de tempo até o dinheiro chegar. Precisaríamos fazer várias coisas e pequenos trabalhos que tirariam todo o impacto da surpresa do evento que pretendíamos. Eu estava começando um trabalho muito bom em São Paulo com o Ivaldo Bertazzo com as crianças de uma ONG de lá e depois viríamos para o Rio e trabalharíamos com as crianças da favela da Maré. Não dava para abandonar um trabalho certo por outro que não tinha nenhuma certeza que vingaria, mas elas poderiam fazer em cinco. Regina dizia que em cinco não fazia sentido e Leila não quis assim. Mais uma vez, Regina, Leila e eu saímos e Dudu, Edir e Lidoka, resolveram

AINDA MAIS frenéticas

As garotas que abalaram os anos 70 voltam à cena com músicas que marcaram uma geração

HELVÉCIO CARLOS

A festa vai continuar. Quase duas décadas depois de sua última grande temporada, cinco LPs lançados, vários discos de Ouro na coleção e dezenas de participações especiais na obra de Chico Buarque, Toquinho e Vinicius e Gonzaguinha, as Frenéticas preparam um rasante pelos palcos e pistas do País. As turbinas dessas máquinas de irreverência e pura diversão já estão em fase de aquecimento com o lançamento de "Sempre Frenéticas" (WEA), uma coletânea com 14 canções de um repertório que marcou uma geração.

A decolagem para o vôo de Lidoka, Regina, Sandra, Dudu, Edir e Leiloca sobre nossas cabeças acontece em junho quando estréia, no Rio de Janeiro, o espetáculo com direção de Miguel Falabella. "Nossa música sobreviveu ao tempo. Ela nunca deixou de tocar em festas dessa nova geração que, apesar de conhecer as canções, não nos conhece. Decidimos, então, nos apresentar a eles", comenta Lidoka, de sua casa no Rio de Janeiro.

Frenéticas, para quem não sabe tem, na avaliação de Lidoka, uma importância no comportamento feminino e, conseqüentemente, masculino dos anos setenta. "Imagine, naquela época, quando a mulher era tão reprimida cantar 'eu sei que eu sou bonita e gostosa' ou 'abra suas asas/solte suas feras'? Isso acabou descontraindo o ambiente", comenta.

Para selecionar as faixas a serem mostradas no espetáculo, o critério usado foi, como não poderia deixar de ser em se tratando de Frenéticas, o mais democrático. "Nos reunimos e cada uma votou nas preferidas". Entre elas, "Dancin'Days" (Nelson Motta/Rubens Queiroz), "A felicidade bate à sua porta" (Gonzaguinha), "Perigosa" (Rita Lee/Roberto de Carvalho/Nelson Motta), "Cantoras do Rádio" (Lamartine Babo/João de Barro/Alberto Ribeiro), "É que nessa encarnação eu nasci manga" (Luli/Lucina).

A temporada 2000 das Frenéticas deve ser breve e com muita coisa nova. "Cada uma de nós tem uma agenda pessoal cheia de projetos, o que inviabilizaria qualquer retomada definitiva", argumenta. Lidoka, por exemplo, produz peças de decoração e ainda está às voltas com uma homenagem ao compositor Wagner Ribeiro de Souza. Sandra atua em teatro. O mais recente trabalho foi a direção de "Acredite, um espírito baixou em mim", um dos maiores sucessos das bilheterias mineiras, atualmente em cartaz na cidade dentro da Campanha de Popularização do Teatro e da Dança. Dudu investe em sua carreira de cantora solo; Edir trabalha com escultura e Leiloca, com astrologia.

Mas o retorno vem também com muitas novidades. A começar pela assinatura das meninas. Todas decidiram aparecer nos letreiros com os sobrenomes: Lidoka é Martuscelli; Sandra, Pêra; Edir, de Castro; Dudu, Morais; Regina, Chaves; Leiloca, Neves. Ter um espetáculo dirigido também é coisa nova para as Frenéticas. "Nunca optamos por um diretor para não perder a espontaneidade. Com a decisão de voltarmos aos palcos, veio o convite ao Miguel Falabella. Estamos adorando. As primeiras reuniões estão divertidíssimas", adianta Lidoka. E o roteiro do show, como vai ser? "Surpresa", exclama ela que prefere deixar o assunto em segredo. Pelo menos por enquanto.

Continua na página 3

AS FRENÉTICAS Sandra, Edir, Regina, Dudu, Leiloca e Lidoka lançam disco e estréiam, em junho, espetáculo com direção de Miguel Falabella

Reportagem sobre o show com direção de Miguel Falabella, que não aconteceu.

chamar três novatas. Claudia Boreoni, atriz, comediante. Gabriela e Patrícia Boechat, segundo as meninas, são ótimas cantoras. Eram as **FRENÉTICAS**, engraçado. Isso foi em 2000. Gravaram um CD, que ficou inédito. Patrícia, uma das novas, desentendeu-se e achou por bem impedir que o CD saísse. Ele não pôde ser trabalhado. E, mesmo depois que ela perdeu a causa, o grupo perdeu o barco. No lugar dela, entrou Liane Maia, uma atriz que sempre está envolvida com a música.

Elas fazem shows por aí. Mas não vivem só de Frenéticas. Lidoka, há alguns anos virou empresária, confecciona as suas Bandocas, bandejas espetaculares que têm mil e uma utilidades, além de serem muito charmosas. Escreve e sabe dizer poesia como ninguém. Atualmente, saiu do grupo. E vive com Igor, seu filho, que faz faculdade de dança. Edir, além de escultora, protética perfeita, faz bastante cinema e toda hora está em alguma novela, fez *Sinhá Moça*. Ela já foi presenteada com uma neta, Modine.

Minha relação com cada uma é diferente da outra. Tenho bastante intimidade com Regina, que é a que mais vejo, somos quase vizinhas. Regina trabalha com Chico Anysio, seu ex-marido, mas eterno amigo. Vive com o Cícero, filho dos dois, a cara dos dois, rapaz cheio de talento. Passou a infância e adolescência pintando quadros interessantíssimos. Faz música techno e faculdade de desenho industrial.

Com Dudu, a intimidade é enorme, mas temos nos visto pouco por conta de trabalho. Ela foi, até pouco tempo, a adorável Tia Anastácia do *Sítio do Pica Pau Amarelo* e de vez em quando faz alguns shows. A vida lhe deu de presente um filho, Rodrigo, que como ela tem a cor do pecado.

Há alguns anos, Lidoka e eu nos desentendemos porque me ligaram da produção da Ivete Sangalo pedindo permissão para usar nossa imagem no clipe da música *Festa,* para exibir nos shows. Leila, Regina e eu concordamos, pois concluímos que seria uma homenagem. Lidoka achou melhor não deixar, pois acreditava que haveria confusão de imagem, já que agora havia três novas. Tivemos uma discussão pelo telefone em que ela estava irredutível. Ficamos um tempo mais ou menos longo sem nos falar.

Há uns bons anos, aconteceu um mal-entendido entre mim e Regina que durou um tempo longo. Não nos falávamos, fingíamos que a outra não existia quando nos encontrávamos. Até que, em uma festa do prêmio Sharp, começaram a tocar a música *Dancin's Days.* Eu cheguei por trás dela e a abracei, abracei e abracei, sempre no ritmo da música. Voltamos a falar e ponto. Não dá. Quando estou próxima de qualquer uma delas, quando falo com elas, sinto verdadeiramente um sentimento de carinho, de amor e intimidade. Convivemos e passamos momentos importantíssimos de nossas vidas juntas. Seria ridículo brigar com qualquer uma delas.

Tomei uma decisão de que, aconteça o que acontecer, jamais me desentenderei com nenhuma das meninas. Acho que seremos eternamente "as meninas". Vejo menos a Leila e a Edir, mas estamos em boa sintonia.

Um anjo doido nos juntou e seguimos juntas pelo tempo que a vida quis, mas o mais impressionante de tudo é que, às vezes, caminhando com Regina por aí, em cinema, shopping, ouvimos a célebre pergunta:

— Por que vocês acabaram?

Nos olhamos, já rindo, muitas vezes juntamos um pedaço da roupa e dizemos uma pra outra:

— Conta você!

— Não, conta você!

Sandra, Lidoka, Edir, Dudu, Leiloca e Regina, com a roupinha do comercial do Barra Shopping.

Um móbile que a gravadora fez para divulgar o LP. A meia-lua e as Frenéticas penduradinhas com as roupas de Belle Époque.

Graças a vocês

Regina Chaves
Lidoka
Dulcilene
Edir
Leiloca

Dráuzio Varella, meu querido doutor
Regina Braga
Reinaldo Soares
Ivone Parente
Tânia Fusco
Margarida Copony, a maninha de Santo André
Alexandra Costa
Andréa Francez
Regina Echeverria
Bruno Faria, meu cunhado querido
Pedro Almeida
Fernanda Gonzaga
Claudio Tovar
Marcos Acher
Marta Góes
Marcos Montenegro
Adriana Boischio
Marina Malheiros
Fernanda Borges
Chico Anysio
Ao Grupo Chicas

Aos fotógrafos que enfeitaram este livro
Agence Angel
Ângela Vieira
Ary Brandi
Cristina Granato
Lilian Santos
Marcos Aurélio Catdoso Rodrigues
Marly Serafin
Murilo Meireles
Tereza Eugênia
Carminha
Luiz Fernado Fonseca
E a todos que só brincavam com suas máquinas

Minha mãe, Dinorah Marzullo
Minha filha, Amora Pêra
Minha irmã, Marília Pêra
Marilia Araujo
Nelson Motta, onde tudo começo

Ofereço esta enxurrada de memória a todos que sempre souberam do meu amor e desfrutaram dele.
Aos que viveram tanto, tanto que resolveram partir.

Pêra

Créditos fotográficos

PÁGINA 2-3: Vânia Toledo; PÁGINA 4: Vânia Toledo; PÁGINA 5: Vânia Toledo; PÁGINA 6-7: Vânia Toledo; PÁGINA 8: Paulo Vasconcellos; PÁGINA 9: Vânia Toledo; PÁGINA 10-11: Vânia Toledo; PÁGINA 12-13: Vânia Toledo; PÁGINA 14: Marco Aurélio Cardoso Rodrigues; PÁGINA 15: Paulo Vasconcellos; PÁGINA 16: Paulo Vasconcellos; PÁGINA 17: Vânia Toledo; PÁGINA 18: arquivo pessoal de Leiloca; PÁGINA 19: foto superior: arquivo pessoal de Sandra Pêra; Foto inferior: arquivo pessoal de Sandra Pêra; PÁGINA 20: arquivo pessoal de Sandra Pêra; PÁGINA 21: foto superior: arquivo pessoal de Sandra Pêra; Foto inferior à esquerda: arquivo pessoal de Sandra Pêra; Foto inferior à direita: arquivo pessoal de Sandra Pêra; PÁGINA 22: foto superior: Paulo Vasconcellos; Foto inferior: arquivo pessoal de Sandra Pêra; PÁGINA 23: foto superior: arquivo pessoal de Sandra Pêra; Foto inferior: arquivo pessoal de Sandra Pêra; PÁGINA 24: foto à esquerda: arquivo pessoal de Sandra Pêra; Foto à direita: arquivo pessoal de Sandra Pêra; PÁGINA 25: foto superior à esquerda: arquivo pessoal de Sandra Pêra; Foto superior central: arquivo pessoal de Sandra Pêra; Foto superior à direita: arquivo pessoal de Sandra Pêra; Foto inferior à esquerda: arquivo pessoal de Sandra Pêra; Foto inferior à direita: arquivo pessoal de Sandra Pêra; PÁGINA 26: arquivo pessoal de Regina; PÁGINA 27: foto superior à esquerda: arquivo pessoal de Sandra Pêra; Foto superior à direita: arquivo pessoal de Sandra Pêra; Foto inferior à esquerda: arquivo pessoal de Sandra Pêra; Foto inferior à direita: arquivo pessoal de Sandra Pêra; PÁGINA 28: arquivo pessoal de Sandra Pêra; PÁGINA 29: foto superior: arquivo pessoal de Sandra Pêra; Foto inferior: arquivo pessoal de Sandra Pêra; PÁGINA 30: arquivo pessoal de Sandra Pêra; PÁGINA 31: foto superior: arquivo pessoal de Sandra Pêra; Foto inferior à esquerda: arquivo pessoal de Sandra Pêra; Foto inferior à direita: arquivo pessoal de Sandra Pêra; PÁGINA 32: foto superior: arquivo pessoal de Sandra Pêra; Foto inferior: arquivo pessoal de Sandra Pêra; PÁGINA 33: Lilian Santos; PÁGINA 34: arquivo pessoal de Sandra Pêra; PÁGINA 35: Carminha; PÁGINA 37: foto superior: arquivo pessoal de Sandra Pêra; Foto inferior à esquerda: arquivo pessoal de Sandra Pêra; Foto inferior à direita: arquivo pessoal de Lidoka; PÁGINA 38: arquivo pessoal de Sandra Pêra; PÁGINA 39: foto superior: arquivo pessoal de Edir; Foto inferior à esquerda: Reprodução Manchete; Foto inferior à direita: Reprodução Manchete; PÁGINA 40: foto superior: arquivo pessoal de Sandra Pêra; Foto inferior: arquivo pessoal de Sandra Pêra; PÁGINA 42: arquivo pessoal de Sandra Pêra; PÁGINA 42-43: Vânia Toledo; PÁGINA 44: arquivo pessoal de Sandra Pêra; PÁGINA 45: foto à esquerda: Vânia Toledo; Foto à direita: Vânia Toledo; PÁGINA 46: foto superior: Ary Brandi; Foto inferior à esquerda: arquivo pessoal de Regina; Foto inferior à direita: arquivo pessoal de Sandra Pêra; PÁGINA 47: arquivo pessoal de Sandra Pêra; PÁGINA 49: foto superior: arquivo pessoal de Sandra Pêra; Foto inferior à esquerda: arquivo pessoal de Sandra Pêra; Foto inferior à direita: arquivo pessoal de Sandra Pêra; PÁGINA 51: foto à esquerda: arquivo pessoal de Sandra Pêra; Foto à direita: arquivo pessoal de Regina; PÁGINA 53: foto à esquerda: arquivo pessoal de Leiloca; Foto à direita: arquivo pessoal de Sandra Pêra; PÁGINA 55: foto superior à esquerda: arquivo pessoal de Sandra Pêra; Foto superior à direita: arquivo pessoal de Sandra Pêra; Foto inferior à esquerda: arquivo pessoal de Sandra Pêra; Foto inferior à direita: Ângela Vieira; PÁGINA 57: foto superior à esquerda: Ângela Vieira; Foto inferior à esquerda: reprodução; Foto à direita: Ivan Cardoso; PÁGINA 58: foto à esquerda: arquivo pessoal de Sandra Pêra. Reprodução; Foto à direita: Vânia Toledo; PÁGINA 61: foto superior: Vânia Toledo; Foto inferior à esquerda: Vânia Toledo; Foto inferior à direita: arquivo pessoal de Sandra Pêra; PÁGINA 65: foto superior à esquerda: arquivo pessoal de Sandra Pêra; Foto inferior à esquerda: arquivo pessoal de Sandra Pêra; Foto à direita: arquivo pessoal de Sandra Pêra. Reprodução das PÁGINAS da Revista *Pop* de 7/7/1977; PÁGINA 67: arquivo pessoal de Sandra Pêra; PÁGINA 69: foto superior à esquerda: arquivo pessoal de Sandra Pêra; Foto superior à direita: arquivo pessoal de Sandra Pêra; Foto inferior à esquerda: arquivo pessoal de Sandra Pêra; Foto inferior central à direita: arquivo pessoal de Sandra Pêra; Foto inferior à direita: arquivo pessoal de Sandra Pêra; PÁGINA 70: arquivo pessoal de Sandra Pêra; PÁGINA 71: foto superior: arquivo pessoal de Sandra Pêra; Foto inferior: arquivo pessoal de Regina; PÁGINA 75: foto superior à esquerda: arquivo pessoal de Sandra Pêra. Reprodução; Foto superior à direita: arquivo pessoal de Sandra Pêra; Foto inferior à esquerda: arquivo pessoal de Leiloca; Foto inferior à direita: Ivan Cardoso; PÁGINA 76: arquivo pessoal de Regina; PÁGINA 77: arquivo pessoal de Sandra Pêra; PÁGINA 78: Ary Brandi; PÁGINA 81: foto superior à esquerda: arquivo pessoal de Sandra Pêra; Foto superior à direita: arquivo pessoal de Leiloca; Foto inferior à esquerda: arquivo pessoal de Regina; Foto inferior à direita: arquivo pessoal de Lidoka; PÁGINA 82: foto superior: arquivo pessoal de Sandra Pêra; Fotos das caretas: arquivo pessoal de Sandra Pêra; PÁGINA 83: foto superior: arquivo pessoal de Sandra Pêra; Fotos das caretas: arquivo pessoal de Sandra Pêra; PÁGINA 85: arquivo pessoal de Sandra Pêra; PÁGINA 86: arquivo pessoal de Sandra Pêra; PÁGINA 87: foto superior à esquerda: Paulo Vasconcellos; Foto superior à direita: arquivo pessoal de Sandra Pêra; Foto inferior à esquerda: arquivo pessoal de Sandra Pêra; Foto inferior à direita: Vânia Toledo; PÁGINA 88: foto superior: arquivo pessoal de Sandra Pêra; Foto inferior: arquivo pessoal de Sandra Pêra; PÁGINA 89: foto superior à esquerda: reprodução; Foto superior à direita: arquivo pessoal de Sandra Pêra; Foto inferior: arquivo pessoal de Lidoka; PÁGINA 91: foto à esquerda: Vânia Toledo; Foto à direita: Vânia Toledo; PÁGINA 92: arquivo pessoal de Sandra Pêra; PÁGINA 94: arquivo pessoal de Regina; PÁGINA 95: Vânia Toledo; PÁGINA 97: foto superior: arquivo pessoal de Leiloca; Foto inferior à esquerda: arquivo pessoal de Leiloca; Foto inferior à direita: reprodução; PÁGINA 100: foto superior à esquerda: reprodução; Foto superior à direita: ?; Foto inferior à esquerda: reprodução; Foto inferior à direita: reprodução; PÁGINA 101: arquivo pessoal de Regina; PÁGINA 103: foto à esquerda: reprodução; Foto à direita: arquivo pessoal de Sandra Pêra; PÁGINA 105: arquivo pessoal de Sandra Pêra; PÁGINA 107: foto superior à esquerda: arquivo pessoal de Regina; Foto superior à direita: arquivo pessoal de Sandra Pêra; Foto inferior à esquerda: arquivo pessoal de Regina; Foto inferior à esquerda central: arquivo pessoal de Regina; Foto inferior à direita: arquivo pessoal de Sandra Pêra; PÁGINA 109: foto superior à esquerda: arquivo pessoal de Sandra Pêra; Foto inferior à esquerda: arquivo pessoal de Sandra Pêra; Foto à direita: arquivo pessoal de Sandra Pêra; PÁGINA 110: foto superior à esquerda: arquivo pessoal de Sandra Pêra; Foto superior à direita: arquivo pessoal de Sandra Pêra; Foto central à esquerda: arquivo pessoal de Sandra Pêra; Foto central à direita: arquivo pessoal de Sandra Pêra; Foto inferior à esquerda: arquivo pessoal de Sandra Pêra; Foto inferior à direita: arquivo pessoal de Sandra Pêra; PÁGINA 111: foto superior à esquerda: arquivo pessoal de Sandra Pêra; Foto superior à direita: arquivo pessoal de Sandra Pêra; Foto inferior à esquerda: reprodução; Foto inferior à direita: arquivo pessoal de Sandra Pêra; PÁGINA 113: arquivo pessoal de Sandra Pêra. Crédito: Delgado; PÁGINA 114: arquivo pessoal de Sandra Pêra; PÁGINA 115: arquivo pessoal de Sandra Pêra; PÁGINA 116: foto à esquerda: arquivo pessoal de Sandra Pêra; Foto à direita: arquivo pessoal de Sandra Pêra; PÁGINA 117: arquivo pessoal de Sandra Pêra; PÁGINA 119: foto superior à esquerda: arquivo pessoal de Edir; Foto superior à direita: arquivo pessoal deRegina; Foto inferior à esquerda: arquivo pessoal de Regina; Foto central à direita: arquivo pessoal de Lidoka; Foto inferior à direita: arquivo pessoal de Leiloca; PÁGINA 121: foto superior: arquivo pessoal de Sandra Pêra; Foto inferior à esquerda: arquivo pessoal de Sandra Pêra; Foto inferior à direita: arquivo pessoal de Sandra Pêra; PÁGINA 122: arquivo pessoal de Sandra Pêra; PÁGINA 123: arquivo pessoal de Sandra Pêra; PÁGINA 124: arquivo pessoal de Sandra Pêra; PÁGINA 125: arquivo pessoal de Sandra Pêra. Reprodução; PÁGINA 127: reprodução; PÁGINA 129: arquivo pessoal de Sandra Pêra. Reprodução; PÁGINA 131: foto superior à esquerda: reprodução; Foto superior à direita: arquivo pessoal de Sandra Pêra; Foto inferior: arquivo pessoal de Sandra Pêra; PÁGINA 133: arquivo pessoal de Sandra Pêra; PÁGINA 134: arquivo pessoal de Sandra Pêra; PÁGINA 135: arquivo pessoal de Sandra Pêra; PÁGINA 137: Foto superior: Ivan Cardoso; Foto inferior: Ivan Cardoso; PÁGINA 139: foto superior à esquerda: arquivo pessoal de Edir; Foto superior à direita: arquivo pessoal de Dudu; Foto central à esquerda: arquivo pessoal de Leiloca; Foto central à direita: arquivo pessoal de Sandra Pêra; Foto inferior à esquerda: arquivo pessoal de Lidoka; Foto inferior à direita: arquivo pessoal de Regina; PÁGINA 142: foto superior: arquivo pessoal de Sandra Pêra; Foto inferior à esquerda: arquivo pessoal de Sandra Pêra; Foto inferior à direita: arquivo pessoal de Sandra Pêra; PÁGINA 143: foto superior: Aderi Luis Costa; Foto inferior:Aderi Luis Costa; PÁGINA 145: arquivo pessoal de Sandra Pêra; PÁGINA 146: foto superior à esquerda: arquivo pessoal de Sandra Pêra; Foto superior à direita: arquivo pessoal de Sandra Pêra; Foto central à esquerda: arquivo pessoal de Sandra Pêra; Foto inferior à esquerda: arquivo pessoal de Sandra Pêra; Foto inferior à direita: arquivo pessoal de Lidoka; PÁGINA 147: foto superior à esquerda: arquivo pessoal de Sandra Pêra; Foto superior à direita: arquivo pessoal de Sandra Pêra; Foto inferior à esquerda: arquivo pessoal de Sandra Pêra; Foto inferior à direita: arquivo pessoal de Sandra Pêra; PÁGINA 148: arquivo pessoal de Sandra Pêra; PÁGINA 149: arquivo pessoal de Sandra Pêra; PÁGINA 150: foto superior à esquerda: arquivo pessoal de Sandra Pêra; Foto superior à direita: arquivo pessoal de Sandra Pêra; Foto inferior à esquerda: arquivo pessoal de Sandra Pêra; Foto inferior à direita: arquivo pessoal de Sandra Pêra; PÁGINA 151: arquivo pessoal de Sandra Pêra; PÁGINA 152: foto superior: arquivo pessoal de Sandra Pêra; Foto inferior: arquivo pessoal de Sandra Pêra; PÁGINA 153: foto superior: arquivo pessoal de Sandra Pêra; Foto inferior à esquerda: arquivo pessoal de Sandra Pêra; Foto inferior à direita: arquivo pessoal de Sandra Pêra; PÁGINA 154: Agence Angeli; PÁGINA 155: Agence Angeli; PÁGINA 156: arquivo pessoal de Sandra Pêra; PÁGINA 157: foto superior à esquerda: arquivo pessoal de Sandra Pêra; Foto superior à direita: arquivo pessoal de Sandra Pêra; Foto inferior à esquerda: arquivo pessoal de Sandra Pêra; Foto inferior à direita: arquivo pessoal de Regina; PÁGINA 158: arquivo pessoal de Sandra Pêra; PÁGINA 159: arquivo pessoal de Sandra Pêra; PÁGINA 161: foto superior à esquerda: arquivo pessoal de Sandra Pêra; Foto à direita: Vânia Toledo; Foto inferior à esquerda: Murillo Meirelles Filho; PÁGINA 163: Thereza Eugênia Paes da Silva; PÁGINA 164: arquivo pessoal de Sandra Pêra; PÁGINA 165: arquivo pessoal de Sandra Pêra; PÁGINA 168: arquivo pessoal de Sandra Pêra; PÁGINA 169: reprodução; PÁGINA 170: Paulo Vasconcellos; PÁGINA 171: Vânia Toledo; PÁGINA 172: arquivo pessoal de Sandra Pêra; PÁGINA 173: reprodução; PÁGINA 175: foto superior à esquerda: arquivo pessoal de Sandra Pêra; Foto à direita: arquivo pessoal de Sandra Pêra; Foto inferior à esquerda: arquivo pessoal de Sandra Pêra; PÁGINA 177: arquivo pessoal de Sandra Pêra; PÁGINA 178: arquivo pessoal de Sandra Pêra; PÁGINA 179: foto superior à esquerda: arquivo pessoal de Sandra Pêra; Foto superior à direita: arquivo pessoal de Regina; Foto inferior à esquerda: arquivo pessoal de Sandra Pêra; Foto inferior à direita: arquivo pessoal de Regina; PÁGINA 180: arquivo pessoal de Sandra Pêra; PÁGINA 182: foto à esquerda: arquivo pessoal de Sandra Pêra; Foto superior à direita: reprodução; Foto inferior à direita: arquivo pessoal de Sandra Pêra; PÁGINA 183: arquivo pessoal de Sandra Pêra; PÁGINA 184: foto superior: arquivo pessoal de Sandra Pêra; Foto inferior: arquivo pessoal de Sandra Pêra; PÁGINA 185: Paulo Vasconcellos; PÁGINA 187: arquivo pessoal de Sandra Pêra; PÁGINA 188: foto superior: arquivo pessoal de Lidoka; Foto inferior: arquivo pessoal de Sandra Pêra; PÁGINA 189: arquivo pessoal de Sandra Pêra; PÁGINA 191: arquivo pessoal de Sandra Pêra; PÁGINA 193: foto à esquerda: arquivo pessoal de Sandra Pêra; Foto à direita: arquivo pessoal de Sandra Pêra; PÁGINA 194: foto superior à esquerda: arquivo pessoal de Sandra Pêra; Foto superior à direita: arquivo pessoal de Sandra Pêra; Foto inferior à esquerda: arquivo pessoal de Sandra Pêra; Foto inferior à direita: arquivo pessoal de Sandra Pêra; PÁGINA 195: foto superior à esquerda: arquivo pessoal de Sandra Pêra; Foto superior à direita: arquivo pessoal de Sandra Pêra; Foto inferior à esquerda: arquivo pessoal de Sandra Pêra; Foto inferior à direita: arquivo pessoal de Sandra Pêra; PÁGINA 197: foto à esquerda: arquivo pessoal de Lidoka; Foto à direita: arquivo pessoal de Sandra Pêra; PÁGINA 201: foto à esquerda: arquivo pessoal de Sandra Pêra; Foto à direita: arquivo pessoal de Sandra Pêra; PÁGINA 203: foto superior à esquerda: arquivo pessoal de Sandra Pêra; Foto superior à direita: arquivo pessoal de Sandra Pêra; Foto inferior: arquivo pessoal de Sandra Pêra; PÁGINA 204: arquivo pessoal de Regina; PÁGINA 205: arquivo pessoal de Sandra Pêra; PÁGINA 207: reprodução; PÁGINA 208: foto à esquerda: arquivo pessoal de Lidoka; Foto à direita: arquivo pessoal de Lidoka; PÁGINA 209: foto superior à esquerda: arquivo pessoal de Sandra Pêra; Foto à direita: Vânia Toledo; Foto inferior à esquerda: reprodução; PÁGINA 211: foto superior à esquerda: arquivo pessoal de Sandra Pêra; Foto superior à direita: reprodução; Foto inferior: Cristina Granato; PÁGINA 212: arquivo pessoal de Sandra Pêra; PÁGINA 213: arquivo pessoal de Sandra Pêra; PÁGINA 215: foto superior à esquerda: arquivo pessoal de Sandra Pêra; Foto superior à direita: arquivo pessoal de Sandra Pêra; Foto inferior à esquerda: arquivo pessoal de Sandra Pêra; Foto inferior à direita: arquivo pessoal de Sandra Pêra; PÁGINA 217: foto à esquerda: reprodução; Foto à direita: arquivo pessoal de Sandra Pêra; PÁGINA 219: reprodução; PÁGINA 220: Sandra Pêra; PÁGINA 221: reprodução.

Todos os esforços foram feitos para creditar devidamente os detentores dos direitos das imagens utilizadas neste livro. Eventuais omissões de crédito ou créditos errados não foram intencionais e serão devidamente solucionados nas próximas edições, bastando que os seus proprietários contatem os editores.

Projeto gráfico, capa e diagramação: Osmane Garcia Filho

Revisão: Adriana de Oliveira, Carolina Elisa Wilbert e Juliana Campoi

Imagens de capa: Vânia Toledo

Imagem de orelha: Alvaro Rivieros

Dados Internacionais de Catalogação na Publicação (CIP)
(Câmara Brasileira do Livro, SP, Brasil)

Pêra, Sandra
As tais Frenéticas : eu tenho uma louca dentro de mim / Sandra Pêra. — São Paulo : Ediouro, 2008.

ISBN 978-85-00-02020-9

1. Frenéticas (Grupo musical) - Brasil - Biografia I. Título.

08-00774 CDD-782.0092

Índices para catálogo sistemático:
1. Frenéticas : Grupo musical feminino :
Biografia 782.0092

EDIOURO PUBLICAÇÕES S.A.

Rua Nova Jerusalém, 345 – CEP 21042-230
Rio de Janeiro — RJ
Tel.: (21) 3882-8200 — Fax: (21) 3882-8212/ 8313
e-mail: editorialsp@ediouro.com.br;
vendas@ediouro.com.br
internet: www.ediouro.com.br